한국어로 내려온
New Bible

새로운
성 경

제22권

2부 | 총10부

하얀마음

하나님 말씀 중에서

1. 사랑의 하나님

- 세상을 창조하신 하나님은 모두를 사랑하신다. 인간만 특별히 더 사랑하지 않고, 우주 만물을 다 똑같이 사랑하신다. 그러니 하나님이 창조하신 천지 만물과 화친하고, 미물까지도 소중히 대하라.

- 하나님은 특정 종파나 민족만을 더 사랑하지 않으신다. 자기 자신만 구원받겠다는 욕심을 버리고, 자기 종파만 구원받는다는 편협한 교리에서 벗어나야 한다. 종파를 초월해서, 모두를 사랑하라.

- 원수까지 사랑하라 했으니, 이 세상에 사랑하지 못할 자가 누가 있겠는가? 종파가 다르다고 해서 부모 형제와 원수처럼 지내는 자는 인간의 근본을 모르는 자다. 가장 가까운 가족부터 사랑할 때 남도 진심으로 사랑할 수 있다.

- 한 사람을 원수같이 생각하던 마음에서 사랑하는 마음으로 돌리면, 자기 자신의 마음이 가장 기쁘고 행복하다. 하나님께서는 인간의 마음속에 무거움이 없이 기쁘고 행복한 삶을 살기를 바라신다.

- 이웃을 "내 몸처럼" 사랑하라 했으니, 마지막 한 장 남은 천국의 티켓도 이웃에게 양보하라. 자기 중심적인 신앙에서 벗어나서 남을 위해 살아야 한다.

- 독초도, 약초도, 이단도 사탄도 천사도 다 필요하기에 존재한다. 독초일지라도 극소량을 사용해서 생명을 살릴 수 있고, 약초라 하더라도 남용하면 생명을 잃을 수 있다.

- 세상 모든 것을 명약으로 활용하는 것은 인간의 지혜에 달렸다. 어떤 것이든 어떤 사람이든 적재적소에 꼭 필요한 명약으로 승화시키라.

- 사탄도 이단도 천사도 모두 하나님의 주관하에 존재한다. 진정한 하나님의 백성은 사탄과 마귀까지도 감화시켜서 천사로 거듭나게 한다.

2. 기도

- 하나님은 인간의 생각까지 모두를 다 알고 계신다. 우리의 소원도 이미 알고 계시기에, 소원의 기도를 할 필요가 없다. 우리가 받을 자격이 되면 내려 주신다.

- 죄를 짓고 아무리 회개를 해도 용서받지 못한다. 도둑질한 자는 용서해 달라고 기도하고, 도둑맞은 자는 도둑을 잡게 해 달라고 기도하면, 공의의 하나님은 누구의 편에 서시겠는가?

- 자기가 잘못한 것은 그 사람에게 직접 갚고 용서를 구하라. 그가 용서하면 하나님도 용서하신다. 땅에서 매면 하늘에서도 매이고, 땅에서 풀리면 하늘에서도 풀리는 이치다.

- "회당에서 기도하지 말고 골방에서 기도하라" 했다. 눈에 보이는 골방이 아니라, 골방과 같이 고요한 마음이다. 잡념을 버리고 하나님을 향해 마음을 집중하며, 사랑하고 용서하는 아름다운 생각만 나오도록 하라.

- "두드리면 열릴 것이다." 하는 것은 육의 소원을 위해 두드리라는 것이 아니라, 진리의 깨달음을 얻기 위해 두드리라는 것이다.

- 기도하는 방법: 생활 속에서 수시로 기도하는 삶을 살아야 한다.

- "저의 죄를 용서하여 주옵소서." 하는 회개의 기도를 하라.
- 범사에 "하나님! 감사합니다." 하라. 현재 가진 것에 감사하며, 과욕하지 말라. 자기 노력 이상의 것을 더 갖고자 기도하는 것은 도둑놈심보다. 공의의 하나님은 각자 노력한 만큼 주신다.
- "하나님 뜻대로 살아가겠나이다." 하며 마음의 각오를 다지라.

- 기도는 하나님의 말씀을 받아서 "행하는 것"이다. 하나님이 계심을 굳건히 믿고, 하늘을 향하여 한 점 부끄럼 없이 사는 삶 자체가 가장 위대한 기도이며, 삶이 곧 예배다.

3. 지도자

- 똑같이 사랑한다는 말을 해도, 순수하게 하는 말은 천사의 말이지만, 사기 쳐서 재산을 가로채려고 하는 말은 사탄의 말이다.

- 종교 지도자가 아무리 훌륭한 설교를 해도, 신도의 재물을 거둬서 더 큰 교회를 짓고 자기의 부귀영화를 바라며 설교하면 사탄의 가르침이 된다.

- "저희 교회는 만원사례요, 믿음은 다 같으니 이웃의 개척 교회에 가서 예배를 드리시오." 하며, 이웃 교회의 부흥을 먼저 생각하여 제 신도를 보내는 종교 지도자가 있다면 그를 따르라. 그가 하나님의 사랑을 실천하는 자다.

- "부자가 천국에 들어가는 것은 낙타가 바늘구멍을 통과하는 것보다 더 힘들다" 하였거늘, 지금의 교회에서는 부자가 되기만을 기도하고 소원하니, 이는 곧 천국을 포기하고 지옥 행 열차의 티켓을 사는 것과 같다.

- 예수는 빈손이었다. 종교 지도자가 예수보다 더 호화롭고 편안하게 살아간다면 잘못된 것이다. 부귀영화와 명예를 바라는 자는 절대로 갈 수 없는 좁고 협착한 길이 종교 지도자의 길이다.

- 종교 지도자는 유리로 비춰 봐 한 점의 부끄러움이 없이 살아야 한다. 의식주도 직접 일해서 해결하고, 예수의 가르침과 행함을 그대로 따라야 한다.

- 종말은 없다. 지금의 잘못 가는 종교 집단에게만 종말이 있다. 보이지 않는 하나님은 보이는 육의 종말은 관여하지 않으신다. 환경 파괴로 인간이 스스로 멸망을 자초하는 것이다. 종파끼리 싸우기 전에, 무너진 인성을 바로잡고 지구의 몸살을 해결하는 데 뜻을 모으는 게 급선무다.

4. 성전이란

- 이 세상 자체가 하나님께서 만드신 성전이다. 자연보다 더 아름다운 성전이 있는가? 보이는 건물이 성전이 아니라, 성스러운 마음가짐이 성전이다.

- 반석 위에 교회를 지으라 했다. 지상의 단단한 돌은 인간이 쪼갤 수 있으나, 마음속의 굳은 결의는 세상 무엇으로도 쪼갤 수 없다. 바르고 굳건한 믿음으로 성경의 가르침을 실천하는 것이 마음의 반석 위에 교회를 짓는 것이다.

- 손으로 지은 건물의 교회에 모여서 복음을 전하는 것이 아니라, 교회를 개인과 가정에 심어 주어야 한다. 무너지고 부서지는 건물을 짓지 말고, 마음속에 영원히 불변하는 참진리의 교회를 지으라.

5. 십계명

- 십계명은 인간이 죽어서 반드시 통과해야만 하는 열 개의 관문이다.

- 부모를 공경하지 아니한 자는 "네 부모를 공경하라." 하는 제5계명의 관문이 열리지 않으니 구원받을 수 없다.
- 살인, 간음, 거짓, 우상 등의 나머지 계명도 마찬가지다.

- 십계명은 하나님의 친필이다. 모기소리만 한 하나님의 음성이라도 들어 보겠다고 여기저기 찾아 헤매지 말고, 십계명부터 암송하고 지키라.

- 십계명은 영혼을 구원하는 양식이며, 십계명을 지키는 것이 구원을 받는 길이다. 인간이기에 지키고자 노력하고 또 노력한다면 지킬 수 있다.

- 십계명을 지키고 천사처럼 아름답게 살아가는 그 마음 하나면 세상에 이루어지지 않는 것이 없다.

6. 보물

- 하나님은 재물이 아니라 우리의 마음을 받으신다. 사랑을 실천하며 천사처럼 변하는 마음이 하나님께 바치는 보물이다.

- 보이지 않는 하나님께 재물을 바치려 하지 말고, 너희를 길러 준 부모에게 용돈 드리고, 찾아뵙고, 효성을 다하라. 그것이 하나님께 효도하는 것이다.

- 하늘에는 선과 악의 창고가 있다. 자기 창고에 선이 많으면 천국으로 구원을 받고, 악이 많으면 심판받아 지옥으로 간다. 그것이 바로 "선한 일을 행한 자는 생명의 부활로, 악한 일을 행한 자는 심판의 부활로" 나오는 것이다.

- "선악과를 따먹지 말라"는 것은 양심을 지키라는 것이다. 선과 악을 구분할 수 있는 양심을 최초에 인간에게 주셨다. 선한 열매는 취하고, 악한 열매는 버리며, 양심에 비추어 부끄럼 없는 삶을 살아가라.

- 가장 작은 거짓말을 하지 않고, 가장 작은 죄를 짓지 않으며, 가장 작은 선행을 하고, 가장 작은 악행을 멀리하는 것이 율법의 일점 일획도 빠뜨리지 말고 다 지키는 삶을 사는 것이다.

7. 우상

- 박물관에 있는 불상은 하나의 예술품이다. 그 조각품에 대고 제 소원을 빌 때 우상숭배가 된다. 십자가라 하여도 그 앞에서 소원을 빈다면 우상숭배하는 것이며, 하나님께 소원을 빈다면 하나님을 우상으로 전락시키는 것이다.

- 지금 기복신앙에 젖어 있는 모든 사람이 우상 앞에 절을 하고 있다. 조각품을 우상이라며 파괴하지 말고, 네 마음속에 있는 욕심의 우상을 무너트리라.

- 생수를 약초가 먹으면 약을 만들고 독사가 먹으면 독을 만든다. 같은 성경을 봐도 선한 지도자는 신도를 천사로 만드는 데 활용한다. 그러나 욕심이 가득한 지도자는 재물을 거두어들여 제가 부귀영화를 누리는 데 악용한다. 그가 바로 성경을 우상숭배의 도구로 전락시키는 거짓 선지자다.

- 성경을 한 획도 빼거나 더하지 말라는 것은, 그 가르침을 빠트리지 말고 온전히 지키라는 것이다. 성경 속에서 자기에게 유리한 구절만 보는 것은, 자기에게 불리한 구절들을 빼 버리는 것이다. 믿음이 제일이요, 행함은 구원과는 관계없다는 것은 자신에게 유리한 쪽으로 성경을 악용하는 것이다.

- 진정한 종교 지도자는 종파에 관계없이 어떤 종파든 어떤 책이든 접하고 보고 깨우쳐 견문을 넓히도록 인도한다. 참진리를 모르고 자신이 없는 자가 남을 이단이라며 배척하고, 신도들의 눈과 귀를 가린다.

8. 예수

- 예수의 재림은 없다. 예수가 다시 온다 해도, 과연 누가 그를 예수라고 믿겠는가? 예수와 같은 삶의 행함이 곧 예수의 재림이다. 각자 모두가 "재림 예수"가 되는, 차원 높은 믿음으로 가야 한다.

- 예수는 "주여 주여 하지 말고, 아버지의 뜻대로 행하라"고 했다. 예수가 전한 하나님의 뜻이 곧 "길이요, 진리요, 생명"이며, 그 가르침이 예수의 보혈처럼 소중한 것이다. 예수를 믿는 것은, 예수의 가르침을 믿고 따르는 것이다.

- 예수는 낮은 자로서 만백성을 섬기고자 했다. 만나는 모든 사람을 다 하나님이라 생각하라. 돈을 벌수록 겸손하고, 높은 지위를 얻을수록 낮아지라.

▪ 예수는 종파를 만들지 않았다. 인간이 만든 종교와 인간의 교리를 따르지 말고, 예수를 통해 전한 하나님의 참진리를 연구하고 따르라.

▪ 예수가 2천 년 전에 만백성을 위해 죽었으니, 지금 이 땅에는 예수의 가르침대로 사는 천사만 존재해야 한다. 예수가 죽어 가면서 바란 것은 만백성이 천사가 되어 예수의 자리를 채워 주는 것이지, 지금과 같이 재물을 바치면서 중언부언 제 소원만을 비는 백성들을 바란 것이 아니다.

9. 구원

▪ 천사가 사는 천국에는 천사만 갈 수 있으니, 천사 같은 마음을 길러야 한다.

- "천국 열쇠를 네게 주리니 땅에서 무엇이든지 매면 하늘에서도 매일 것이라" 했다. 땅에서 천사같이 사는 자가 하늘에서도 천사가 되어 천국에 들어간다. 모든 사람에게 천사같다는 말을 듣는 삶을 살아야 한다.

▪ 천사의 곱고 아름다운 마음은 부모를 공경하고 어른을 어른으로 대접하는 데에서 출발한다. 효도하는 자는 형제와 화목하게 지내기에 가정이 화목해지고, 이웃과 화목해지고, 국가가 화목해지고, 온 인류가 화목해진다.

- 그러므로 지상의 아름다운 소왕국은 가정에서부터 이루어야 한다.

▪ 선택된 14만 명만 구원받는 것이 아니라, 천사처럼 변하고자 하는 14만 명을 기초로 온 인류가 천사처럼 거듭나는 영적인 개혁이 시작되는 것이다.

▪ 천 년에 걸쳐서 하늘에서 이루어진 것같이 이 세상을 낙원으로 만들어, 만백성이 지상의 천국에서 살다가 죽어서 그대로 하늘의 천국으로 들어가는, 영원한 지상 낙원을 건설하는 것이 하나님의 계획이다.

- **이것이 구약과 신약에 이어 "새로운 성경"으로 역사하시는 하나님의 창조의 완성이다.**

▪ 지금의 믿음으로 구원받을 수 있다면 그 길을 가라. 그러나 자신이 없다면 하나님께서 직접 내리신 160권의 "새로운 성경"을 읽고 구원의 길을 보라!

하나님 머리말씀

이 새로운 성경을 읽는 너희 모두는
이 율법에 따라 행하면 영원히 구원받을 것이니라.

너희 인간이 수년, 수십 년, 평생
성서를 공부하고 기도하는 것은
하늘나라 나의 곁으로 오고 싶은 소망일진대,

몇천 년 전의 너희 인성과 생각이
지금의 너희와는 판이하게 다르니,

꺾여 가고 병들어 가는 너희를 고칠 수 있는 길은,
오늘 내가 선지자에게 내리는 새로운 성경과 같이
너희가 변화되는 것뿐이니라.

나의 예수가 태어난 것처럼
내가 아들 선지자를 선택하여
나의 새로운 성경을 온 세계에 전하고자 하니,

묵은 것은 버리고 새로운 것은 취하여,
너희 모두는
'여호와 하나님! 저의 죄를 용서하여 주옵소서.'
하는 기도문으로 기도하고, 죄를 뉘우치라.

이 새로운 성경은
수천 년간 내려온 성서를 요약한 것이니,
너희는 이 책을 정독하여 쉽게 깨달음을 얻고,
이대로 실천하여 하늘에 오르라.

대역자 머리말

■ 하나님의 율법을 지키는 선지자로 선택을 받도다.

저는 남들처럼 그저 열심히 살아온 평범한 사람이었습니다. 그러나 50대 중반에 사업에 실패하여 많은 부채에 시달렸으며, 건강도 악화되어 눈이 잘 안 보이고, 걷기도 어렵고, 두통이 심해서 잠을 이룰 수 없는 고통의 나날을 보냈습니다. 그때 제가 선택할 수 있는 것은 육의 삶을 끝내는 길뿐이었습니다.

죽기 직전에 그동안에 죄를 지은 이들에게 용서를 빌고 인생을 끝내기로 작정하였습니다. 어려서부터 지은 죄를 빌고 빌다 보니 끝이 없었고, 죽음으로도 그 많은 죄를 용서받을 길이 없다는 생각에 하염없이 눈물이 흘렀습니다. 그 순간 '재래식 화장실의 구더기는 죄를 짓지 않는데, 나는 인간으로서 구더기만도 못한 삶을 살았구나.' 하는 생각이 들면서 괴로움에 몸부림칠 때, 갑자기 하나님의 음성이 들렸습니다.

"나는 여호와 하나님이니라. 너는 십계명을 암송하고 내가 내려 주는 메시지를 받아 책으로 만들어 만백성을 구하라." 하시며, 제 눈을 손으로 문지르게 하시고, 아픈 머리와 다리를 손으로 두드리게 하셨습니다. 그러고 나니 눈도 잘 보이고 걸을 수 있었으며 머리의 통증도 말끔히 낫게 되었습니다. 그때부터 십계명을 암송하고 나면 들려주시는 말씀을 기록하였고, 1999년 8월부터 2004년 7월까지 권당 288쪽, 총 160권을 받아서 "새로운 성경"이라는 책으로 펴내게 되었습니다.

그러한 저에게 죽기보다도 힘든 길이 시작되었습니다. 모든 교인들이 저에게 사탄이요, 이단이요, 악마요, 마지막 시대에 온 거짓 선지자라 하면서 공격하였고, 저를 짐승을 보듯이 대하는가 하면, 편협한 종교 지도자들의 선동으로 신도들이 이 책을 직접 읽어 보고 평가할 기회마저 막아 버렸습니다. 그래서 하나님의 말씀을 세상에 내는 데 많은 어려움을 겪으며, 피를 토하는 심정으로 책을 전하고 있습니다.

그러나 아무리 인간의 힘으로 막으려 해도, 하나님의 뜻이 세상에 전해지는 위대한 역사는 계속될 것입니다. 책으로 전해지는 "하나님의 말씀"은 세상 끝날까지 항상 우리와 함께하실 것입니다. 사람은 죽어도, 책에 기록된 말씀은 영원히 남으니까요.

■ 따뜻한 실천

하나님께서는 어려운 사람들에게 삶의 터전을 마련해 주고, 미래를 열어 주는 것을 기뻐하십니다. 어려운 이웃이 스스로 자립할 수 있도록 이끌어 주는 것이 진정으로 이웃을 돕는 것이라고 말씀하셨습니다. 그래서 일자리가 없는 제자들에게 작은 사업장을 만들어 주는 "달란트 사업"을 하고 있습니다. 식당, 반찬 가게 등을 차려 주고, 기존의 어려운 사업장이 자립할 수 있도록 돕고 있습니다(커피숍, 미용실, 의상실 등).

하나님께서는 교회에 나와서 모든 시간과 재물을 쏟기를 원하지 않으시고, 그 시간과 재물을 교육에 투자하여 스스로 미래를 열어 가기를 원하십니다. 그래서 제때 공부하지 못한 제자들에게 학업을 이어 가도록 하였습니다. 중화요리 주방장을 하며 초등학교 검정고시부터 공부하여 2012년에 방통대를 졸업한 36세 남성, 만학도들의 2년제 중학교에 입학해서 2007년에 명지대학을 졸업한 38세 여성, 중학교 검정고시를 시작으로 숭의여자대학을 졸업한 47세 여성 등이 있습니다. 그밖에도 많은 제자들에게 나이를 초월하여 배우고 깨우쳐서 사회 속의 당당한 일원이 되도록 인도하고 있습니다.

학자금 대출로 힘겨워하는 젊은이들을 위해 "따뜻한 바람 장학회"를 발족하여(2016년 12월) 대출받은 학자금 전액을 매월 갚아 주고 있습니다. 또한, 다문화 가정을 위해 "다문화 가족 랜드"를 조성하여, 각종 시설을 무료로 활용하도록 하고 있습니다.

이러한 따뜻한 실천이 아직은 미약합니다. 그러나 책의 수입이 늘고, 저와 뜻을 같이하는 분들이 늘어나면 계속 확대할 것입니다. 지도자로서 신도의 재물을 헌금으로 거둬들여 착복하는 것이 아니라, 하나님께서 기뻐하시는 일에 사용하도록 중매 역할만 하며 살아가고자 합니다. 이런 제가 과연 사탄이고 이단인가요? 하나님께서 기뻐하시는 일이라면, 저에게 사탄이라 하든 거짓 선지자라 하든 굽히지 않고 실천해 나갈 것입니다.

끝으로, 일상의 삶 속에서 "지금 내가 하는 행동이 과연 하나님께서 기뻐하실까, 슬퍼하실까?" 생각하고, 매사에 하나님께서 기뻐하시는 길을 택하기 바랍니다. 교회에 모여서 집단적으로 예배 드리는 것이 아니라, 개인이나 가정 단위로 새로운 성경을 읽어 스스로 깨우치고 그대로 행하면 충분합니다. 그것이 마음속에 성전을 짓고, 신령과 진정으로 예배 드리는 길입니다. 그러면 천국의 문에 들어서게 됩니다.

2017. 2. 1.

하나님 말씀 대역자 김용철

차 례

십 계 명

이 책은 십계명을 암송하고 나면 내려 주시는 "하나님의 음성"을 듣고 그대로 받아쓴 기록입니다. 하나님께서 십계명을 모세에게 내려 주셨지만, 그것은 만백성에게 내려 주신 것입니다. 마찬가지로 이 책의 모든 말씀도 저에게 내려 주셨지만, 만백성 각자에게 들려주시는 말씀입니다. 여러분도 이 책을 접할 때마다 십계명을 암송하고 나서 정독해 주시기 바랍니다.

제일은, 너는 나 외에는 다른 신들을 네게 있게 말지니라.

제이는, 너를 위하여 새긴 우상을 만들지 말고, 또 위로 하늘에 있는 것이나, 아래로 땅에 있는 것이나, 땅 아래 물 속에 있는 것의 아무 형상이든지 만들지 말며, 그것들에게 절하지 말며, 그것들을 섬기지 말라.

제삼은, 너는 너의 하나님 여호와의 이름을 망령되이 일컫지 말라.

제사는, 안식일을 기억하여 거룩히 지키라.

제오는, 네 부모를 공경하라.

제육은, 살인하지 말지니라.

제칠은, 간음하지 말지니라.

제팔은, 도적질하지 말지니라.

제구는, 네 이웃에 대하여 거짓 증거하지 말지니라.

제십은, 네 이웃의 집을 탐내지 말지니라.

나 여호와가 존재함을 믿는 그 자체가 구원의 길에 들어서는 기본이요, 근본이며, 나의 새로운 성경을 가슴에 안고 정독하는 자, 반석 위에 서서 하늘에 오르는 찬란한 빛을 보게 되는 영광을 얻게 됨이니라. 진정 나를 따르고 믿는 자는 감히 사탄이나 마귀도 근접하지 못하느니라.

〈하나님 말씀〉

2002년 2월

1,834 번째 하나님 말씀

2002년 2월 13일 14시 40분

1 사랑하는 선지자야!
2 "네, 여호와 하나님! 말씀하옵소서."
3 너는 어찌하여 아직도 내가 이루는 작
고 큰 기적을 그리 두려워하는가, 그
리고 내가 너에게 내리고자 하는 능력
을 스스로 피하려 하는가?
4 너는 어찌하여 내가 너를 통하여 세상
에 내리고자 하는 것을 받으려 하지
아니하며 피하려 하는가?
5 "여호와 하나님!
6 정녕 받을 수 있는 자리에 와 있지를
못하오며, 받을 수 있는 그릇이 되지
아니하였으며, 받아서는 아니 되옵나
이다.
7 이 죄 많은 저의 뜻을, 제 가슴에 있는
이 마음을 여호와 하나님께서는 아시
리라 믿사옵나이다.
8 저는 받아서는 아니 되옵니다.
9 저는 받을 수가 없사옵나이다, 아버님!
10 저의 제자들의 그 마음도 하나로 이루
어지지 아니하였으며, 하나로 만들지
를 못하였으며, 저와 가장 가까우며
저와 같이하는 모든 사람들도 저와 같
이 하나로 만들 수 없으며 하나로 가
지 못하고 있사옵나이다.
11 저의 모든 제자들이 아직도 한 마음이
이루어지지 아니하는 이와 같은 저의
위치에서 이 지구에 존재하는 모든 백
성들을 하나로 이룬다는 것은 너무나
도 무섭고 두렵사옵나이다."
12 사랑하는 선지자야!
13 "네, 여호와 하나님! 말씀하옵소서."
14 천 년의 역사 속에, 천 년의 너희 인간
세계의 세월 속에 33년이라는 그 세
월은 지나가는 바람과 같이 지나감이
니,
15 마음을 열라, 선지자야!
16 천 년 사이에 이루어지는 그 역사 속
에서 네가 나의 성령을 받아 이루는
그 일은 33년의 짧은 세월이니,
17 그 세월 속에 모두를 다 이루려는 생
각을 해서도 아니 되며, 할 수도 없음
이니라.
18 네가 나의 성령을 받아 법전이라 하는
너희들이 읽고 듣는 그 책을 만들어
내는 것도,
19 열여섯 권의 법전을 세상에 내보낸 것
으로써도 네 대업은 다 이루었으며,
내 뜻은 이루어졌음이니라.
20 내가 다음에 있어 이루어질 수 있는
모든 기틀을 다 준비하고 있음이니,
너는 열여섯 권의 법전을 세상에 낸
그 업적으로도 나의 선지자로서 네 대
명을 다하였음이니라.
21 이제 네가 또 2부의 나의 열여섯 권의
법전을 세상에 내기 위하여 도전하고
있으며 네가 달려가고 있음이니, 그
공을 다 어찌 내가 치하를 하겠는가?
22 편안한 마음으로 편안한 길로 가도록
하라, 선지자야!
23 네 육신을 더 조이며, 네 육신에 고통

을 더 가하며, 네 육신의 뼈와 살이 무
너지는 것 같은 그 속에서만이 네가
나의 뜻을 행하고 실천함이 아니니라.
24 이제는 하나하나 네가 받아 시행하며
너의 제자들과 만백성을 다스려 나가
야 할 것이니라.
25 네가 천 년 세월에서 이루는 것은 네
직분이 있으며 네 책임이 있으니, 그
속에서 이루어질 수 있는 모든 영광과
은혜와 은총이요, 기적을 네가 받아들
이도록 하라, 선지자야!
26 두려워하지 말라.
27 모두는 내가 주관함이니, 마음을 열라.
28 사랑하는 선지자야, 두려워하지 말라.
29 갈기갈기 흩어지는 너의 육신을 모두
다 찢어 날려 보낸 다음에 나를 바라
볼 수 있는 너의 하나의 마음을 이루
는 그 바탕 속에서 네가 이루고자 함
을 내가 아느니라.
30 네가 육신이 존재하는 속에서 너를 다
스려 네가 받을 수 있음이니, 더 이상
물러서려 하지 말라, 선지자야!

1,835 번째 하나님 말씀

2002년 2월 13일 21시 30분

(강론을 마치며)

1 사랑하는 선지자야!
2 "네, 여호와 하나님! 말씀하옵소서."
3 내가 너에게 일렀느니라.
4 수천 년 역사가 흘러 지금 나의 성령
을 받아 천 년의 역사의 세월이 흐르
면서 너희들이 이 지구상에 모든 악의
뿌리를 뽑으며 낙원을 이루는 대업을
이루고자 나로부터 선택된 자들이라
하였으니,
5 바로 나의 성령인 나의 법전을 만들고
세상에 전하는 대명을 띤 너희들은 다
음과 같이 너희들의 자세를 바꾸고 살
아야 한다 일렀음이니라.
6 너희들에게 '하늘에 있는 것이나, 아
래로 땅에 있는 것이나, 또는 땅 아래
바닷속에 있는 어떤 우상이든지 만들
지 말며, 그것들에게 절하지 말며 그
것들을 섬기지 말라.' 내가 하였음이
니, 너희들은 그 단계를 벗어났음이라
내가 말하였느니라.
7 너희들은 지금 너희 마음속에 하늘에
있는 것이나, 땅에 있는 것이나, 땅 아
래 물 속에 있는 어떠한 우상도 섬기
며 절하지 말라는 그것을 벗어나서,
8 그것들에게 절하고 그와 같은 형국을
가는 사람들을 가슴에 안아 그들을 다
포근히 감싸 녹이고 녹여 주는 그러한
임무를 생각하며 그리 가야 한다 하였
음이니라.
9 너희들은 그와 같이 절하고 숭배하는
것은 너희 가슴에서 벌써 지워졌으며,
너희들은 그리하지 아니할 수 있으며
이를 지킬 수 있는 자들이기 때문에
그와 같은 형태를 가지고 있는 모든
나의 피조물 만백성을 너희 가슴으로
안아 그를 녹여야 되니,
10 이것이 나의 하늘에 오르겠다 하여 믿
음을 갖고 각종 종파에 가 울며 기도
하는 그들과 너희들과의 차별화됨이
니, 그게 곧 무엇이더냐?
11 너희들이 나에게 가까이 와 있음이며,
한 계단 더 올라왔음인 것이니라.
12 너희들은 오늘 많은 것을 너희 가슴에

새기며 느꼈을 것이니라.
13 모든 종파에서 그들은 저희들이 하늘
에 오르는 길이며, 그것만이 진정한
구원을 받는 길이며, 또한 예수의 보
혈로써 구원을 받았으며, 주 예수를
찾음으로써 구원을 받는다 말함이니
라.
14 그러나 그들은 어찌 살아가는가?
15 저희들이 사악한 행위, 죄짓는 행위,
저희들이 잘못 가며 남들이 봤을 때
부끄러운 행위를 과연 하지 아니하고
사는가?
16 그와 같은 자는 용서받을 수 없으며,
예수의 보혈로써 구원을 받을 자격이
없음이라 내가 말하였음이니라.
17 또한, 더불어 너희들이 이 세상에서
가장 소중한 자요, 그 직분이요, 그 자
리를 지키는 자만이 나에게 기도하고
경배할 수 있음이니,
18 그 자리를 지키는 것이 얼마나 소중한
것인가를 오늘 너희들은 깊이 깨달았
을 것이며, 그것이 근본임을 잊지 말
아야 할 것이니라.

1,836 번째 하나님 말씀

2002년 2월 14일 0시 30분

1 사랑하는 선지자야!
2 **"네, 여호와 하나님! 말씀하옵소서."**
3 나의 성령을 나로부터 네가 받아 기록
하고 있음이니, 내가 너에게 말하여
이르기를, 나의 뜻이 아닌 것은 한 자
도 넣지 말라 하였으며, 네 머리로 네
가 생각하여 기억한 것, 또 네가 생각
하는 것을 넣지 말라 하였음이니,
4 한 자의 나의 한 마디가 앞뒤로 가며
뒤집히며 엎어짐으로 하여 얼마만큼
많은 변화와 나의 뜻의 어긋남이 있던
가?
5 너희들은 오늘 손끝이 저려 옴 속에서
그를 알았을 것이며 그를 깨달았을 것
이니라.
6 수천 년 역사가 흘러오면서 나의 성서
라 하여 너희들이 기록하고 전하는 것
이 어찌 전하여졌으며, 어찌 흘러왔으
며, 어찌 기록하여 남겨졌는가를 너희
들이 한번 가슴속에 오늘 생각해 볼
때가 되었음이니라.
7 나의 법전을 만들며 내가 천 년의 역
사 속에서 나의 피조물 만백성을 구하
고자 하는 데 너희들이 시발자들이요,
시초에 출발하는 자들이니,
8 선지자와 같이 너희들이 가장 나에게
가까이 와 있는 자들이며, 가장 높은
곳에 벽돌을 올려놓는 그와 같은 역할
을 하고 있음이니,
9 너희들은 이제 나를 의심치 아니하며
내가 하는 말을 받아들일 것이니라.
10 그리하여 내가 너희들에게 성서의 비
밀의 한 구절을 말함이니, 오늘의 너
희들이 나의 음성이요, 나의 뜻 한 자
가 자리를 잘못 잡음으로써 그 뜻이
어찌 변하는지를 알았을 것이니,
11 나의 성서가 어찌 기록되어 왔다 너희
들은 생각하는가?
12 그 수천 년 역사 속에서 기록하는 것
이 기록하는 자의 잘못으로 한두 자가
틀렸으며 그 뿌리가 틀렸다 하면, 그
것은 얼마나 무서운 오류를 낳게 되겠
는가?

13 잘못된 그 오류를 바로잡을 수 없으며
그로 하여금 파생되는 것이 너희들이
상상할 수 없는 엄청난 괴리를 이루게
됨이니,
14 그를 깨닫고 가르치는 종교 지도자들
이 저희들이 편한 것으로써, 제가 좋
은 것으로써 제 것을 만들기 위하여
나의 피조물 만백성에게 전하는 것이
또 뒤집어서 전한다 하면 어떠한 결과
가, 어떠한 결론이 나온다 생각할 수
있겠는가?
15 너희들은 오늘 스스로 너희 가슴에 있
는 마음을 다스려 내가 선지자에게 내
리는 이 뜻을 깊이 깨우쳐야 할 것이
니, 너희들의 입을 함부로 옮으로 인
하여 너희들의 생명에 위험이 있을 것
이니,
16 그리하여 내가 너희들에게 더 이상 깨
우침을 주지 아니하며 너희 스스로 깨
달으라 이름이니, 얼마나 많은 변화와
변화가 이루어졌겠는가 이를 생각해
봐야 될 것이니라.
17 그렇다 하면 나의 법전을 기록하고 만
드는 너희들은 과연 어떠한 자세로써
어찌 만들어 나가야 될 것인가?
18 너희들의 이마에 진땀이 나오는 그와
같은 정성과 열과 성의를 가지며 밝은
정신을 갖고 이를 받아들이며 다스리
지 아니하면, 천 년의 역사가 흐른 다
음에 그 한 구절이 잘못됨으로 인하여
나의 에덴동산을 이루고자 하는 그 대
업이 이루어지지 못할 수도 있음이니,
19 얼마나 너희들이 지금 소중한 자리에
앉아서 얼마나 소중한 것을 다루고 있
는가?
20 너희들의 이름을 오늘부터 기억하지
말며 지워 버려야 할 것이니, 너희들
은 오로지 너희들의 이름이 없으며,
너희들의 삶이 없으며, 너희들의 육신
이 없으며, 나의 전사로서만 남아 있
으며 전사로서만 살아가는 것을 생각
해야 될 것이니라.
21 아무것도 너희들에게 없음이니라.
22 오로지 너희들은 나의 전사로서 존재
할 자들이며 전사로서 영원히 남아야
할 자들이니, 이를 잊지 말라.
23 무엇이 소중하며 무엇이 귀중한 것인
지 이를 너희들이 오늘 반드시 깨우쳐
야 될 것이니라.
24 내가 선지자를 통하여 너희들에게 내
리는 이는 나의 성령이요, 나의 뜻이
니, 나 여호와가 너희들의 앞에 와 있
다 생각하며 나의 법전을 다루고 나의
법전의 뚜껑을 열라.
25 그리고 그 법전의 뚜껑을 덮는 그 순
간에 너희 앞에서 내가 스스로 하늘에
오른다 생각하라.
26 누가 이를 만들며, 누가 이를 명하며,
누가 이를 이루고자 하는가?
27 그리고 이 모두는 무엇을 위하여 존재
하는가?
28 내가 만든 이 지구의 에덴동산이 하늘
에서 이루어진 것같이 이 땅에서 이루
어지게 하고자 하는 나의 그 뜻의 천
년 역사가 어떠한 대업이며 어떠한 뜻
에서 이를 이루고자 하는 것인가?
29 6천 년의 역사 동안 살았다 사라져 간
그 너희들의 형제가 얼마나 많은가?
30 앞으로 영원히 변하지 않는 이 지상의
삶이 지속될 때, 그 많은 나의 피조물

만백성이 구원을 받고 못 받고, 나의
낙원이 여기에서 이루어지고 못 이루
어지는 것이,
31 너희들의 손끝과 너희들의 생각과 너
희들의 가슴에서 우러나는 그 심성에
서 모든 것이 다듬어지고 이루어진다
생각하면,
32 피보다도 진한 땀방울이 너희 이마에
서 나오는 그와 같은 마음의 자세로써
나의 법전을 너희들이 다루어야 할 것
이니라.
33 이를 명심하라.

1,837 번째 하나님 말씀

2002년 2월 14일 0시 40분

1 사랑하는 선지자야!
2 "네, 여호와 하나님! 말씀하옵소서."
3 너는 두려워 말며 행하면 될 것이니라.
4 나의 법전을 다듬고 만드는 너의 제자
들에게 그들이 가장 갈망하고 소원하
는 것을 하나씩 받아 네가 거두라.
5 너는 두려워하지 말지니라.
6 나 여호와가 존재함이며, 모두는 나의
뜻에 이루어짐이니, 내가 너의 제자들
의 마음을 아느니라.
7 내가 그들이 원하는 것을 하나씩을 거
두어들이고자 함이니라.
8 사랑하는 선지자야!
9 "네, 여호와 하나님! 말씀하옵소서."
10 모두는 다 내가 주관함이니라.
11 너에게 말했듯이 너희들이 만들고 있
는 이 나의 법전이 나의 성령이라 할
때, 낙원이 되는 이 모든 지상을 다 덮
을 것이며 그리 역사가 이루어질 것이
니,
12 그게 이루어지지 아니한다 하면 나 여
호와의 뜻이 아니며 천 년 후에 이 세
상에 나의 피조물 만백성이 선한 자만
이 존재하는 낙원을 이룬다 하는 것은
다 허상이 될 것이나,
13 너희들이 살아 숨 쉬는 동안에 나의
기적을 볼 것이니, 그리고 너희들이
체험할 것이며 너희들이 다스려 나갈
것이니, 오늘을 의심치 말라 이르라.
14 그 이루어지는 세월이 머지않았음이
니라.
15 나의 피조물 만백성이 나의 법전이요,
나의 선지자요, 네 앞에 스스로 그들
이 너의 음성을 듣기 위하여, 내가 내
린 너의 그 음성과 너의 설법을 듣기
위하여 목숨을 바쳐 모여들 것이니,
16 그 형상을 너희들이 볼 날이 머지않았
음이니 그리 알라.
17 이것이 내가 너희들에게 내리는, 너희
들이 살아서 볼 수 있는 증표이니라.

1,838 번째 하나님 말씀

2002년 2월 14일 02시 10분

1 사랑하는 선지자야!
2 "네, 여호와 하나님! 말씀하옵소서."
3 많은 나의 피조물 만백성이 깨우친 자
나, 배운 자나, 배우지 못한 자나, 아
무리 힘이 항우장사와 같은 자나, 빈
약한 자나, 병든 자나, 건강한 자나,
그들이 수천 년 동안 하늘에 오르고자
하여 갈망하였으며 소원하였음이니,
그를 위하여 산 자 수없이 많음이니라.
4 그러나 그와 같이 살아가는 나의 피조

물 만백성이 나의 음성을 들으며 나를
접한 자가 없으며 나를 본 자가 없음
이니,
5 그러나 그 속에서도 오로지 나에게 오
르며 나의 음성을 들으며 나를 접하며
나의 형체를 보며 그를 위하여 모두를
다 바친 자들이 있음이니라.
6 그리하여 구약의 시대라는 것이 이루
어졌으며, 또 신약의 시대가 이루어졌
으며, 그와 같은 나의 주관에 흐른 세
월이 6천 년의 역사가 흘렀으며,
7 지금에 내가 너를 통하여 나의 성령을
태워 내려보내는 나의 음성을 직접 듣
고 기록하며 관리하는 너희들은 너희
들이 어떠한 영광을 얻었으며 어떠한
자리에 와 있으며 어떠한 대명을 받았
으며 어찌 너희들이 선택되었는가 하
는 것을,
8 마음속 깊이, 뼛속 깊이 그 영광의 은
혜를 생각하는 마음을 잠시도 잊어서
는 아니 될 것이니라.
9 그중에도 내가 선지자를 통하여 나의
성령을 내려보내는 나의 음성을 직접
관리하며 그를 기록하며 나의 법전을
만들어 내는 너희들이야말로 너희들
이 손끝에서부터 발끝까지, 머리끝까
지 모두가 나의 은혜와 영광의 은총으
로써 쌓여져 있으며,
10 이는 다 너희들 것이 아니며 내가 관
리하며 내 눈 안에 다 너희들이 들어
와 있음이니라.
11 열여섯 권의 법전이 세상에 나와 2부
요, 3부요, 이와 같이 계속되는 나의
성령을 태워 내려보내는 이를 기록하
기 시작한 너희들은 끝을 이루어야 할
것이니,
12 내가 너희들을 말하여 그 모두를 견디
고 이길 수 있는 전사라 하였음이니,
오늘 내가 너희들의 뜻과 너희들의 이
름을 나의 선지자를 통하여 만방에 전
하니, 그 영광이 길이 빛날 것이니라.
13 오늘 전사로 명해진 '박판수', 너는 네
가 가지고 있는 모든 역량을 다 바쳐
나의 법전을 만드는 데 잠시도 소홀히
해서는 아니 될 것이니라.
14 '홍철화', 너는 선지자가 가는 길에 네
몸을 밟고 간다 하여도 네 얼굴 하나
찌푸려서는 아니 될 것이며, 그가 못
이 박힌 신발로써 네 몸을 짓이기고
건너간다 하더라도 너는 그를 인내할
자이니, 그와 같은 변함없는 마음을
영원히 간직하라.
15 '김미향', 너는 내가 무엇으로써 너를
달래고 상을 내려야 할 것인가?
16 너에게 오로지 영광이 있을 것이니,
잠시도 선지자의 마음에 금이 가는 행
위를 해서는 아니 될 것이며, 오로지
대나무의 새 죽순이 뻗어 나오듯이 그
마음이 선지자를 향하여 가야만 모든
영화와 영광이 너에게 있을 것이니,
이를 너희들이 오늘 잊어서는 안 될
것이니라.
17 천 년 역사가 흐르는 동안에 너희들
이름이 빛날 것이며, 천 년 역사가 흐
른 다음에는 너희들이 있어서 저희들
이 구원을 받았다며 나의 피조물 만백
성이 너희들을 칭송할 것이며 너희들
의 공로를 영원히 기록할 것이니,
18 그 축복을 내가 너희들에게 내려 오늘
너희들의 이름 석 자를 다시 부르나

니, 박판수, 홍철화, 김미향, 오늘의 나
의 법전에 너희들이 길이 빛남은 물론
이요,
19 천 년의 역사 동안에 세상의 모든 나
의 피조물 만백성이 너희들의 노고에
감사를 드릴 것이며,
20 천 년 후에 에덴동산의 낙원이 이루어
져 이곳에 사는 모든 나의 백성들이
너희들의 이름을 높이 기리며 그 정신
을 받들 것이며 그 공에 감사하는 자
가 영원히 그치지 아니할 것이니,
21 이를 너희들이 깊이 생각하여 그에 버
금가는 너희들의 자세로 그에 손색이
없는 삶을 살아야 할 것이니,
22 너희들이 매일 목욕하고 세수하고 머
리 감으며 바라보는 그 거울을 바라볼
때, 내가 너희들의 이름을 부른 자라
는 것을 잊지 말라.

1,839 번째 하나님 말씀

2002년 2월 14일 02시 20분

1 사랑하는 선지자야!
2 "네, 여호와 하나님! 말씀하옵소서."
3 오늘 내가 너를 통하여 기록한 자, 너
희들은 나의 법전이 세상에 나와 나의
피조물 만백성을 인도하고 다스릴 때
까지 영원히 너희들의 이름이 기록될
것이니,
4 세상에 무엇과도 바꿀 수 없으며, 너
희 자신이 다 불 속에 태워진다 해도
그 은혜를 갚을 길이 없음이니라.
5 이보다 더 큰 은혜와 영광을 받은 자
없을 것이니, 너희들은 바로 만백성의
거울이 되며 빛이 되는 삶을 살아야
할 것이니,
6 그것만을 위해 너희들의 몸과 뼈를 다
태워도 나에게 받은 은혜를 갚을 길이
없음이니, 이를 잊어서는 아니 될 것
이니라.
7 누가 뭐라 하여도 너희는 하나가 될
것이며 하나로 갈 것이니, 그것이 바
로 만백성이 너희들을 우러러보고 따
라올 수 있는 빛이 되는 길이니 이를
몸소 실천해야 할 것이니라.
8 그리고 너희들은 해내야 될 것이니,
이를 명심하라.
9 잠시도 나 여호와가 너희들을 주관하
고 있음을 잊지 말아야 할 것이며,
10 내가 너희들을 내 품에 안는 것과 같
은 마음으로 사랑함이니,
11 너희들이 내 품에 와 안길 수 있는 그
와 같은 아름답고 깨끗한 인간으로서
한 점의 부끄러움이 없이 너희들 자신
을 다스려 가는 데 게을리해서는 아니
될 것이니라.
12 나 여호와의 이 기쁜 마음에 너희들이
아픔을 전하는 자가 되지 말라.

1,840 번째 하나님 말씀

2002년 2월 14일 09시 25분

1 사랑하는 선지자야!
2 "네, 여호와 하나님! 말씀하옵소서."
3 하늘에 오르는 길이 무엇이며, 정녕
구원의 길이 무엇인지를 모르고 그저
제자리에서 발만 동동 구르고 있는 그
와 같은 형국이 지금 나의 피조물 만
백성이 믿음의 길을 가고 있는 그 상
태이니라.

4 알고 못 오르는 자, 또한 알면서 그 길
을 택하지 아니하는 자, 그 길이 어디
에 있으며 그 길이 어찌해야만 되는
것인지를 모르는 나의 백성들에게 나
의 성령이 담긴 나의 법전을 가슴에
안게 함으로 그들을 깨우쳐 하늘에 오
르는 길을 인도하고자 함이니,
5 그리하여 네가 나의 성령을 받아 기록
할 때마다 내가 불로 써 내린 십계명
을 암송하라 하였으며, 그리고 네가
한 번도 암송을 하지 아니하고 나에게
기도를 드림이 없음이니,
6 이는 나와 너만이 아는 이와 같은 길
인 것을, 나의 피조물 만백성은 그를
들으려 하지도 아니하고 바라보려 하
지도 아니하며 실천하려고 하지도 아
니함이니,
7 사랑하는 선지자야!
8 이와 같이 그들이 하늘에 오르는 길을
모르고 방법을 모르며 어찌 가야만 하
는 것인가를 모르고 있음이니,
9 모르는 자를 일깨워 줘야 되는 것이
네가 지켜야 할 대명이며, 너를 따르
는 전사들과 너를 따르는 제자들 또한
이를 행해야 할 것이니라.
10 열여섯 권의 법전을 세상에 내 내가
너희들이 하늘에 올 수 있는 기초요,
근본을 내려보냈건만, 그를 불태우는
자, 버리는 자, 그와 같은 만행을 하는
자들이 수없이 많이 있음이니,
11 저희들의 손에 얹어지는 그 나의 법전
이 나의 음성이요, 내가 저희들과 같
이한다는 그 소중함을 모르는 나의 백
성들에게 이를 일깨워 줘야 하는 것이
너희들의 대명이니라.
12 깨닫지 못하는 나의 백성들이 나의 법
전을 가슴에 안고 정독하여 하늘에 오
르는 바른길을 보고 그 빛을 보며, 저
희들이 구원을 받고 또한 이웃을 구원
할 수 있는 그와 같은 깨달음을 너희
들이 그들에게 심어 줘야 되며 그들을
그리 인도해야 할 것이니,
13 이 어렵고 힘든 길을 가는 너희들이
지쳐서도 아니 될 것이며, 주저해서도
아니 될 것이며, 중단해서도 아니 될
것이며, 어렵다고 포기하는 자가 있어
서는 아니 됨이니라.
14 그리하여 내가 지금 전사라 하여 그들
의 명단을 거둬들이고 있음이니, 이는
자기의 모두를 바쳐, 자기의 목숨까지
도 바쳐 나의 법전을 전하고자 하는
자들임이니,
15 네가 그리 기억해야 할 것이며 그리
관리해야 할 것이니라.

1,841 번째 하나님 말씀

2002년 2월 15일 01시 05분

1 사랑하는 선지자야!
2 "네, 여호와 하나님! 말씀하옵소서."
3 너희들 말에 '가지 많은 나무에 바람
잘 날이 없다.' 말하듯이, 또한 뿌리가
약한 나무가 불어오는 비바람과 태풍
에 견딜 수 없듯이,
4 나의 성령을 받아 나의 법전을 기록하
여 전하는 나의 사랑하는 선지자 네가
단단한 반석 위에 뿌리가 내려지지 아
니한 상태에서 몰아치는 회오리바람
의 그 태풍을 너의 가슴으로 막을 수
가 없음이니,

5 천 년의 역사를 위하여 천 년의 그 긴
세월 속에 이루고자 하는 나의 역사의
나의 뜻이 흔들릴 수가 없음이니,
6 내가 계획해 놓으며 내가 실천하고 이
루고자 하는 그 길을 위하여 서서히
다져 가며 준비된 대로 너는 시행하여
나가야 될 것이니라.
7 뿌리가 약한 나무가 태풍에 지탱할 수
없듯이, 그보다도 더 강하고 힘찬 회
오리가 너에게 부닥쳐 올 때 네가 그
를 막고 견딜 수가 없음이니라.
8 이를 나 여호와가 알기에 나의 주관이
요, 나의 계획에 의하여 이루어진 단
계대로 시행함이니,
9 지금은 태풍이 몰아쳐 와서 그를 받치
고 버텨 줄 수 있는 알곡식들을 모으
고 구하고 있음이니라.
10 너는 모든 것을 염려치 말며, 너 자신
이 불안해하지 말며, 조바심하지 말라.
11 나의 법전이 세상에 전해지듯이, 나의
법전을 또 전할 사람과 그 대업을 맡
아 이룰 사람들이 너를 향하여 오고
있음이니,
12 나의 아들이 태어났을 때 그 빛을 보
고 멀고도 먼 그 길을 동방 박사라 하
는 자들이 찾아왔듯이, 네가 나의 법
전을 만들어 세상에 내고자 할 때 그
에 맞추어 그와 같이 너를 찾아오고
있음이니, 너는 두려워하지 말며 조급
해하지 말라.
13 그들이 와 나의 법전을 세상에 전하고
가면 또 다음에 올 사람이 기다리고
있음이니, 이것이 내가 이루고자 하는
계획인 것이니라.
14 아무리 바빠도 집을 짓는 데 터를 닦
지 아니하면 아니 될 것이며, 그 자리
를 잡는 주춧돌을 놓지 아니하면 기둥
이 설 수 없듯이, 이는 변할 수도 없으
며 행하지 아니하면 견딜 수 없는 일
이니,
15 그와 같은 나의 계획에 의하여 다져져
가고 있음이니, 이를 너의 제자들이
밝은 눈으로 바라볼 줄 알아야 할 것
이니라.
16 나의 법전이 정리되며 또 2부의 법전
이 세상에 나가 빛을 보게 될 때, 그를
다 가슴에 안고 품에 안아 세상에 나
의 피조물 만백성에게 전할 자들이 기
다리고 있음이니,
17 너는 모두를 다 개의치 말며 나의 법
전을 만들어 세상에 내보낼 수 있는
준비를 게을리해서는 아니 될 것이니
그리 알라.

1,842 번째 하나님 말씀

2002년 2월 15일 06시 30분

1 사랑하는 선지자야!
2 "네, 여호와 하나님! 말씀하옵소서."
3 내가 너에게 일러 말하기를, 구약의
시대와 신약의 시대의 그 멀고도 긴
세월이 나의 성령을 내려보내 나의 피
조물 만백성을 구하는 제3의 이 시대
를 위하여, 천 년에 걸쳐 이 지구상에
아름다운 낙원을 이루는 오늘을 위하
여 준비된 세월이라 말한다 하면,
4 이 동방의 작은 나라에 네가 나의 뜻
을 받는 선지자로 자리잡고 있으며,
5 또한 이곳에 이루어지는 그 모든 역사
는 너를 통하여 이 나라의 언어와 모

든 생활의 습관과 너희들이 가지고 있
는 정이 있는 마음과 그리고 눈물이
있는 그 마음의 근본을 오늘에 너를
통하여 만방의 곳곳에 전하기 위하여
준비되고 나로부터 다듬어져 온 민족
이요, 그리하여 한 나라가 지탱하여
왔음이라 하면,
6 너희들은 그와 같은 모든 준비된 깊은
뜻을 너희 것으로 만들며 오늘에 대한
준비로 이루어졌음을 생각해야 될 것
이니라.
7 모든 문화와 역사를 지금에 와 온 세
상의 나의 피조물 만백성이 받아들여
야 할 것이며, 그 생활 속에서 그 습관
을 익혀 갈 것이며,
8 거칠고 삭막한 마음을 가진 민족 또한
지금 동방에 선지자 네가 있는 이 민
족이 생각하는 마음과 정과 눈물과 인
정을 가슴에 심을 것이며,
9 나의 피조물 만백성의 가슴에 심어야
할, 내가 준비시켜 놓은 인성이요, 성
품이니라.
10 동방의 작은 나라의 너희들이 가지고
있는 그 마음씨만이 이 세상 나의 피
조물 만백성을 하나로 만들 수 있는
끈끈한 정을 가지고 있으며, 그를 위
하여 내가 다 준비하고 특별히 지금까
지 다스려 온 민족이니,
11 그리하여 너희 민족 속에 나의 음성을
받는 선지자가 이곳에 태어났음이며,
12 이곳에서 지금 나의 법전을 만들며,
이곳으로부터 시작하여 온 세상에 나
의 피조물 만백성을 천 년에 걸쳐서
하나가 되도록 하는 그 역사가 이루어
지게 되었으며 시작하게 되었음이니,
13 나 여호와가 존재하며 나 여호와가 이
루는 천 년의 역사를 위하여 오늘에
너희들이 선택되어 있으며, 너희 또한
준비되어 있으며, 이 모두는 나의 주
관하에 이루어진다는 것을 너희들이
깊이 깨달아야 할 것이니라.
14 선지자가 모두를 받아들이며 모두를
이해하며 너희들의 말로써, 너희들이
사용하는 문자로써, 너희들의 문화로
써 세상에 나의 피조물 만백성을 하나
로 만드는 그 기초를 닦아 놓을 것이
니,
15 너희들은 나의 길고 긴 세월 속에 다
준비되어 온 민족임을 알아야 할 것이
니라.

1,843 번째 하나님 말씀

2002년 2월 15일 19시 20분

1 사랑하는 선지자야!
2 "네, 여호와 하나님! 말씀하옵소서."
3 네가 인간사 살아가면서 너의 제자들
과 너를 따르는 자의 어렵고 힘든 것
을 풀어 주지 못하고 들어주지 못하여
아파하는 그 마음을 나 여호와가 알고
있음이니라.
4 네가 작은 기적을 이루며 너 하나 바
로 서기도 지금 바쁜 시점이니,
5 지금 나의 피조물 만백성이 공허하고,
마음을 둘 데가 없고, 지표가 없고, 의
지할 곳이 없으며,
6 나 여호와가 존재하며 저희들이 가고
있는 믿음의 세계는 진정 있는 길이며
구원의 길은 있는 것인가 하여 각종
종파에 저희 자신의 얼굴을 내밀어 이

곳저곳을 기웃거리고자 하는 백성들
이 늘어나고 있음이니,
7 이와 같이 산만하고 어수선한 이 시점
에 네가 기적을 이루어 많은 사람들을
모으며 그 기적으로 인하여 너의 제자
들을 돕고 이끌어 간다 하면,
8 이는 정녕 알곡식을 구하는 방법이 아
니니라.
9 너는 어찌하여 이를 깨닫지 못하는가?
10 내가 너에게 일렀느니라.
11 어떠한 병자나 어떠한 사람을 구원하
든, 구제하든, 너는 대가를 받아서는
안 된다 하였음이니,
12 네 앞에 많은 사람들이 와서 구원을
받는다 하여도 그들로부터 금화와 은
화 한 닢을 받을 수 없는 너이거늘,
13 그게 지금 너의 가는 길에 어떠한 역
할을 한다 생각하느냐?
14 너는 어찌하여 내가 미리 너를 다스리
고자 내린 이 엄숙한 나의 명을 생각
하지 못하는가?
15 너는 나의 성전에서 어떠한 이유를 붙
여 헌금을 또는 금화를 거둬들이지 말
라 하였음이니, 그리하여도 네가 존속
하며 가고 있지 아니한가?
16 그 외에 무엇이 너에게 도움이 되던가?
17 너는 어떠한 기적을 이룬다 해도, 누
구를 네가 돕는다 해도, 어떠한 생명
을 구제해 준다 해도 금화와 은화를
받을 수 없음이니,
18 지금 네가 그렇게 가고 일어설 때가
아니니라.
19 내가 너에게 모든 기적을 내려 주며
일부의 영광을 내리고자 하나, 너 또
한 이를 알기에 받기를 거부하고, 받
지 않으려 하며,
20 네가 나에게 그와 같은 너의 뜻을 전
하여 네가 기적을 이루지 아니하며 뜻
을 깨우치며 네가 스스로 바로 설 때
까지 가고자 하는 너의 갸륵한 기도와
네 심성을 내가 알고 있음이니라.
21 네가 더러는 괴로워하는 것이 네 본심
이 아니며 그 슬퍼하는 것이 네가 지
키고자 하는 길이 아님을 내가 아나니,
22 지금에 흔들려 알곡식을 구하지 못하
는 그러한 역사를 이루지 아니하며,
너는 또 그를 이룬다 하여도 네가 생
각하는 너의 제자들이요, 너를 따르는
자들을 돕는 금화와 은화로써 사용할
수 없음이니, 그 또한 너와 무관함이
니라.
23 내가 너에게 모든 것을 내리고자 하나
너 또한 그를 거부하는 네 마음의 심
성과 네 깊은 속을 내가 알고 있음이
니,
24 때가 아님을 네가 스스로 알아 그를
거부함을 내가 알고 있음이니,
25 내가 너에게 모든 것을 다 내려 줄 것
이니라. 그리고 네가 지탱하며 너의
제자와 너를 따르는 자들을, 네가 기
적을 이루는 방법이 아닌 쪽에서 그들
을 도우며 이끌어 갈 수 있도록 내가
거두어 줄 것이니,
26 그 문제에 대해서 네가 괴로워하지 말
며 슬퍼하지 말라, 선지자야!

1,844 번째 하나님 말씀

2002년 2월 15일 21시 20분

(강론을 마치며)

1 사랑하는 선지자야!
2 "네, 여호와 하나님! 말씀하옵소서."
3 많은 나의 피조물들이 나에게 오르고
자 수천 년 역사 동안에 울며불며 기
도를 하였으며, 때로는 하나밖에 없는
소중한 자기의 생명까지도 저버리면
서 나에게 오르고자 하는 자들이 수없
이 있었음이니라.
4 그러나 너희들이 깨닫고 깨달아도 나
의 성서의 그 이면에 너희들에게 전하
고자 하는 뜻을 깨달은 자가 없으며,
그것을 바로 본 자가 없음이니라.
5 그리하여 내가 너에게 이르기를, 나의
성서를 너희들이 수박이라는 과일을
쪼개기도 전에 그 겉에서만 맴돌다 만
것과 같으니, 그 속의 뜻을 알 수 없다
말하였음이니라.
6 그리하여 6천 년 역사의 세월이 흘러
지금 내가 나의 성령을 태워 나의 선
지자를 통하여 이 법전을 세상에 내려
보내니,
7 이 법전을 접하는 너희들과 나의 음성
을 직접 듣는 너희들은 오늘 다시 한
번 마음속에 깊이 새겨 둬야 할 것이
있음이니라.
8 너희들은 나 여호와의 성령을 태워서
선지자를 통하여 만든 이 법전이 얼마
만큼 소중하고 얼마만큼 값진 것인가
를 생각하고,
9 그리고 세상에 무엇과도 바꿀 수 없다
는 것을 생각하고, 너희 생명보다도
이를 더 소중히 생각하는 마음을 가지
고 생활한 자가 과연 있는가?
10 너희들의 생명은 내던질 수 있으나 나
의 이 법전은 너희들이 가슴에 안고
죽음을 향하여 갈 수 있는 그와 같은
마음으로써 나의 법전을 접했으며, 그
를 한 장 한 장 너희 것으로 만들고자
읽어 갔는가?
11 스스로 이 시간에 너희들이 먼저 깨우
치고 반성하며 깨달음이 있어야 할 것
이니라.
12 너희들이 너희 생명보다도 더 소중하
다 생각하여 나의 법전을 읽을 때, 그
속에 있는 뜻과 깊이를 깨달을 수 있
음이니라.
13 이제는 내가 성서에 숨어 있는 뜻과
성서에서 내가 가고자 하며 내가 추구
하고자 하는 뜻을 너희들에게 하나하
나 베일을 벗기듯이 깨우쳐 줌이니,
14 이를 받아 소화하며 너희 것으로 만들
려거든 나의 법전을 먼저 정독해야 될
것이니라.
15 내가 너희들에게 일러 말하였느니라.
16 '나의 법전을 가슴에 안고 정독하는
자, 반석 위에 일어서서 하늘에 오르
는 찬란한 빛을 볼 수 있다.' 하였음이
니,
17 너희들이 구원을 받는 것이 무엇이더
냐?
18 구원을 받는 기본과 구원을 받는 기초
요, 그 근본이 어디에 있는가?
19 우선 너희들이 하늘에 오르는 길을 알
아야 될 것이며, 하늘에 오르는 그 길
을 봐야 할 것이 아니던가?
20 '나의 법전을 가슴에 안고 정독하는

자, 반석 위에 서서 하늘에 오르는 찬
란한 빛을 보게 되는 그 영광을 얻게
된다.' 하였음이니,
21 너희들이 목숨을 바쳐 나에게 구원을
받고자 하여 갈구하고 원하며 소망했
던 그 길이, 나의 법전을 가슴에 안고
정독하는 데 그 뜻이 있고 길이 있다
하였거늘,
22 너희들은 이 소중한 나의 가르침을 너
희 가슴속에 어찌 받아들였는가?
23 어찌하여 너희들은 이 구절을, 내가
너희에게 내린 이 소중한 뜻을 그리도
깨우치지 못하는 우를 범하며 지금 나
의 성전에 와 나의 선지자의 앞에서
나의 음성을 듣고 앉아 있는가?
24 나의 법전을 가슴에 안고 정독하는 자
는 하늘에 오르는 빛을 보며 하늘에
오를 수 있는 그 영광을 얻는다 하였
음이니,
25 너희들이 과연 한 번이라도 이 무섭고
깊은 뜻을 생각했다 하면 나의 법전을
어찌 대하며 어찌 읽었겠는가?
26 이 이치 하나도 너희들이 깨우치지 못
함이니, 내가 내려보낸 나의 구약과
신약 시대에 흘러나온 그 내용을 어찌
파악하며 나의 법전에 기록하여 내가
너희들을 통하여 전하고자 하는 그 뜻
을 어찌 깨닫겠는가?
27 너희들의 생활에서 말하는 '앞으로 가
라.'는 것과 나의 법전에 있는 '앞으로
가라.'는 것은 똑같은 말이나, 나의 법
전에 기록되어 있는 그것은 다른 뜻이
있으며 깊은 뜻이 있다 하면 너희들은
이를 믿겠는가?
28 믿지 않으려 함일 것이니라.
29 멀리 있는 선지자의 선택된 제자를 내
가 쓰고자 하여 그와 선지자가 말을
할 수 있도록 내가 그 문을 열어 주었
다 하면 너희들은 그걸 믿겠는가?
30 그걸 믿지 못하며, 나의 법전을 가슴
에 안고 정독하는 자가 반석 위에 서
서 하늘에 오르는 찬란한 빛을 보게
되며, 하늘에 오를 수 있는 영광을 얻
게 됨이라는 그 자체를 너희들이 믿지
아니할 것이며 의심할 것이니,
31 너희들은 그 모두를 믿어야 할 것이니
라.
32 믿는 자에게 역사가 임함을 알아야 될
것이니라.
33 오늘 너희들은 다시 한 번 깨우쳐야
할 것이니라.
34 내가 나의 가슴을 태워서 선지자를 통
하여 내려보내는 나의 법전이라 너희
들에게 수없이 말을 했음이니,
35 그 말을 수없이 들으며 그 뜻을 수없
이 들은 너희들은 과연 나의 법전을
어찌 관리하고 어찌 책장을 열었던가?
36 이 법전을 접하지 아니하고 성전에 와
나의 선지자가 나의 음성을 들어 너희
에게 전하는 그 소리를 한 번도 듣지
못한 자들이,
37 나의 법전의 뚜껑을 열어 이것이 나
여호와의 뜻이며 이게 진리이며 하늘
에 오르는 길이라는 것을 깨우쳐 그들
이 나의 법전을 가슴에 안고 한 장 한
장 열어 정독하여 간다 하면 너희들은
무엇이던가?
38 너희들은 과연 여기서 나로부터 선택
된 자며 선지자의 제자로서 만백성을
구하는 전사라 할 수 있는 자격이 있

는가?
39 너희들은 나를 원망하는 일이 없도록
해야 될 것이니라.
40 내가 알곡식을 하나하나 내 손으로 골
라 쌓는다 하였음이니, 과연 너희 속
에 이 세상 만백성을 구할 수 있는 그
바르고 곧은 씨앗이 얼마나 있는가?
41 너희 자신이 그와 같은 영근 알곡식이
라 내놓을 수 있고 말할 수 있는가?
42 이제는 너희들 차례이니라.
43 나의 선지자가 바로 서고자 하여 그가
달려가는 그 과정에 그를 바라보고 그
를 따라오는, 그를 받치는 너희 몫이
이제는 남아 있음이니,
44 오늘 내가 선지자를 통하여 너희들에
게 내리는 나의 이 뜻을 깊이 새겨 너
희 것으로 만들어 깊은 깨우침을 얻도
록 그리하라.

1,845 번째 하나님 말씀

2002년 2월 16일 0시 35분

1 사랑하는 선지자야!
2 "네, 여호와 하나님! 말씀하옵소서."
3 나의 백성들이 너를 찾아와 나의 이
법전이 어찌하여 세상에 나왔으며, 이
법전이 어찌 되었으며, 이 법전은 과
연 어떠한 능력을 가지고 있으며, 어
떠한 것을 너희들에게 깨우침을 주느
냐 그리 묻거든,
4 하나님의 피조물 만백성인 모든 인간
들이 구원의 길을 가는 것이 그들의
최종의 바람이며 소원이 아닌가 물으
라.
5 바로 나의 법전은 이를 가슴에 안고
정독하고 또 정독하여 깨우치는 자,
반석 위에 서서 하늘에 오르는 찬란한
그 빛을 볼 수 있는 길을 알려 주며 깨
우침을 볼 수 있는, 나 여호와의 성령
을 태운 나의 뜻이라 그리 이르라.
6 나의 성령을 태워 너희들이 나 여호와
의 뜻을 읽고 깨우치고 또 깨달아 내
가 원하는 것을 깨닫고 알았을 때, 그
때 바로 반석 위에 서서 하늘에 오르
는 찬란한 빛을 보게 되는 영광을 얻
게 됨이라 하였음이니,
7 이 세상에 나 여호와가 너희들을 위하
여 만들어 내려보낸 모든 것도, 구약
과 신약의 6천 년의 긴 역사 동안에
너희들이 갈고 닦아 배워 하늘에 오르
고자 했던 그 성경이요, 성서도 하늘
에 오르도록 하는 것이 아니요,
8 하늘에 오를 수 있는 그 길을 바라보
며 하늘에 오를 수 있는 반석 위에 올
라가는 너희들을 달구는 채찍으로서
그 역할을 다한다는 것을 나의 피조물
만백성이 깨우쳐야 되고 알아야 될 것
이니, 그를 알려 주라.
9 성서를 천날 만날 암송한다 해도 그
속에 들어 있는 나의 뜻을 행하고 실
천하며 순종하지 아니하는 자는 반석
위에 일어서서 하늘에 오르는 그 빛도
보지 못함이니, 이와 같은 뜻을 깨우
쳐 줘야 될 것이니라.
10 성서라는 것은 너희들이 하늘에 오를
수 있는 그 길을 볼 수 있도록 너희들
을 깨우치고 달구는 채찍이니,
11 내가 직접 나의 성령을 태워 마지막으
로 너희들을 구원하고자 나의 선지자
에게 내려보내는 내 뜻이요, 내 음성

인 나의 법전도 너희들이 가슴에 안고
정독하여 암송하고 또 암송할 때, 하
늘에 오르는 그 빛을 보는 영광을 그
때 봄이니,
12 오르고 못 오르는 것은 너희들이 나의
법전이요, 율법대로 행하며 사느냐 안
사느냐에 달렸음이니라.
13 그 길을, 그 빛을 보는 것이 나의 법전
을 정독하고 깨우치고자 하는 자에게
이루어지는 것이며 그에게 내리는 영
광이니,
14 나의 성령이요, 나의 가슴을 직접 태
워 나의 선지자를 통하여 내려보내는
나의 음성인 나의 이 뜻도 그와 같은
역할밖에는 할 수 없도록 내가 만들었
음이니,
15 나머지는 너희들이 노력하여 너희 스
스로 찾아 그 길을 오르는데, 그는 순
종이요, 나의 율법이요, 나의 법전에
따라 행하는 자만이 올 수 있음이니라.
16 그리하니 이것이 공평한 것이며, 공의
의 하나님인 나 여호와가 행할 수 있
는 것이며, 너희들을 심판할 수 있는
근거이거늘,
17 너희들은 예수의 보혈로써 구원을 받
았다 말하며 성서요, 성경을 가지고
너희들이 만든 그 성전에 들어가 기도
하며 눈물로써 찬송하면 그것으로써
너희들이 구원을 받았다 말함이니,
18 그와 같이 깨우쳐서는 아니 될 것이니
라.
19 구약이요, 신약도 너희들이 깨우쳐 반
석 위에 올라서 하늘에 올 수 있는 그
빛을 보게 만들며, 나의 아들 예수가
흘린 그 피로써 너희들을 구원함이니,
20 이는 곧, 나의 선지자가 너희들에게
말했듯이, 나의 계명을 지키며 나의
뜻에 따라 살아오는 자에게 바늘로 찌
른 그 작은 핏방울보다도 더 작은 것
을 나 여호와가 찍어 줬을 때, 그가 하
늘에 오를 수 있는 영광을 얻게 됨이
니,
21 그 또한 하늘에 오를 수 있는 너희들
의 깨우침과 가르침이 먼저며, 그를
시행하고 실천하는 자만이 그와 같은
영광을 얻을 수 있음이니라.
22 이와 같은 나의 뜻에 의하여 모두가
주관되며 이루어지는 이 속에서 너희
들은 구원을 받았고 구원을 받아 하늘
에 올라올 수 있다 하며 영원히 나의
낙원에서 살 수 있는 표를 받은 양 그
와 같이 하니,
23 그 어리석고 우매한 짓을 해서는 아니
될 것이니라.
24 이 모두는 너희들이 죽어 내 앞에 왔
을 때, 그 참담함 앞에서 너희들의 실
체를 알게 될 것이며,
25 너희들이 얼마나 오만방자하며 나의
뜻이요, 내가 원하는 것을 모르고 역
으로 죄를 지으며 살아온 자들인가를
알게 될 것이니,
26 나의 아들 예수가 피를 흘림이요, 구
약이요, 신약이요, 나의 법전, 이 모두
는 하늘에 오르는 문을 열어 주는 것
이 아니라 열리는 그 문을 바라볼 수
있게 너희들을 깨우치고 너희들에게
길을 안내하기 위하여 존재하였으며
이루어졌음이니,
27 너희들이 다시 한 번 나의 법전을 통
하여 내가 내리는 이 뜻을 보고 읽고

깨우쳐, 너희 자신이 어디에 있는가를
돌아다보는 계기가 되어 바른길로써
하늘에 오르는 영광을 얻도록 그리해
야 할 것이니라.

1,846 번째 하나님 말씀

2002년 2월 16일 0시 45분

1 사랑하는 선지자야!
2 "네, 여호와 하나님! 말씀하옵소서."
3 너희들이 성서를 익힌 6천 년의 그 세
월과, 나의 아들 예수가 그와 같은 고
통 속에 죽어 옴과, 나의 성령을 태워
제3의 시대를 열기 위하여 나의 법전
을 내려보낸 이것만을 보고 너희들이
나 여호와가 전지전능하며 위대하다
그리 생각하지 말라.
4 이 자연의 움직이고 돌아가는 그 형태
와 그 틀 속에서 너희들이 존재하고
살아가며, 변화하지 아니하고 견디고
나갈 수 있으며 모두가 생존하며 이루
어지는 그 모두가 얼마나 치밀하며 얼
마나 계획적으로 얼마나 차질 없이 이
루어지는가?
5 그 모두를 너희들이 바라보는 그와 같
은 깨달음이 있어야 될 것이니라.
6 식물은 그 씨가 다 떨어져 그가 다시
잎이 되고 줄기가 되며 또 열매를 맺
이니, 그들은 윤회와 같은 그 삶을 스
스로 지켜 가며 살아가고 있음이니라.
7 모두가 그와 같은 역사 속에서 이 지
상이 존재하고 존속하며 이어져 감이
니라.
8 그들이 존속하며 생존해 가는 그 모두
를 바라볼 때, 그들의 움직이고 돌아
가는 그 상태를 누가 그리 계획하였으
며, 그와 같이 오차 없이 돌아갈 수 있
도록 만들었겠는가?
9 그것 하나만을 너희들이 연구하고 파
고 또 파 노력하며 깨달음을 향하여
달려간다 하면 너희들은 나 여호와가
존재함을 그 속에서도 얻을 수 있음이
니,
10 이는 너희들이 볼 수 있고 만질 수 있
으며 취할 수 있는 그 속에서 나 여호
와가 존재함을 깨닫고 알게 되는 깨달
음이 있음이니,
11 이와 같이 너희들이 생활 속에서 그
자체를 보며 깨닫지 못한다 하면 이를
어찌해야만 하겠는가?
12 구약과 신약의 시대요, 제3의 시대가
이루어지는 이와 같은 위대함보다도,
너희들은 먼저 나의 주관하에 이루어
지는 지구상의 모든 동식물이 살아가
는 그 형태를 보고 나 여호와가 존재
함을 알고 너희들이 말하는 전지전능
한 너희들의 아버지라 그리 부를 수
있거늘,
13 그 이치 하나도 제대로 깨닫지 못하는
것이 너희들이니라.
14 선지자 너는 너의 제자들에게 이 지구
상에 돌아가는 그 모두의 형태를 보
고, 이는 너희가 말하는 전지전능한
나 여호와요, 너희 아버지, 너희들의
창조주인 내가 존재하여 이루지 아니
하면 이루어질 수 없다는 것을 깨우칠
수 있도록,
15 그리하여 마음의 흔들림이 없도록 그
들의 눈을 뜨여 주며 마음을 열어 주
는 가르침을 그들에게 전하라.

1,847 번째 하나님 말씀

2002년 2월 16일 06시 10분

1 사랑하는 선지자야!
2 "네, 여호와 하나님! 말씀하옵소서."
3 너희 인간들이 살아가며 하늘에 올라
영원히 구원을 받는 것이 너희들의 가
장 소망하고 갈구하는 것이며,
4 그리고 나 여호와가 있어 죽어 와 심
판을 받으며 그 심판 앞에 제가 겪어
야 할 모든 지은 죄의 대가에 대한 공
포와 불안감을 가지고 사는 것이 또한
너희들이니라.
5 그리하여 저희 손으로 지은 성전이라
는 곳에 가 나의 아들을 찾으며 나를
향해 부르짖으면 다 구원을 받아, 그
와 같은 절차를 거치지 아니하고 고통
의 시련이 없이 낙원에 와 살 수 있다
는 자들의 그 말도 안 되는 부르짖는
소리에 현혹되어, 저 자신이 모두를
다 얻은 양 살아가는 것이 나의 피조
물 만백성이 지금 살아가고 있는 형국
이니라.
6 너는 그들이 하늘에 오르는 길을 바로
볼 수 있도록, 무엇이 하늘에 오를 수
있는 길이고 어찌 행하며 살아야 하는
것인가를 그들에게 일깨워 줘야 하는
것이 너의 대명이니라.
7 나로부터 구원을 받고 영혼을 구하며
나의 왕국에 와 살 수만 있다면 저희
들의 목숨을 바쳐서, 모두를 다 던져
서라도, 어떠한 희생을 치르더라도 하
고자 하는 나의 피조물 만백성이,
8 바로 그 길을 올 수 있고 그를 얻을 수
있는 나의 법전이 저희들의 옷깃을 스
치고 지나가며 제 주변에 와 한없이
기다리고 있건만,
9 그를 바라보지 못하고 그를 보려 하지
아니하며 그 법전의 뚜껑을 열지 아니
하고 나의 음성을 들으려 하지 않으니,
10 그와 같은 나의 피조물 만백성의 어리
석고 둔함을 내가 책하며, 그를 보지
못하는 그 어리석음에 대하여 그들이
죽어 나에게 왔을 때, 그때 그들이 후
회하며 통곡한다 하였으니,
11 그들이 저희들의 옷깃을 스치고 가며
저희 손에 얹어진 그 법전을 보지 아
니하고 죽어 지옥 불에 가는 그때 통
곡하고 후회한다 하였음이니라.
12 그러나 그를 듣지도 아니하고 보지도
아니하며 그 뚜껑을 열지도 않으며,
또는 사탄이요, 이단이요, 사악한 자
요, 종말이요, 말세에 일어나는 현상
이라 하여 나의 선지자에게 침을 뱉고
돌을 던지며 더럽고 추한 것을 보듯
하는 그들을 미워하거나 원망하지 아
니하고,
13 그들에게 나의 법전 한 권을 전해 주
며 나의 음성을 듣도록 하여 그들을
구하고자 하며, 나의 법전을 만백성에
게 일깨워 주어 하늘에 오르는 길을
바로 보고 살아갈 수 있도록 나의 법
전을 들고 동분서주하며 그들의 손에
쥐여 주는 너희들 또한 너희 인생을
마치고 나에게 왔을 때,
14 너희들이 받는 영광과 은혜가 얼마나
위대한 것인가를 알게 됨이니, 그리하
여 내가 너희들에게 말하였느니라.
15 나의 법전을 가슴에 안고 정독하는
자, 반석 위에 서서 하늘에 오르는 찬

란한 빛을 보게 되는 영광을 얻음이라
하였느니라.
16 말로써는 나 여호와를 찾으며, 나에게
구원을 받고 나의 나라에 오르는 것이
저희들의 소망이라 하며 눈물의 기도
요, 찬송을 평생 하나,
17 정녕 나의 음성이요, 나의 뜻이 저희
들을 부르고 저희들 옆에서 내가 나의
음성을 들으라 아무리 소리쳐도 그를
듣지 못하고 보지 못하며 나의 법전의
뚜껑을 열지 않는 그들이 죽어 내 앞
에 왔을 때만이 저희들의 우매함을 깨
닫는다 하였으니,
18 그리하여 나의 음성을 듣지도 아니하
려는 그들을, 나의 음성을 들어 그들
을 구하기 위하여 나로부터 선택된 나
의 선지자를 사탄이요, 마귀요, 더럽
고 추한 인간으로서 종말에 나타나는
현상이라 하여 손가락질하며 침을 뱉
는 그자들을 가슴으로 안으며 나의 법
전을 그들의 손에 들려 주어, 그들이
그 뚜껑을 열어 하늘에 오르는 길을
볼 수 있도록 하고자 하는 너희들의
그 애절한 마음이 바로 무엇이더냐?
19 그들과 너희들이 차별화됨이니, 극에
서 극으로 가는 것이 너희들의 삶이니
라.
20 그리하여 나의 법전을 가슴에 안고 정
독하는 자, 반석 위에 서서 하늘에 오
르는 그 찬란한 영광의 빛을 볼 수 있
으며, 그 빛을 따라올 수 있는 깨달음
을 얻는 것이라 말함이 여기 있느니라.
21 너희들은 인간사 살아가면서 말하느
니라.
22 진실된 물건을 가지고 있는 자는 말이
필요 없으며, 진실된 것을 남에게 깨
우쳐 주고자 하는 자는 말이 필요 없
고 많은 변론이 필요 없다 하느니라.
23 남을 이용하여 자기가 이익을 취하고
자 하며 진실된 물건이 아닌 것을 팔
아 제가 이익을 취하고자 하는 자, 그
모두가 진실이 아니기에 말로써 진실
이라는 것을 설득시켜야 함이니,
24 그들의 행위가 불안하며 그들이 쓸데
없는 언변으로써 너희들을 유혹함이
니라.
25 나로부터 선택된 것이 무엇이며 내가
구하고자 하는 것이 무엇이며 내가 너
희들을 이끌고자 하는 것이 무엇인지
그 방향과 뜻조차도 모르는 자들이,
26 그리고 하늘에 오르는 길이 무엇이며
하늘에 오르는 그 빛이 무엇인지도 모
르는 자들이 나의 피조물 만백성을 하
늘로 인도한다 하며,
27 저희들을 따라 저희들의 안내를 받고
또한 저희 앞에 모든 재물과 시간을
바치며 눈물의 기도를 밤과 낮을 가리
지 않고 드리는 자만이 하늘에 오를
수 있다 그리 가르치고 말하며,
28 찬송이라는 것을 광란적으로 부르게
하여 나의 피조물 만백성으로 하여금
그 찬송 속에 도취되어 제가 서 있는
위치가 무엇이며 지금 하고 있는 행위
가 무엇인지도 모르도록 다그쳐 이끌
고 가는 그들의 형태가 바로 무엇이더
냐?
29 진짜 상품이라는 것을 팔지 못하기 때
문이니라.
30 그들이 정녕 진짜 상품이요, 바르게
가는 길을 인도하는 자들이라면 그들

은 당당한 모습으로 서, 나의 피조물
만백성에게 현혹된 행위를 하지 아니
할 것이니라.
31 그러나 그들은 저 자신이 구원의 길이
무엇이며 내가 원하는 것이 무엇인지
모르고 내가 저희에게 내리는 깨달음
이 없기에 모든 언행을 어리석고 불쌍
한 나의 피조물 만백성이 들어 귀가
달콤하며 그것이 정녕 하늘에 오르는
길인 것같이,
32 그들이 옳고 그름을 분석할 수 없는
그와 같이 광란하며 현란한 모습으로
지금 이끌어 가고 있음이니라.
33 그러면서 그들은 무엇을 추구하더냐?
34 금화와 은화를 바치라 하며, 모든 시
간과 노동력을 바치라 하며, 심지어는
저희를 길러 준 부모요, 저희와 같이
세상에 빛을 보고 태어난 형제들보다
도 나 여호와를 받드는 것이 먼저라
말하며, 그들과 희비애락까지 단절하
고 살라 하는 형국이니라.
35 나의 성전에 와 나의 법전을 읽고 나
의 음성을 들으며 나의 선지자와 더불
어 가고자 하는 너희들에게 선지자가
무어라 말하는가?
36 인간의 기본의 도리를 지키며, 너희
자신을 소중히 알고, 너희 가정의 소
중함을 알며, 이웃과 화목하고, 이웃
의 소중함을 알며,
37 나의 성전에 와 나의 법전을 듣고 공
부하며 깨우치는 그 소중함보다도, 이
지상에 돌아가는 모든 자연의 그 위대
함이요, 내가 이끌어 가는 그 속에 나
여호와가 존재함을 느끼고 깨달으며
전지전능한 너희들의 아버지, 나 여호
와를 부르라 함이니,
38 이것 하나를 보더라도 너희들이 지금
나의 성전에 와 나의 선지자 앞에서
내가 전하는 그 음성을 듣는 것이 얼
마나 위대하고 소중하며 너희들이 얼
마나 크나큰 영광을 받고 있는가 하는
것을,
39 그리고 어떠한 길이 진정한 하늘에 오
르는 길이며 누가 진정한 인도자인가
를 알 것이거늘,
40 그와 같은 깨우침도 하나 깨닫지 못하
고 가는 자가 있음이니,
41 이와 같은 기본의 흐름을 볼 수 있고
가슴으로 새길 수 있으며 가슴으로써
그와 같은 길의 문을 열어 받아들일
수 있는 그 마음을 갖는다 하면,
42 나의 성전에 와 나의 선지자와 더불어
하늘에 오르고자 하는 너희들은 감히
너희 스스로 한 점의 부끄러움이 있는
행위를 하지 아니할 것이며, 할 수 없
음을 알아야 할 것이니라.

1,848 번째 하나님 말씀

2002년 2월 16일 06시 28분

1 사랑하는 선지자야!
2 "네, 여호와 하나님! 말씀하옵소서."
3 내가 너를 통하여 너의 제자들에게 일
렀음이니, 하늘에 오르는 길이요, 하
늘의 뜻이요, 내가 너희들에게 원하는
것은 가장 낮은 곳에 있으며 너희 생
활 속에 그 길이 있다 하였음이니,
4 그는 기본을 지키고 사는 것이 나에게
오를 수 있는 기본이요, 근본이라 하
였느니라.

5 지금 내가 너희들에게 말하기를, 나에
게 오르는 길을 알며 나의 뜻을 아는
너희들은 음식을 취할 때마다 나에게
감사하는 기도를 드리라 하였고,
6 항상 나 여호와에게 감사하다는 기도
의 말을 전하며 살라 하였으며, 그리
고 내가 불로 써 내린, 나와 같은 그
십계명을 항상 암송하라 하였으니,
7 그 암송하는 속에서 너희들이 깨달음
을 얻게 될 것이며 나의 성령이 너희
들에게 임하여 너희들을 다스려 줄 것
이라 말하였느니라.
8 제3의 시대에 마지막으로 내가 나의
선지자를 통하여 나의 피조물 만백성
을 천 년에 걸쳐 구원하고자 하는 결
심이며 그와 같은 계획이 이루어지는
지금,
9 나의 법전을 전하는 그 대명에 같이
동참하고 있는 너희들은 항상 감사하
다는 마음을 버려서는 아니 된다 하였
느니라.
10 너희들이 깨우침이 높으며 너희 마음
이 아름다워지며 너희들이 천사가 되
고자 할 때, 잘못하면 사악한 무리들
의 그 사악한 심성에 의하여 너희들이
무너진다 하였으며 그들이 너희들을
쓰러뜨리고자 한다 하였음이니,
11 너희들이 검은 옷이요, 색깔이 있는
옷을 입고 있으면 그 옷에는 검고 색
소가 있는 것이 묻어도 별로 표가 나
지 아니함이니라.
12 그러나 눈처럼 하얀 옷을 너희들이 걸
쳐 입었을 때, 거기에는 모든 색소들
이 어찌 보이던가?
13 그 색소의 모습이 그대로 보임이니,
14 그와 같이 너희들이 깨끗하고 아름다
운 마음으로써 나를 향하여 오고자 한
다 하면, 바로 색소가 묻으면 묻는 대
로 표현하는 그 옷처럼,
15 너희들의 그 깨끗한 마음속에는 수없
는 사악한 마음의 뿌리들이 그를 공격
하고자 함이니, 그 공격에 견디고 이
기는 그 힘이 약해짐이니라.
16 그리하여 내가 너희들에게 말하는 것
은, 하얀 옷에 색소가 묻으면 그것이
그대로 보이나니, 그 색소가 감히 묻
지 못하도록 너희들이 주의하고 조심
하는 길밖에 없음이니,
17 너희들의 그와 같이 하얗고 아름다운
마음에 공격하고자 하는 그 사악한 무
리들을 막을 수 있도록 너희들이 사전
에 준비하며 관리하여야만 하니,
18 너희들이 나 여호와를 찾으며 십계명
을 외우며 내가 같이 있다는 생각을
하고 있는 그것만이 그 모두를 이겨
낼 수 있으며 감히 그들이 근접할 수
없기에, 나의 성령인 나의 법전을 가
슴에 안고 정독하는 그와 같은 삶을
살라 하는 것이니라.
19 이와 같은 깨달음을 너의 제자들부터
알아야 될 것이니 그리 알라.

1,849 번째 하나님 말씀

2002년 2월 16일 12시

1 사랑하는 선지자야!
2 **"네, 여호와 하나님! 말씀하옵소서."**
3 너의 제자들에게 이르라, 나의 사랑하
는 선지자요, 나의 아들인 네가 그들
앞에 매일 기도하고 그들에게 나의 성

령의 뜻을 전하여 가르치며 네가 그들
앞에서 암송하는 그 십계명의 소리가
얼마나 애절하고 네가 바라는 것이 간
곡한가를.
4 너희들은 나의 선지자가 암송하는 그
십계명의 소리를 그저 흘러가는 말소
리로 그냥 듣는 자들이 되어서는 아니
될 것이니라.
5 그가 암송을 하면서 생각하는 마음과
그가 애절히 너희들이 그와 같이 가기
를 바라고 그와 같이 지켜 가기를 바
라는 그 마음의 울림의 소리를 듣고
그 속을 볼 수 있어야 할 것이니라.
6 그가 십계명을 암송하면서 너희들이
그리되기를 바라며 너희들이 그와 같
이 살기를 바라는 애절한 마음이 속에
있다 하면,
7 그 마음의 애절함이요, 그 마음속에
우는 그 눈물은 나의 심정이요, 나 여
호와의 눈물과 같음임을 너희들이 알
아야 할 것이니라.
8 나의 십계명을 암송하면서 그리 따라
가지 못하고 그리 살지 못하며 그리
행하지 못하는 너희들 앞에서 그를 암
송하는 나의 선지자요, 나의 종의 그
아픈 마음을 너희들은 아는가?
9 그의 음성을 귀 기울여 들어 보라.
10 그리고 그의 그 애절한 마음과 하소연
하는 그 아픔을 너희들은 들을 줄 알
아야 되며 그 심성을 읽을 줄 알아야
됨이니,
11 그가 암송하는 십계명의 그 음성이 너
희 가슴에 와 애절하게 아픔으로 들릴
때, 그는 나의 음성임을, 나의 마음임
을 알아야 할 것이니라.
12 너희 마음속에 나의 성령이 임하며 내
가 너희들에게 임할 수 있는 것은 이
와 같은 것을 너희들이 받아들일 수
있는 그 마음의 자세가 되고 눈을 뜨
는 속에서 이루어짐이니,
13 너희들은 일시에, 어느 순간에 나의
성령이 너희 몸에 임하여 너희들을 구
원해 주며 너희들을 다스려 준다고 생
각하지 말라.
14 풍선이라는 것에 바람을 불어넣듯이
그와 같이 서서히 나의 성령이 너희들
에게 임하여 그 풍선이 팽창해 가듯이
너희 마음이 나의 성령으로써 그리 팽
창해 감이니,
15 이는 너희들이 살아가는 생활 속에서
이루어짐이니라.
16 그리하여 나의 성령으로써 너희 가슴
에 충만됨은 너희들의 노력에 의하여
빨리 될 수 있느니라.
17 그러나 천년만년을 가도 너희 가슴에
충만히 내리는 나의 성령의 은총을 받
아들이지 못하고 빈 가슴으로 가는 자
가 있음이니,
18 그는 가슴이 빈 만큼 죽어 내 앞에 와
그를 채우는 고통과 역경을 겪어야 함
이니라.
19 너희들이 삶에 있어서 나에게 순종하
고 나의 계명을 따르며 나의 선지자가
너희들을 위하여 암송하는 그 애절한
십계명의 울려 퍼지는 소리가 내 가슴
의 소리라고 듣고 받아들여 나의 성령
이 너희 몸에 채워졌을 때, 너희들이
나의 낙원에 와 삶을 얻을 수 있는 자
격이 되는 것이며,
20 너희들이 순종하지 않고 나의 계명을

따르지 아니하며 십계명의 그 뜻을 몰
라 너희 가슴에 나의 성령을 받지 못
하여 그 가슴이 비어 있다 하면, 비어
있는 만큼 너희들이 와서 그를 채우는
고통을 겪어야 함이니,
21 나의 성령을 너희 가슴에 충만히 채울
수 있는 것은 너희들이 세상사에 살아
가면서 생활 속에서 지금 그와 같은
행함을 시행할 수 있으나,
22 너희들이 죽어 나의 앞에 왔을 때는
너희들의 임의로 할 수 있음이 아니요,
23 너희들이 채우지 못한 그것을 채우기
위한 시련과 고통의 역경의 세월을 보
내야 함이니,
24 그게 바로 너희들의 죄에 대한 벌을
받는 것이니라.
25 지금 너희들이 나의 법전을 가슴에 안
고 정독하여 하늘에 오르는 길을 보며,
26 너희들이 살아가는 마음이 어떠한 것
이고 사랑이 무엇이고 사랑이 어찌 실
천하는 것이고 베푸는 것이 무엇이며,
내가 원하는 것이 무엇이고 내가 갈구
하는 것이 무엇이며 내가 너희들에게
살아가기를 바라는 것이 무엇인가를
깨달아, 나의 법전을 가슴에 안고 정
독하여 그리 살아온다 하면,
27 너희들은 이 지상에 살아가면서 나의
성령의 은총을 충분히 받아 너희들이
불어 채우고자 하는 그 고무풍선이 터
질 듯이 채워질 것이니, 그러한 자는
나의 에덴동산에 와 살아갈 수 있는
그 은혜만이 남아 있으며,
28 그 빈자리가 있는 자는 빈자리가 있는
만큼 그에 대한 고통의 세월을 보내야
함이니,
29 이는 너희들이 돌이킬 수도 없고 거부
할 수도 없으며 피해 갈 수도 없는 길
임을 알아야 할 것이니라.
30 사랑하는 선지자야!
31 "네, 여호와 하나님! 말씀하옵소서."
32 너의 제자들에게 이르라.
33 너희들의 가슴에 불어넣을 수 있는 모
든 나의 성령을 마음껏 불어넣으라 이
르라.
34 힘껏 불고 불어서 그 고무풍선이 터질
때까지 너희들이 불 수 있듯이, 너희
들이 나의 성령을 받아 너희 가슴에
그리 나의 성령으로 그득히 채워 그가
충만되어 흘러넘치는 그와 같은 역사
를 너희들이 살아가면서 이룰 수 있으
니,
35 지금의 너희들이 그와 같은 나의 뜻을
알며 하늘의 비밀을 내가 선지자를 통
하여 너희들에게 알려 줌이니,
36 이를 너희들이 살아가면서 충만히 채
운다는 것이 얼마나 은혜와 영광이요,
혜택을 받은 것인가?
37 이게 바로 그리하여 너희들이 하늘에
오르는 길을 볼 수 있으며 그 영광의
빛을 볼 수 있음이니라.
38 나의 법전을 가슴에 안고 정독하고 깨
우치고 깨우쳐 그리 행하는 자는 제
가슴속에 나의 성령을 불어넣는 역사
를 이루고 있음이니,
39 오늘 선지자를 통하여 너희들에게 다
시 한 번 일깨워 주노니, 너희들이 나
의 성령을 채우는 것은 고무풍선을 불
고 불듯이 그와 같이 불고 불어서 나
의 성령을 너희들의 가슴에 불어넣음
이니,

40 이는 너희들이 주는 것도 없고 치르는
것도 없으며, 너희들에게 금화와 은화
로 그를 사라 함도 아니요, 너희들의
노동력으로써 그를 사라 함도 아니니
라.
41 나의 법전을 읽고 그 뜻을 깊이 깨달
아 그리 행하고 산다 하면 그것이 바
로 나의 성령을 너희 가슴속에 불어넣
고 불어넣어, 풍선이 터지듯이 너희
가슴속에 나의 성령이 넘쳐 너희들을
통하여 나의 피조물 만백성에게 전해
지는 역사가 이루어짐이니,
42 너희들은 나의 성령을 불어넣는 데 게
을리하지 말라.
43 육신이 살아 있고 너희들의 삶이 있고
생활이 있으며 힘이 있고 능력이 있는
이 삶 속에서 나의 성령을 너희 가슴
속에 불어넣으라 함이니,
44 잠시도 쉬지 말고 나의 성령을 받아
불어넣으라.
45 그것이 하늘에 오르는 길이며 반석 위
에 서서 하늘에 오르는 빛을 보며 그
영광의 길을 위하여 한 발짝 한 발짝
나에게 다가오는 것이니,
46 나의 성령을 가슴에 불어넣는 그것만
큼 너희들이 높고도 어려운 그 계단을
올라오고 있음이며 나에게 가까이 오
고 있음이니,
47 이 하늘의 비밀을 너희들에게 전하노
라.

1,850 번째 하나님 말씀

2002년 2월 17일 0시 55분

1 사랑하는 선지자야!
2 "네, 여호와 하나님! 말씀하옵소서."
3 내가 나의 피조물 만백성을 구하기 위
하여 내 사랑하는 아들 예수를 내보냈
으니,
4 그가 세상에 나가 나의 뜻을 전함에
있어서 그를 따르며 그와 같이 행한
그의 제자들이 있었음이니라.
5 그리하여 나의 아들 예수를 따라 나의
뜻을 전파하는 그들이 산파의 역을 같
이하였음이니,
6 정녕 오늘 내가 2천 년 역사가 흐른
지금에 와 나의 성령을 태워 너를 통
하여 나의 피조물 만백성을 구하기 위
하여 나의 법전을 세상에 내려보냄이
니,
7 이 길고도 긴 나의 법전의 가르침을
너희들은 끝없이 보고 읽게 될 것이며,
8 그 누구도 세상에 만들고 이룰 수 없
는 그와 같은 위대한 역사를 만들 것
이니라.
9 그렇다 하면 지금 나의 선지자를 통하
여 내리는 모든 나의 뜻이요, 나의 성
령이 정녕 나 여호와가 내리는 것이라
생각한다 하면, 너희들의 위치는 바로
무엇이며 어디에 와 있는가?
10 나의 아들 예수를 따라 그 가르침을
전하며 산파역을 하였으며 그 피조물
만백성을 구하기 위하여 그와 같이 행
한 자들과, 오늘 너희들이 서 있는 자
리가 같은 위치라 생각한다 하면 너희
들은 어찌하겠는가?
11 지금으로써는 너희들이 그와 같은 소
중한 자리에 서 있고 나의 법전을 전
하는 전사로서 선택됨이 얼마나 위대
하고 소중한 것인가를 모를 것이니라.

12 지금 나의 피조물 만백성이 나의 법전
이 저희 옷깃을 스치며 너희들이 그들
의 손에 그를 전해 주고 하늘에 오르
는 길이라고 외쳐도,
13 그를 버리고 돌아서며 짓밟고 침 뱉고
찢어 버리며 너희들을 보고 웃고 가나,
14 그들이 죽어 내 앞에 왔을 때 그 상황
이 얼마나 저희들이 잘못하고 어리석
었는가를 죽음보다도 더 뼈저리게 깨
달을 것이라 내가 말하였느니라.
15 그러나 지금 나의 선지자를 따르며 나
의 선지자에게 내가 내리는 그 뜻의
가르침을 받는 너희들이 예수를 보필
하며 예수를 따랐던 그 제자들보다도
더 소중한 자들이라 내가 말할 때, 너
희들은 과연 이를 믿겠는가?
16 나의 법전을 보지 않고 밟고 짓밟고
찢어 버리는 자는 죽어 내 앞에 와서
만 그 행위가 저희들이 얼마나 위대한
것을 놓친 것인가를, 저희 생명과도
바꿀 수 없는 것을 놓친 그 뼈저림을
느낀다 하였으나,
17 너희들은 육신이 이 세상에서 거두어
지기 전에 그를 깨닫게 될 것이며, 그
모든 은혜의 영광과 그 찬란한 빛을
보게 될 것이니라.
18 너희 육신이 이 세상에서 거두어지기
전에 그 모두가 나 여호와의 뜻이며
마지막으로 만백성을 구하고자 하여
세상에 내리는 나의 성령이라는 것을
너희들이 살아서 보고 체험하고 깨닫
는다 하면,
19 너희들이 지금 남아 있는 그 인생을
나의 법전을 전하며 나의 선지자를 따
르는 데 모두 다 바친다 해도 무엇이
두려우며 무엇이 아까울까?
20 그리하여 너희들은 죽어 내 앞에 왔을
때 나의 에덴동산에서 영원히 살아갈
수 있는 그 영광을 받게 됨이니,
21 저희들의 육신의 삶을 위하여 나의 법
전을 불태우고 찢어 버리고 짓밟고 침
을 뱉으며 나의 선지자에게 사탄이요,
이단이라 욕하고 돌아선 많은 백성들
이,
22 돌이킬 수도 없고 후회할 수도 없고
물릴 수도 없고 돌아갈 수도 없는 심
판을 받는 그 심판대에 섰을 때의 그
뼈저린 고통은 말로 할 수 없다 하였
음이니,
23 그들은 그때 깨우치고 보게 됨이니라.
24 그러나 너희들은 살아 있는 그 육신의
세계에서 그와 같은 영광과 위대함이
며 마지막 나의 피조물 만백성을 구하
고자 하는 나의 뜻이라는 것을 체험하
게 되는 자들이라 하였으니,
25 그 또한 시간이 없기 때문이니라.
26 6천 년이라는 길고도 긴 그 역사의 세
월을 오늘을 위하여 기다렸다 하면,
27 나로부터 선택된 너희들이 하나가 되
어 깨우침을 얻어야 될 것이며, 너희
들이 행하는 그 깨달음의 시간이 없음
이니,
28 나의 법전을 읽고 또 읽으라 함이 여
기 있는 것이니라.
29 너희들이 나의 법전을 가슴에 안고 정
독하여 반석 위에 서서 하늘에 오르는
빛을 볼 수 있듯이,
30 나의 법전을 정독하고 또 정독하지 아
니하면 내가 선지자를 통하여 무엇을
원하고 무엇을 이루고자 하는가를 모

르는 것이고, 그를 정독하여 깨우치는
자만이 나의 애절한 마음을 알 수 있
으며,
31 나의 성령을 태워서 사랑하는 피조물
만백성을 위하여 나에게 선택된 선지
자요, 나의 종이요, 나의 아들이라 함
을 스스로 깨닫게 됐을 때, 너희들이
나의 전사로서 나의 피조물 만백성을
구하는 데 모두를 다 던질 수 있는 그
깨달음을 얻게 됨이니,
32 그를 빨리 너희들이 깨우쳐야 하기 때
문에 너희들에게 시간이 없다 일렀음
이니라.
33 그리고 나의 선지자가 살아 있는 33
년이라는 그 세월 속에 천 년 후에 나
의 피조물 만백성이 사는 이 지구가
에덴동산이 되어 악의 뿌리가 없으며
선만이 존재하는 그 역사를 이루는 기
틀을 잡아야 하기 때문에,
34 그리하여 내가 쉴 사이 없이 선지자를
통하여 나의 성령을 내려보내 160권
이라는 이 법전을 만들어 만방에 전하
니,
35 이를 다 읽어 보지 아니하고도 깨닫는
자는 나의 법전이 사탄이요, 이단이
요, 마지막 시대에 온 사악한 무리라
는 말을 감히 할 수가 없음이니라.
36 너희들은 보지 아니하고 만지지 아니
하며 직접 듣지 아니하면 믿으려 하지
아니함이니,
37 직접 듣고 만진 것도 너희들이 불리하
고 손해 보는 깨달음이요, 가르침이
있다 하면 뜨거운 물에 손을 담갔다가
빼듯이 빼고 던지고 버리는 것이 너희
들이니,
38 짧은 육신의 삶을 위하여 그 모두를
다 버리는 어리석고 우매한 행동을 하
는 것이 너희들이니, 너희를 어찌 다
스리고 깨우쳐야 될 것인가?
39 오늘 너희들의 만남은 소중함이니라.
40 내가 알곡식을 구하여 놓았다 하였으
니, 알곡식과 알곡식을 같이 놓았을
때만이 그 알곡식이 상하지 아니하기
때문에 알곡식만을 내 손으로 거두어
들임이니라.
41 집단으로 알곡식을 모아 놓고 쌓아 놓
았을 때 그곳에 한 알의 썩은 씨앗이
있으면 전체가 썩게 됨이니,
42 내가 지금 너희들을 구원하고자 하는
마음이 얼마나 간곡하고 애절하면 그
알곡식을, 썩지 않고 병들지 않은 자
를 하나하나 내가 직접 구하고 거둬들
이겠는가?
43 그 뜻이 여기에 있음이니라.
44 오늘 너희들의 만남은 상하지 않은 알
곡식의 만남이니, 너희는 서로 부딪치
고 같이 어울린다 하여도 썩어 상하지
않는 곡식이니, 내가 너희들을 오늘
이리 만들었음이니라.
45 너희들 속에는 이제는 상한 곡식은 올
수도 없고 들어올 수도 없으며 같이할
수도 없음이니, 너희들의 마음자리를
곱게 다스려야 할 것이니라.
46 내가 알곡식이라 하여 너희들 다섯 명
을 오늘 한자리에 모아 너희에게 명했
음이니, 그 알곡식이 썩고 상하지 않
는 것은 너희들에게 달렸음이니라.
47 내가 내린 나의 성령을 너희들이 보석
과 진주보다도 더 소중히 갈고 닦고
관리하여 그 빛이 상하지 않게 함은

너희들에게 달렸음이라 내가 말하였
으니, 이제는 너희들에게 달렸음이니
라.
48 수십억 인구 중에서 나의 사랑하는 선
지자를 따라갈 수 있는, 그의 뜻을 받
아 만백성에게 전할 수 있는 14만의
전사 중에서 너희들을 구원하여 내가
불러 모았음이니,
49 이제는 너희들이 행하고 갈 길은 너희
스스로 알아서 가야 함을 알아야 될
것이니라.
50 이를 잊지 말고 명심하라.

1,851 번째 하나님 말씀

2002년 2월 17일 01시 05분

1 사랑하는 선지자야!
2 "네, 여호와 하나님! 말씀하옵소서."
3 너의 제자들에게 이르라.
4 모든 역사를 이룸에 있어서 그 모두를
계획하고 구상하며 이루는 자는 한 사
람이니, 그 사람으로부터 발단이 되어
그 모두가 변화되며 역사가 이루어짐
이니라.
5 오늘 비록 나약한 너희들이 모여서 모
든 피조물 만백성을 하나로 이루고자
하는 나의 뜻을 이루는 너희들의 마음
이 두렵고 무거울 것이며, 너희 자신
을 저울로 달아 볼 때 너희들의 무게
가 나가지 아니함을 너희 스스로 알
것이니라.
6 그러나 너희들은 알곡식으로서 내가
선택한 자들이며 내가 골라 놓은 자들
이니라.
7 그러니 너희들에게 모두는 내가 역사
하고 있음을 잠시도 잊어서는 아니 될
것이며, 내가 계획하고 내가 이루고자
하는 그곳에 한 부서요, 한 곳에서 책
임을 맡아 각자가 행해야 할 임무가
있으며 자리가 있음이니, 너희들은 오
늘에 두려움을 갖지 말라.
8 너희 손으로 만들고 이루는 모든 그
역사는 최초에 그를 생각한 자가 있고
연구한 자가 있으며 고안하고 도안한
자가 있듯이, 한 사람으로부터 시작됨
이니라.
9 너희들은 나의 전사로서 지금 다섯 명
이 모여 있음이니 무엇이 두렵고 무엇
이 무서울 것이 있는가?
10 그리고 나 여호와가 너희들에게 임하
여 있으며 너희들을 다스려 줌이니라.
11 오늘 너희들은 너희 가슴속에 각자 임
무가 무엇인가를 깨닫고 있을 것이며
행해야 할 것이 무엇인가를 너희 스스
로 마음의 다짐을 갖고 있을 것이니,
그 결의를 항상 잊지 말며 전진하고
살아가는 너희들이 되도록 해야 할 것
이니라.
12 너희들에게는 모두를 안내하고 인도
하며 깨우쳐 주는 나의 선지자요, 나
의 아들이 같이하고 있음이니, 무엇이
너희들이 두려움이 있겠는가?
13 이를 믿으라.
14 내가 나의 피조물 만백성을 구하기 위
하여 나의 성령을 태워서 내려보내 마
지막으로 나의 피조물 만백성에게 내
리는 기회니, 영원히 이 지구상에 존
재할 수 있는 그 깨달음의 근본이요,
기본이 지금 내려가고 있음이니,
15 세월이 지나고 역사가 흐른 다음에 많

은 너희들의 후손으로부터 길이 빛나
는 칭송을 받을 수 있는 너희임을 잊
지 말라.
16 오늘의 너희들의 역사를 그들은 알게
될 것이니라.

1,852 번째 하나님 말씀

2002년 2월 17일 06시 50분

1 사랑하는 선지자야!
2 "네, 여호와 하나님! 말씀하옵소서."
3 너희 인간들이 살아가면서 성장하여
남녀가 만나 한 가정을 이루게 됨이
니, 그는 모두가 다 하나라 말하느니
라.
4 그러나 너희들이 '부부는 하나'라고
말해도 서로를 모르고 서로 생각하는
것과 뜻이 다르면서 그와 같이 한평생
을 살아감이니라.
5 서로 하나가 되고 한마음과 한몸이 되
기 전에 정도가 아닌 길을 가며,
6 남들이 보아 이해할 수 없고 깨달을
수 없고 용서할 수 없는 그러한 생활
속에서 서로 숨기고 서로 이해시키지
못하며 서로 터놓고 말할 수 없는 각
자만의 비밀을 갖고 세상을 살아가는
것이 너희들의 삶이니라.
7 서로 한 몸이요, 한 뜻이라는 남녀가
만난 너희들의 한 가정도 그러하거늘,
8 아무런 이해관계가 없고 서로 주고받
음이 없으며 나눔이 없는 나의 피조물
만백성이 하나로 보고 하나로 생각하
며 하나로 깨닫는 그 역사를 이룬다는
것은 얼마나 어렵고 힘든 길인가?
9 너희 수십억 인구 중에 이와 같은 역
사를 이룰 수 있다는 그러한 생각을
가진 자가 없으며 그러한 역사를 이루
고자 하는 자가 없을 것이니라.
10 피부색이 다르고 삶이 다르고 언어가
다르고 모든 환경이 다르며 저 스스로
구원을 받고자 하여 받들고 따르며 숭
배하는 것이 다 천태만상인 나의 피조
물 만백성 너희들이,
11 어떠한 방법으로써도 하나가 될 수 없
으며 서로를 이해할 수 없고 하나의
뜻으로 통하며 사는 그와 같은 너희들
의 인간 세계를 이룰 수 없음을 부인
하지 아니할 것이니라.
12 그러나 지금 너희들은 나의 선지자를
따라서 너희들이 한 사람이 되고 둘이
모여 하나가 되며 셋이 모여 하나가
되어 너희들이 하나가 되라 함이니,
13 그 하나가 됨으로 인해서 이 지구상의
모든 나의 피조물 만백성을 하나로 만
들어 한뜻으로 만들고 나 여호와를 경
배하고 나를 따르고 나의 뜻에 따라
살아가고자 하는 너희들을 하나로 만
들고자 하여 지금 너희들이 부르짖고
있다 하면, 그들은 그리 말할 것이니
라.
14 정신 이상자라, 그리고 너희들이 말하
는 말세에 나오는 그와 같은 증세라
할 것이니라.
15 사랑하는 선지자야!
16 "네, 여호와 하나님! 말씀하옵소서."
17 모든 삶과 모든 환경과 외형과 때론
피부색까지도 다 다른 나의 피조물 만
백성을 하나로 통일하여 한 형제요,
한 가족으로 만들겠다는 뜻을 가지고
있는 너희들을 그들은 알 수 없으며

이해할 수 없어 너희를 보고 정신 나
간 자라 말함이니,
18 그를 이루고 뜻을 이루기 위하여 지금
내가 나의 성령을 선지자 너를 통하여
나의 법전이라 하여 세상에 내보낸다
하면,
19 이를 보고 그들은 또한 그와 같이 말
할 것이니라.
20 너에게 정신 나간 자라 말하며, 너희
들이 성서에 말하듯이 말세에 나타나
는 사탄이요, 사악한 자의 행동이 지
금 이루어지고 있음이라 말할 것이니
라.
21 누구도 이룰 수 없고 누구도 성취할
수 없는 그 목표를 위하여 너희들은
지금 행하고 있음이니,
22 나의 피조물 만백성이 누구도 이룰 수
없다고 하며 정신 나간 자의 하는 행
위라고 말하는 그것을 너희 말대로 지
상의 나의 피조물 만백성은 누구도 이
룰 수 없음이니라.
23 그러나 나 여호와는 그를 이룰 수 있
음이니라.
24 천 년의 세월을 너희들이 깨우치고 깨
닫는 세월로 만들어 이 지상의 모든
나의 피조물 만백성이 하나가 되어 선
을 행하고 사랑을 베풀며 사는 낙원을
이룰 수 있는 자는 나 여호와 하나뿐
이니라.
25 나만이 이룰 수 있고 나만이 그를 행
할 수 있다 하여 나의 뜻을 법전이라
하여 너를 통하여 세상에 전하는 나
여호와가 과연 누구이던가?
26 그리고 나의 뜻을 받아 기록하고 전하
는 나의 선지자는 과연 누구이던가?
27 너희들은 여기서 너희 스스로 깨우침
을 얻어야 할 것이니라.
28 인간으로서는 누구도 이룰 수 없는 것
을 이룰 수 있다 하여 너희들을 일깨
우는 자는 바로 나 여호와요, 나의 뜻
에 따라 나에게 선택된 나의 선지자만
이 이를 이룰 수 있느니라.
29 이 지구상에 어떠한 나의 피조물 만백
성도 이를 이룬다 하여 천 년의 세월
을 살 수 없으며, 이 뜻을 이룰 수 있
는 그 길고도 먼 세월 동안 살 수도 없
으니,
30 나로부터 선택된 너희들은 100년이라
는 세월을 넘기도 힘든 그 세월 속에
서 이를 이룰 수 없음이니라.
31 나의 성령으로써 기록되어 영원히 너
희들이 버릴 수도 없고 태울 수도 없
는 나의 이 법전이 세상에 존재하며,
32 이 법전만이 세월이 흐르는 속에서 내
가 알곡식을 구하듯이 하나 둘 깨우쳐
천 년 후에는 내가 선택한 그 알곡식
들이 세상을 덮게 됨이니, 이는 나 여
호와밖에는 이룰 수 없음이니,
33 지금 나의 법전이 곧 나의 성령임을
너희들은 오늘 깊이 깨우쳐야 될 것이
며, 이를 나의 피조물 만백성에게 전
하는 대업을 소홀히 해서는 아니 됨을
알아야 할 것이니라.

1,853 번째 하나님 말씀

2002년 2월 17일 07시 05분

1 사랑하는 선지자야!
2 "네, 여호와 하나님! 말씀하옵소서."
3 나의 피조물 만백성이 구원의 길을 위

하여 평생을 바치며 평생을 깨달음을
얻고자 하여 살아가는 자들이 있느니
라.
4 그런가 하면 저 스스로 깨달음을 얻고
자 하며 세상의 이치를 다 통달하고자
하는 자가 있느니라.
5 그러나 그들은 다 한계가 있음이니라.
6 인간으로서는 한계가 있으며, 인간의
노력으로써는 넘을 수가 없는 선이 있
음이니라.
7 내가 너에게 일깨워 주었노라.
8 400미터라는 것을 나눠서 달리는 선
수들이 무엇을 위해서 존재하였다 하
였는가?
9 하나의 우승의 결과를 위하여 준비된
자들이 힘을 모아 그를 이루고자 함이
라 하였음이니라.
10 그리고 창조주는 나 여호와뿐이라 말
하였음이니, 이 세상 나의 피조물 만
백성은 맡은 바가 있고 깨닫는 바가
있으며, 그들이 세상 이치를 다 터득
하고자 발버둥치며 노력해도 인간은
한계가 있음이니라.
11 그리하여 세상에는 아무것도 존재하
지 아니하며 아무것도 없다고 말하는
자들이 있음이니라.
12 평생을 깨닫고자, 평생을 얻고자 노력
해도 너희들이 넘을 수 없는 벽이 있
음을 알게 됨이니라.
13 그리하여 스스로 무엇을 깨닫고자, 얻
고자 하며 살아왔던 그 세월이 아무것
도 없음이라 말하게 됨이니,
14 그는 인간의 노력을 다하여 인간으로
서 무엇을 얻고자 하여도 하늘의 비밀
이요, 하늘의 뜻을 바라볼 수도 없고
깨달을 수도 없음을 느끼기 때문이니
라.
15 세상의 모든 이치를 깨달아 너희들이
넘을 수 있는 길은 하늘의 뜻을 바라
보며 그를 느끼고 그를 시행하고 그
길을 위하여 너희 인간사의 그 한 고
비를 넘는 자만이 볼 수 있음이니라.
16 인간사에 너희들이 깨닫고 느끼며 연
구하는 그 선을 넘어 하늘의 뜻을 바
라볼 수 있는 것은 그 문을 열어 주는
나 여호와의 뜻에 의하여 이루어짐이
니,
17 나 여호와의 뜻을 향하여 그를 전하고
받아들여 만백성을 일깨우는 너희들
은 바로 무엇이던가?
18 나의 법전을 안고 정독하는 그 순간에
너희들이 그 선을 넘고 있음이니, 너
희들은 그 선을 넘은 자들이니라.
19 그리하여 '나의 법전을 가슴에 안고
정독하는 자, 반석 위에 일어서서 하
늘에 오르는 찬란한 빛을 보게 되는
영광을 얻음이라' 말함이 여기에 있음
이니,
20 나의 선지자를 따르며 나의 성령을 받
아 깨우치고자 하는 너희들은 오늘 이
순간부터 더 높고 넓은, 그리고 인간
으로서 넘을 수 없고 바라볼 수 없는
그 세상을 바라보는 마음을 열어야 할
것이며 그 빛을 보는 깨우침을 얻어야
될 것이니라.
21 이는 오로지 너희들이 나의 법전을 정
독하고 또 읽는 속에서 그 빛을 볼 수
있음이니,
22 그리하는 자들에게만이 나를 향하여,
하늘을 향하여 오를 수 있는 깨달음을

내가 임하도록 하기 때문임을 명심하
여 시행하며 깨닫고 순종하며 사는 너
희들이 되어야 할 것이니 이를 잊지
말라.

1,854 번째 하나님 말씀

2002년 2월 17일 12시 38분

(강론을 마치며)

1 사랑하는 선지자야!
2 "네, 여호와 하나님! 말씀하옵소서."
3 너의 제자들에게 이르라.
4 말로써 하는 그 믿음을 빨리 저버리는
자만이 그의 마음에 나의 성령이 임할
수 있음을 일깨워 주어야 될 것이니라.
5 말로써 모두를 다하는 자가 되면 말없
이 묵묵히 행하는 자만도 못함이니,
말로써 나를 향하여 오고자 하는 그와
같은 너희들의 마음과 생각을 저버려
야 할 것이니라.
6 오로지 행함이 너희들에게는 남아 있
음이니라.
7 내가 너희들에게 일깨워 말하였느니
라.
8 배고픈 자에게 '얼마나 배고프냐?' 하
고 아무리 좋고 아름다운 말로써 위로
해도 그는 사랑을 모르며 베풂을 모르
는 자라 하였음이니,
9 말로써 그렇게 하는 것이 아니라 한
그릇의 끼니를 같이 나누어 먹을 수
있는, 그리하여 그 배고픈 자에게 배
고픔을 면하게 할 수 있는 그와 같은
행함을 하는 것이 너희들이라 말하였
음이니라.
10 이제 너희들은 나의 법전을 접하여 많
이 읽었고 깨달음이 있으며 나의 선지
자를 통하여 내가 직접 내리는 나의
음성이요, 나의 뜻을 들었음이니, 너
희들은 행하는 자들이니라.
11 내가 일찍이 일렀느니라.
12 나 여호와 외에 다른 신을 두지 말며
하늘이나 땅이나 바닷속에 있는 어떠
한 우상을 섬기지 말라 하였음이니,
13 너희들은 그와 같은 우상을 섬기고 또
그것을 깨닫고 연구하는 단계를 벗어
났음이라 내가 말하였느니라.
14 너희들은 바닷속이나 땅 위나 하늘에,
또 그들의 생활에서 저희들의 마음속
에 다른 신을 두고 있는 그들을 너희
가슴에 안아 용광로에 끓는 쇳물같이
그 속에 모두를 다 집어넣어서 그들을
용해시키는 그와 같은 마음 자세로써
살아가야 하는 단계라 일렀음이니라.
15 너희들이 나의 십계명을 듣고 나의 선
지자를 찾아와 나의 법전을 공부하고
깨우칠 때는 다른 신을 너희 가슴에
두지 아니하고 어떠한 형태로든 너희
들에게 그와 같은 신을 두지 않는 것
이 너희들의 단계였으나,
16 이제는 너희들이 그와 같은 단계를 벗
어나 그와 같은 행위를 하는 자들을
다 가슴에 안아 뜨거운 용광로에 담아
녹이듯이 녹여야 함이니라.
17 그와 같이 너희들이 녹임의 역사요,
녹이는 깨달음을 시행할 때 또 너희들
이 다음 단계에 임해야 할 것이니,
18 너희들은 십계명에 있는 그 모두를 지
키는 것이 아니요, 지킴을 벗어나서
그를 시행하는 자들이며,
19 잘못 가는 자들에게 모범을 보이고 깨

우침을 주어서 그들을 다스려 나의 십
계명을 바로 깨우치고 이해시킬 수 있
는 지도자의 위치에 서 있는 자들이니
라.
20 이를 너희들이 오늘 명심하여 그와 같
은 자로서 자세를 지켜야 될 것이며,
21 너희들은 이제는 배우는 자들이 아니
요, 가르치는 스승인 자들이니라.
22 배우는 학생은 실수가 있고 잘못이 있
으면 덮어 주고 용서를 할 수 있으나,
23 가르치는 선생이 잘못 가르치고 잘못
행했을 때, 그를 보고 따르는 제자가
또한 잘못 감이니, 그 제자의 숫자에
따라서 너희들은 잘못 가르치는 것이
됨이니라.
24 그리하여 선생의 자세가 발라야 되며
가르치는 자의 자세가 바르고 정도를
가르치고 깨우쳐야 되기 때문에 너희
들에게 그와 같은 자세로 살아가라고
내가 명함이니라.
25 너희들은 이제는 배우는 학생이 아니
니라.
26 너희 스스로 깨우쳐서 무엇인가를 터
득하고자 배우는 학생이 아니요, 너희
밑에 많은 학생을 가르치는 지도자요,
선생이니라.
27 너희들이 이 지도자요, 선생의 단계를
넘었을 때, 내가 너희들에게 임하여
너희들이 또 가야 할 길을 명할 것이
며 너희들이 갈 수 있는 것을 깨우쳐
너희들에게 시행하도록 할 것이니,
28 너희들은 지금에 있어서 초보의 지도
자라는 것을 알고, 그로써 지도자의
자세가 무엇인가를 알아서 너희 스스
로 나를 향하여 한 점의 부끄러움이
없는 삶을 개척하고 일구어 나가는 그
와 같은 사랑하는 나의 백성이 되어야
될 것이니라.
29 너희들이 오늘 바로 가르치고 바로 깨
우쳐 지도함이 천 년 후에 이 지상이
낙원의 에덴동산이 되어 나의 피조물
만백성이 악의 뿌리를 내리지 못하고
선한 뿌리만이 존재할 수 있도록 함이
며,
30 그와 같이 내가 이루고자 하는 그 역
사가 이루어지고 못 이루어짐이 너희
들의 가르치는 자세에 달렸다 하면 너
희들은 어찌해야 될 것인가?
31 내가 오늘 선지자를 통하여 너희들에
게 일렀느니라.
32 너희들은 반드시 너희 생명이 살아 있
는 그 속에서 나의 선지자가 진실한
나의 선지자요, 나의 종이요, 나의 아
들이라 함을 알게 된다 하였음이니라.
33 그를 깨닫는 순간에 그다음은 나의 동
산에 와 나와 더불어 영원히 이 낙원
에 사는 영광만이 너희들에게 남아 있
다 하였음이니,
34 나의 이 뜻을 깊이 깨우쳐 너희들이
나에게 오르는 길에 등 돌리고 돌아서
는 그러한 우를 범하지 아니하도록 그
리 살라.
35 오늘의 고통에 내일의 영광이 있음이
니라.
36 오늘의 하나의 고통을 너희들이 인내
할 때 너희들은 열 개의 축복을 나로
부터 받음이니라.
37 이제는 너희들이 지도자이기 때문이
니라.
38 지도자의 한 마디, 그 하나의 가르침

에는 나의 피조물 만백성을 이끌어 주
는 영향력이 그 속에 있으며 그 가르
침이 있으며 깨우침이 있으니,
39 너희들이 바른 지도자로 서서 바른 지
도자로서 바르게 가르치는 그 하나의
행위를 함으로써 이제는 너희들이 열
개의 축복을 받는 그와 같은 위치에
서 있다는 것을 명심하도록 해야 할
것이니라.

1,855 번째 하나님 말씀

2002년 2월 18일 07시 10분

1 사랑하는 선지자야!
2 "네, 여호와 하나님! 말씀하옵소서."
3 너는 두려워하지 말라, 그리고 물러서
지 말라.
4 나 여호와가 이 세상의 모두를 창조하
여 이 지상에 낙원을 이루고자 하였던
것이 나의 뜻이니,
5 최초에 내가 인간을 창조하며 이와 같
이 아름답고 무엇과도 바꿀 수 없는
낙원을 만들어 그 속에 살라 하였으
나, 그들이 나의 뜻을 지키지 아니하
였으며 나의 뜻을 거역하였음이니,
6 그리하여 내가 최초에 생각해서 만들
었던 이 지구의 낙원이요, 동산이 어
찌 변화되었던가?
7 그리하여 구약의 시대에 한 민족이요,
한 뜻을 가지고 있는 그들에게 모든
기적과 은혜를 베풀며 이룰 수 없는
기적과 모험으로써 그들을 다스려 그
들로 하여금 낙원과 같은 이 지상을
만들고자 하였으나 그 또한 실패하였
음이니라.
8 그리하여 너희들의 마음을 다스려 한
뜻의 아름다움만을 생각하며 사랑과
베품과 나눔 속에서 너희들의 지상의
낙원을 만들기 위하여 나의 아들 예수
를 또 선택하여 세상에 내보내 그로
하여금 만백성에게 설법하고 가르치
게 하여 그와 같은 뜻을 펴고 이루고
자 하였으나,
9 그 또한 어찌되었더냐?
10 그 또한 실패하였음이니라.
11 나의 피조물 만백성은 다 나의 아들이
요, 나의 딸이니라.
12 너희 인간사의 한 가정에 여러 명의
자식이 있다 할 때, 늙고 병든 저희 부
모를 따라 순종하고 따라가는 자식이
있는가 하면 그렇지 아니한 자식도 있
음이니,
13 나의 피조물 만백성 그 모두는 다 나
의 아들이요, 나의 딸이요, 나의 자식
들이니,
14 내가 원하여 살도록 하여 낙원을 이루
고자 한 그 뜻을 너희에게 전했으나
그를 따르고 실천하는 자가 없었으며
순종하는 자가 없었음이니라.
15 육신의 안일과 육신의 행복을 위하여
내가 원하는 그 뜻을 바라보지 못했으
며, 저 하나를 생각하기 전에 만백성
을 위하여 살아가는 그와 같은 마음의
희생이 없어 오늘과 같은 이러한 형국
에 이르렀으니,
16 그들과 같이 살아오고 그들과 같이 생
활을 영위해 온 너를 내가 나의 선지
자요, 나의 종이라 임하고, 너를 또한
예수처럼 나의 아들이라 생각하며 나
의 성령을 태워 너에게 내려보내 법전

이라 하여 너희들이 보고 깨우칠 수
있는 나의 뜻을 내려보내게 됨이니,
17 이는 곧 나의 모든 아들과 딸 중에서
네가 나의 뜻을 가장 잘 실천하고 시
행하며 순종하는 자이기에 너에게 이
를 내렸음이니라.
18 나를 향하여 하늘에 오르는 길을 만백
성에게 가르치며 인도하겠다는 많은
종교요, 믿음의 지도자들과, 또한 그
밑에서 배워 깨우쳐 하늘에 오르고자
하는 자들이 나의 뜻을 실행하기 위하
여 저희들의 모두를 다 버리는 그와
같은 용기와 그와 같이 행하고자 하는
마음이 없기에, 그들은 가다가 지치고
힘들면 돌아가고 쉬어 가며 중단함이
니,
19 그리하여 그들을 선택하지 아니하였
으며, 그저 앞만 보고 나가고 나의 뜻
에 따라 행하고 순종하며 나를 따르는
너와 같은 마음을 가진 자가 없으니,
20 그리하여 나의 아들과 나의 딸 중에서
내가 으뜸으로 너를 선택하여 너로 하
여금 나의 성령을 받게 하여 만백성을
구하고자 하여 이와 같이 선택하였음
이니,
21 네가 곧고 바른 자세로 나의 뜻을 받
아 행하고 실천하며 살아오는 모습의
그 거울을 나의 피조물 만백성이 보고
너의 형제요, 너의 자매들이 천 년의
역사를 거쳐 이 지상에 낙원을 이루도
록 하고자 하는 것이 나의 간절한 뜻
이며 내가 이루고자 하는 것이니라.
22 다만 네가 순종하고 따를 수 있으며
행할 수 있기에 너를 나의 선지자라
명하여 선택하였음이니,
23 너는 나의 뜻을 받아 한 점의 실수가
없는 곧고 바른 사람으로서 살아가 만
백성의 빛이 되고 기본이 되어야 될
것이니라.
24 사랑하는 선지자야!
25 너는 두려워하지 말고 슬퍼하지 말며
무서워하지 말라.
26 내가 이루고자 하는 그 뜻을 이제 나
의 성령을 태워 너를 통하여 세상에
전하며 이를 갖고 너희 대대손손이 천
년의 역사를 계획하여 에덴동산을 이
루고자 함이니,
27 너는 이룰 수 있고 순종할 수 있으며
그리 따라올 수 있는 자이니 염려치
말고 나의 뜻에 따라 그저 행하며 나
를 보고 달려오면 될 것이니라.
28 두려워하지 말라, 사랑하는 선지자야!

1,856 번째 하나님 말씀

2002년 2월 18일 07시 25분

1 사랑하는 선지자야!
2 "네, 여호와 하나님! 말씀하옵소서."
3 내가 이 지구상에, 이 우주 공간에 나
의 피조물 만백성을 만들어 낙원을 그
들에게 내렸건만,
4 그들이 내가 지키고 살라 하는 그 한
가지 명을 거역하여, 단 하나의 지키
라는 그 명을 지키지 아니하여,
5 지금에 내가 이루고자 하는 에덴동산
이 이와 같이 혼탁하고 썩어져 가는
세상이 되었으며 모든 악의 뿌리들이
나의 낙원을 덮고 있음이니,
6 내가 만든 그 뜻은 쳐다볼 수도 없고
바라볼 수도 없는 이와 같은 형국에

이르렀음이니라.
7 내가 최초에 너희들을 만들어 하나의
계명을 지키고 한 가지를 지키라 하였
으니,
8 그를 지키지 아니하고 실행하지 아니
하며 순종하지 아니한 자들의 발단이
지금에 와 이와 같이도 험악하고 험악
한 형국이 이루어졌음이니라.
9 그리하여 내가 나의 피조물 만백성을
통하여 많은 기적과 역사를 이루며 그
들로써 나의 백성들을 다스려 나의 피
조물 만백성이 하나가 되어 나의 뜻에
따라 살도록 하였으니,
10 내가 너에게 말하듯이 하나의 도적질
을 하면 열 배로 갚으라 하였고, 남에
게 하나의 사과를 훔쳐 오면 그것을
열 개를 갚았을 때 너희들의 죄가 평
범하게 된다 하였으며 내가 그 죄를
사한다 하였으니,
11 내가 내린 한 가지의 약속과 그 계명
을 지키지 못한 너희 인간에게 내가
다음의 열 가지의 계명을 내렸음이니,
십계명이라 하여 너희들에게 열 가지
를 지키고 살아 나에게 오르라 하는
그 명을 내렸음이니라.
12 그러나 너희들은 그를 지키지 아니하
고 그를 시행하지 아니하였기에 너희
들을 다스리고자 내가 다시 나의 아들
을 세상에 내보내 그와 같은 역사를
이루도록 하였으나,
13 그 또한 너희들이 사악한 그 육신의
마음을 버리지 못하여 오늘의 이와 같
은 형국에 이르렀음이니라.
14 내가 그리하여 이제는 나의 선지자를
통하여 너희들에게 법전이라 하여 나
의 성령을 태워 내려보내는 나의 이
법전을 백 권이 넘게 만들어 만백성이
이를 보고 깨우쳐서 하늘에 오르는 그
역사를 이루고자 함이니,
15 내가 너희들에게 마지막이라 일렀음
이니라.
16 너희들이 나의 열 가지의 계명을 지키
지 아니하였으며 이와 같이 지금 험악
하고 추하고 더러운 동산을 만들었으
니,
17 이제는 내가 너희들에게 열 가지의 계
명이 아니요, 백 권이 넘는 나의 법전
을 내려보내느니라.
18 이를 골고루 지키고 시행하여 너희들
이 구원을 받아야 할 것이니,
19 바로 내가 천 년의 역사에 걸쳐 이루
는 그 아프고도 힘든 세월을 너희들이
가야 하며 그를 이뤄야 할 것이니라.
20 내가 너희들을 만들면서 너희들에게
한 가지를 지키라 명하였으나, 그 하
나를 지키지 아니하여 내가 너희들에
게 십계명을 내렸으며,
21 또한, 나의 아들 예수를 통하여 그를
이루라 하였으나 너희들이 이를 지키
지 아니하고 시행하지 아니하여, 나의
성령을 태워 나의 법전이라 하여 백
권이 넘는 역사적인 나의 이 뜻을 전
하니,
22 너희들은 여기에 기록되어 있는 나의
법전을 보고 지키는 그와 같은 삶을
살아야 될 것이니라.
23 이는 그와 같이 너희 스스로 너희 목
을 졸랐으며 지키기 힘들고 어려운 그
길을 가고자 너희들이 선택하였으니,
24 나의 백 권이 넘는 이 법전의 내용을

갖고 지금 너희들이 스스로 깨우쳐 천
년에 걸쳐 이 지상을 아름다운 낙원으
로 이루어야 할 것이니라.
25 천 년의 역사 속에서 너희들은 내가
이루고자 하는 그 낙원을 이루어 갈
것이니,
26 너희들이 이를 지키고 시행하며 낙원
을 이루는 길은 돌아갈 수도 없으며
피할 수도 없으니, 너희들은 지켜 가
야 할 것이니,
27 너희들이 얼마나 힘들고 어려운 그 역
경을 가야 하는 것인가를 알아야 할
것이니라.
28 너희들이 정녕 너희들에게 계명을 내
려보내서 너희들을 다스리고자 하는
백 권이 넘는 나의 성령의 뜻을 또한
거부하고 이를 지키지 아니하여, 내가
이루고자 하는 나의 그 낙원을 계속
사악한 무리로서 그대로 지탱하고 덮
어 가고자 한다면,
29 그때는 너희들이 더 이상 견딜 수 없
는 그와 같은 형국이 이루어질 것임을
명심해야 할 것이니라.
30 최초로 너의 제자들을 선택하여 나의
이 법전을 가지고 너희들이 시행하고
깨우쳐, 그를 보고 너희들의 대대손손
자손들이 이 지상의 낙원을 천 년에
걸쳐 이루도록 하고자 함이니,
31 너희 또한 지금부터 긴장과 긴장 속에
서 너희 자세를 바르게 하는 것만이
너희들이 구원을 받고 너희 자손들이
구원을 받아 이 지상의 낙원을 이루는
것이니라.
32 그것이 너희들이 최초에 시행해야 할
일이니라.
33 너희들이 얼마나 소중하고 위대한 일
을 이루는가를 깨우쳐 너희 자신을 다
버린 마음의 자세로 돌아가 나의 선지
자를 따라 백 권이 넘는 나의 이 계명
을 너희들이 지켜 시행해야 할 것이니
그리 알라.

1,857 번째 하나님 말씀

2002년 2월 19일 01시 20분

1 사랑하는 선지자야!
2 "네, 여호와 하나님! 말씀하옵소서."
3 나의 아들 예수가 나 여호와에게 순종
하여 피 흘리고 어려운 그 죽음의 길
을 마다 않고 선택하여 왔으니, 너는
바로 서 바로 가며 그를 따르고 순종
하는 예수를 생각할 수 없겠는가?
4 예수를 한번 생각해 보라.
5 그 고통의 죽음의 길을 마다하지 아니
하고 만백성에게 나의 계명을 따라,
나의 뜻을 따라 사악한 무리들을 뿌리
치며 나 여호와가 원하는 백성으로 살
라 하는 그 말 한 마디를 남기며, 너희
들의 모든 죄를 제가 안고 감이니,
6 너희 아버지 여호와의 뜻을 따라 너희
들이 하늘에 오르는 길인 선하고 착한
천사가 되어 그리 살라 하는 그 간곡
한 부탁을 남기고 나의 뜻에 따라 죽
음을 행한 그 예수의 죽음을 너는 한
번 생각해 볼 수 없는가?
7 나 여호와가 너를 생각하며 만백성을
구하기 위하여 네가 바로 서기를 바라
는 나 여호와의 마음 아픔도 있으나,
8 너는 여기서 또 한 번 아래를 내려다
보며 네 마음을 다스려야 할 것이니라.

9 네가 나의 성령을 받아 법전을 세상에
내며 그와 같이 살아오기를 간곡히 바
라는 나 여호와의 애절한 마음도 너를
향하여 있지만,
10 너의 제자요, 너를 따르는 백성들이
네가 진정한 나 여호와의 선지자요,
나의 아들이요, 나의 종으로서 네가
그와 같이 임한 자가 되기를 바라며,
11 네가 바르고 곧은 길을 가 나 여호와
로부터 선택된 나의 선지자로서 그 명
에 따라가며, 저희들 인간으로서는 감
히 넘을 수 없고 지킬 수 없는 그 어렵
고 힘든 길을 너만은 가 달라 하여 눈
물의 기도를 드리는 자들이 있음을 너
는 내려다봐야 하느니라.
12 선지자야,
13 네가 바로 서고 바로 가며 네가 나의
뜻에 따라 지키고 나의 뜻에 순종하며
한 점의 부끄럼이 없는 삶을 살아가기
를 바라며 눈물로써 기도를 드리는 너
의 제자들이 있으며 너를 따르는 백성
이 있음이니, 그들의 마음을 내려다보
는 네가 되어야 할 것이니라.
14 나 여호와가 너에게 바라는 그 간곡한
마음보다도, 너를 바라보며 네가 바로
가고 진정한 나의 아들이요, 나의 선
지자요, 그리고 나의 명에 따라 하나
도 흐트러짐이 없는 바른 삶을 살아가
는 네가 되어 달라 하여 간곡히 기도
드리는 그들의 그 마음을 너는 내려다
봐야 될 것이며, 그들의 마음을 헤아
려야 할 것이니라.
15 그리고 나의 법전을 접하며 나의 성령
을 접하는 그 수많은 나의 피조물 백
성들이 네가 바로 서 주기를 바라며,
16 네가 잘못 가고 네가 잘못 섰을 때 그
들이 실망하며 아파하는 마음을 스스
로 접하지 아니하기 위하여, 네가 내
가 정녕 마지막 내린 선지자요, 나의
종이라는 믿음과 희망 속에서 그들이
절망을 얻지 아니하고 절망을 접하지
않기 위하여 얼마나 간곡한 기도를 너
를 위하여 드리는지, 그들의 기도 소
리를 네가 봐야 할 것이니라.
17 사랑하는 선지자야,
18 너는 오늘 너의 제자들에게 그리 말하
였느니라.
19 너의 제자들이 물 한 컵을 너에게 갖
다 줄 때 그는 단순히 물을 갖다 줌이
아니요, 너를 존경하고 너를 숭배함이
며,
20 네가 나 여호와의 선지자요, 종이요,
아들로서, 반듯이 가 주기를 바라며,
하나의 부끄러움이 없고 실수가 없는
삶을 살아 그들의 마음을 저버리지 않
는 네가 되어 달라는 그 간곡한 마음
과 애절한 마음으로써 너에게 물 한
컵을 준다 하는 그 뜻을 깨달았으며,
21 그들의 마음을 보고 읽는 그것이 정녕
네가 가야 할 길이라 말하였음이니라.
22 이제는 선지자야, 네가 바로 갈 수 있
도록 기도하고 그것이 저희들의 마지
막 소원이요, 소망이며, 네가 바로 서
주기를 간곡히 바라고,
23 네가 진정한 나의 아들이요, 나의 선
지자요, 나의 종이라는 것이 현실이기
를 바라며 가슴을 졸이고 너를 위하여
기도하는 자들이 있음이니,
24 그들의 마음을 헤아림이 더 중요함을
네가 알아야 할 것이니라.

25 사랑하는 선지자야,
26 내가 너를 사랑함이며 네가 바로 나의
피조물 만백성에게 옳은 답을 가르치
고 옳은 길을 가르치며 정녕 나에게
오는 그 길을 바로 깨우치고 바로 인
도하기를 바라는 나 여호와의 이 아픈
마음도 있으나,
27 너를 바라보는 너의 제자들과 많은 나
의 백성들이 나의 법전을 접하며 네가
바로 선 사람으로서 그리 갈 것이라
믿고 그리 가기를 바라며 그리 가 주
기를 소망하는 그들의 애절한 기도를
내가 듣고 있음을 너는 잊어서는 아니
될 것이니라.
28 "여호와 하나님! 저의 죄를 용서하여
주옵소서.
29 이 몸의 생각으로써는 모두를 다 불살
라 바르고 옳은 길을 가고자 하오나,
아직도 저는 제자리를 잡지 못하고 있
사오며,
30 여호와 하나님께서 바라는 선지자요,
종이요, 저의 제자들이 바라는 믿을
수 있는 선지자요, 숭배할 수 있는 선
지자가 되지 못하고 있사옵나이다.
31 오늘 말씀하여 주셨사옵나이다.
32 여호와 하나님께서 예수님에게 그와
같이 양팔을 벌려 그 몸에 못을 박는
그 고통의 죽음으로 오라 했을 때 예
수님이 다른 생각을 하지 않고 아무런
계산이 없이 고개 숙여 순응하며 그
뜻을 따른 것을 깨달으라 하였사옵나
이다.
33 이제는 그 뜻을 알겠사옵나이다.
34 저를 믿어 주옵소서.
35 그리고 하나님의 뜻대로 살아갈 수 있
는 선지자가 되도록 저에게 힘과 용기
를 주옵소서.
36 저에게 힘과 용기를 주옵소서, 저에게
힘과 용기와 능력을 주옵소서, 여호와
하나님!
37 저를 바로 설 수 있는 가혹한 매로써
다스려 주옵소서.
38 그 뜻을 실행하지 못할 때마다 제 팔
다리를 하나씩 자르는 그 엄한 벌로써
저를 다스려 주옵소서, 여호와 하나
님!"

1,858 번째 하나님 말씀

2002년 2월 19일 06시 10분

1 사랑하는 선지자야!
2 "네, 여호와 하나님! 말씀하여 주옵소
서."
3 내가 너에게 일러 말하였느니라.
4 네가 정녕 힘들고 어렵거든 나의 아들
예수가 나에게 순종하여 말없이 죽어
간 그 모습을 생각하며 너를 다스리라
하였으며,
5 만백성을 구하기 위하여 내가 너에게
나의 성령을 태워 나의 모두를 내려보
내며 네가 바로 서서 만백성의 빛이
되기를 바라는 나의 간곡한 마음보다
도,
6 네가 정녕 나의 진정한 선지자요, 나
의 종이요, 나의 아들이기를 바라는
너의 제자들과 나의 법전을 읽고 너를
따르는 만백성,
7 네가 정녕 한 점의 부끄럼이 없이 바
르고 곧게 서며 정녕 나 여호와의 아
들이요, 나의 선지자이기를 바라고 그

리 가 주기를 기도하는 너의 제자와
나의 법전을 읽고 너를 따르는 많은
백성들의 그 간절한 마음과 기도 소리
를 네가 들으라 말하였음이니,
8 너는 이와 같은 위치에 서 있는 자이
니라.
9 그리하여 어렵고 힘들면 그를 생각하
라 하였음이니,
10 이제는 네가 설 자리와 네가 갈 자리
와 네가 생각할 자리를 알고 있음이니
라.
11 그리하여 내가 너를 세상에 내려보내,
저 자신이 받지 못하고 저만 못한 네
가 받은 것을 그들 개인이 원망하고
부러워하며 너를 시기하고 질투하는
많은 나의 피조물 만백성의 눈을 뜨게
하려 함이니라.
12 나를 향하여 하늘에 오르고자 하며 저
희들만이 만백성을 인도하여 하늘에
오를 수 있다고 부르짖는 자들이 나의
음성을 들은 적이 없고 나의 형체를
본 적이 없으며 나를 만져 본 적이 없
으니,
13 그들의 마음이 얼마나 불안하고 그들
자신이 얼마나 나를 원망하며 저희 자
신들을 원망하겠는가?
14 그 모두의 마음들이, 나의 성령을 태
워 내려가는 나의 음성이요, 나의 뜻
이라 말하기 전에, 시기와 질투에 눈
이 가려 그와 같은 광란의 소리를 너
에게 하며,
15 저희들을 따르는 나의 아름답고 순박
한 백성들에게 네가 기록하여 내리는
이 많은 나의 법전이 다 이단이요, 사
탄이 하는 짓이라 그리 말하는 것이니
라.
16 내가 너에게 일깨워 주었음이니라.
17 정녕 그들이 나의 뜻을 받아 하늘에
오르는 그 길을 오고 있다 하면,
18 그들은 저를 따르는 많은 신도들에게
나의 법전을 보고 '그를 읽어 보고 여
러분들이 분석하여 여러분 스스로 길
을 선택하여 가십시오.' 그리 말할 수
있으며 그리해야만 되는 것이니라.
19 이 세상의 모든 것은 나 여호와의 주
관하에 세상에 나와 있으며 나 여호와
가 필요하여 세상에 냈음이니 그를 들
여다보고 깨우치고 깨달음이 있을 것
이니,
20 이와 같은 '하늘에 오르는 길'이요, '하
나님! 말씀하옵소서.'라 하는 나의 이
법전도 읽어 보고 깨우치고 분석해 봐
서 각자 스스로 옳은 길을 선택하라고
그리 가르쳐야 하는 것이니라.
21 그들이 정녕 나에게 오르는 길을 인도
하고 있고, 저희가 자신이 있으며, 저
희를 따르는 나의 피조물 만백성이 정
녕 저희들 말대로 구원을 받았으며 구
원을 받을 수 있다고 생각하면,
22 그들은 이를 감추고 시기하고 질투하
며 이단이요, 삼단이 씼다는 그런 말
을 할 수가 없음이니라.
23 진정한 보석을 가지고 있는 자에게 그
보석이 가짜라 말할 때, 그는 말이 필
요 없느니라.
24 자신이 가지고 있는 것이 정녕 진짜
보석일 때, 가짜라고 말한 자가 자기
가 가진 것이 가짜며 그가 가진 것이
진짜라는 것을 깨닫고 와 그를 바라볼
때까지 기다릴 수 있음이니라.

25 그것은 정녕 진실을 가지고 있는 자가
승자이기 때문이니라.
26 그리고 그는 남들이 하는 말이나 남들
이 가르치는 것을 다 들어 보며 그를
보고 깨우치라 그리 말할 수 있는 것
이니라.
27 그러나 지금 저희들만이 하늘에 오르
는 길이요, 저희들만이 나를 대신하여
부르짖는다 하는 자들이 무어라 말하
느냐?
28 저희들이 세우는 성전이라는 곳, 저희
들이 설교하고 가르치는 곳, 그곳의
문턱을 넘어오는 자만이 구원을 받는
자라 그리 말하니,
29 나의 성서를 가지고 똑같이 가르치는
그자들이 남들이 가르치는 문턱을 넘
는 자는 이단이요, 사탄이요, 지옥으
로 가는 열차를 타는 것이라 말하고,
저희 문턱을 넘는 자만이 구원을 받는
다 말함이니,
30 이와 같은 추하고 더러운 형국을 가지
고 지금 나의 피조물 만백성을 구하겠
다 하여 수천 년의 역사가 흘러왔음이
니,
31 이러고도 그들이 가는 것이 진실이 아
니며 위장인 것을 모르는 나의 백성들
을 너는 일깨워 그들을 인도해야 될
것이니라.
32 지금 저희들이 가고 있는 길이 잘못된
길이 아닌가 하며 저희들이 가고 있는
것이 정녕 하늘에 오르는 길인가 하는
것을 제 스스로 저 자신에게 물어보는
그와 같은 형국이 되어 있는 나의 피
조물 만백성이 인산인해를 이루고 있
느니라.
33 그와 같은 생각을 가진 자가 그와 같
은 생각을 가진 자들에게 전할 수 있
는 그런 시대가 열릴 것이니라.
34 지금의 믿음의 길을 가고 있는 자들이
저희들의 가는 길이 정녕 하늘에 오르
는 길인가 하는 것을 의구심을 갖게
되며, 그중에 깨달음이 있는 자들이
네 앞에 와 나의 법전을 읽고 정녕 이
것이 하늘에 오르는 길이라 말할 때,
35 그들은 지금까지 저희들이 시간과 모
두를 바친 것이 너무나 분하고 억울하
며, 그리고 가짜 종교 지도자에게 속
아서 우매하게 보낸 저희들의 생활이
분하고 억울하여 가짜 종교 지도자들
에게 철퇴를 내리는 그때가 올 것이니,
36 그들이 그와 같이 스스로 철퇴를 내릴
때, 그 종파의 문을 닫는 것은 바람에
날리는 낙엽과 같은 형국이 됨이니라.
37 나의 사랑하는 백성, 너의 제자들과
나의 법전을 깨우쳐 지금 네게 와 있
는 자들의 목소리보다,
38 그들 속에서 저희들의 모두를 다 바쳐
지금 불안하고 초조한 그 깨달음 속에
방황하는 자들이 나의 법전을 읽고 깨
달아 저희 스스로 그들을 구원하고자
그 속으로 달려 들어갈 것이니,
39 그때는 그 내부의 썩어짐을 도려내는
그와 같은 무서운 형국이 이루어질 것
이니라.
40 이게 나의 주관이요, 나의 뜻에 의해
가는 길임을 너는 너의 제자들에게 일
깨워 주도록 하라.
41 그들이 그와 같은 나의 뜻을 알아야
할 것이니라.
42 저희들이 속아 분하고 억울한 그 심정

을 상대방에게 토로할 때, 그들은 똑
같은 동질의 세월을 왔고 똑같은 그
느낌을 가지고 있으며 똑같이 분하고
억울함을 갖고 있기 때문에,
43 그들이 폭발하는 것은 내부에서 화약
이라는 그 무서운 위력을 가진 것이
터지는 것과 같은 형국으로 감을 내가
오늘 너에게 일깨워 줌이니,
44 이를 너의 제자들에게 일깨워 줘 그들
이 각자 가야 할 길이 무엇인가를 일
깨워 주도록 그리하라, 선지자야!

1,859 번째 하나님 말씀

2002년 2월 19일 06시 25분

1 사랑하는 선지자야!
2 "네, 여호와 하나님! 말씀하옵소서."
3 너희는 나에게 선택된 나의 백성들이
요, 내가 만든 이 낙원에서 나의 피조
물 만백성이 너희들의 언어와 너희들
의 삶과 같은 형태로 살아가게 하고자
하여 내가 특별히 역사하여 온 선택된
민족이며 백성들이니라.
4 지금 나에게 잘못 오르고자 하며 잘못
인도하고 있고 저희들 자신이 나에게
오르는 길이 무엇인가를 깨닫지 못하
는 자들이, 저희들의 문턱을 넘어 저
희 음성을 듣는 것만이 구원을 얻는
길이며 그런 자가 구원을 받을 것이라
하여 퍼져 나간 속도가 전염병보다도
더 빨리 퍼져,
5 내가 계획한 나의 백성들이 지금 썩어
져 가는 그 속에서 허덕이고 있음이니
라.
6 급속도로 번져 간 그 썩어진 부위들을
지금 다시 도려내고자 함이니, 그 속
에서 그 병마에 시달렸다가 그 병마를
치료한 자들만이 그를 도려내고 그를
치료할 수 있고 썩어져 가는 그 전염
병을 막을 수 있음이니,
7 이제는 그들이 나서기 시작할 때가 오
고 있음이니라.
8 썩어져 간 그 전염병 속에서 그 병을
앓고, 그 병의 성질을 알고 그 병의 기
질을 알며 그 병마가 어찌 퍼져 나가
는지를 아는 자들이 그를 치료할 수
있기 때문이니라.
9 그리하여 그들이 번져 가는 것을 막고
번져 가는 그 병마 속에 있는 자들을
구원하는 것도 그들이기 때문이니,
10 너는 이와 같은 이치를 너의 제자들에
게 일깨워 주어, 너의 제자들에게 힘
과 용기를 가지고 오늘의 너희들의 존
재함이 어디에 있으며, 너희들이 해야
할 일이 어디에 있는가를 스스로 깨우
치도록 그리하라, 선지자야!

1,860 번째 하나님 말씀

2002년 2월 20일 0시 05분

1 사랑하는 선지자야!
2 "네, 여호와 하나님! 말씀하옵소서."
3 나의 피조물 만백성이 하늘을 향하여
오르고자 하고 구원을 받고자 하며,
영원히 사는 나의 나라에 와 살고자하
는 것이 그들의 소망이며 바람이니,
4 그리하여 그들을 인도하고 가르치는
자들이 지금에 어찌 가르치고 있는가
그 실태를 너는 파고들어 그들의 움직
임을 보아야 할 것이니라.

5 너희들의 성서요, 나의 뜻이요, 내가
내린 나의 말이요, 나의 모든 뜻을 가
르친다 하는 자들이 정녕 내가 원하는
깊이와 그 뜻을 알고 있는가?
6 성서에 '두드리면 열릴 것이요, 구하
면 얻을 것이라'는 그 대목을 갖고 저
희들이 재물을 얻고 금화를 얻으며 저
희들의 소원이 이루어지는 것 같은 작
은 것을 위하여 두드리고 구하라 하는
그와 같은 믿음을 가르치고 그와 같이
가고 있음이니,
7 그들은 눈앞에 있는 황금 덩어리요,
저희들이 원하는 것이요, 육신의 편안
함이요, 육신의 생각에서 저희들이 원
하는 그것을 위하여 두드리고 구하고
갈구하는 것이라 그리 생각하고 믿음
의 길을 가고 있으며 가르치는 자 또
한 그와 같은 뜻으로 가르치고 있음이
니,
8 그 가르치는 자가 너무나 어리석으며
나의 뜻과는 거리가 먼 곳으로 그들을
지도하고 있음이니라.
9 또 그와 같이 지도하는 자의 가르침을
듣고 그들이 정녕 그를 갈구하며 구하
고자 손뼉 치고 찬송 부르며 저희들이
구원을 받았다고 소리 지르고 있음이
니, 이를 너는 어찌 봐야 하겠는가?
10 똑같이 너희들이 한 번을 두드려 무엇
인가를 얻고자 할 때, 너희들이 가장
소망하는 것이 영원한 구원이요, 에덴
동산, 나의 나라에 와 사는 것이 소원
이라 하면서,
11 너희들은 어찌하여 한 번 나를 향하여
두드리는 그것을 너희들의 황금 덩어
리를 위해서 두드리는 그와 같은 뜻이
라 말하는가?
12 나의 성경에 기록되어 '두드리라, 그
러면 열릴 것이다. 구하라, 그러면 얻
을 것이다.'라는 것은 너희들의 가장
큰 소원인 영원히 사는 나의 나라에
올 수 있는 그 구원을 위하여 두드리
고 구하라는 것이니,
13 이와 같은 뜻 하나도 깨닫지 못하고
가르치는 자요, 또한 배우는 자들로
지금 나의 피조물 만백성이 이와 같은
형국을 이루었음이니, 이와 같은 이치
를 너희들은 깨우쳐 줘야 할 것이니라.
14 너희들이 구하고 원하는 것은, 두드려
서 얻고자 하는 것은, 그리고 나에게
달라고 하여 얻는 것은 구원의 길에
오르는 것이며,
15 나에게 다가오는 그와 같은 능력과 그
깨우침을 얻고 너희들의 영혼을 구하
기 위하여 두드리고 구하며 갈구하는
것이라는 것을 깨우쳐 주라.
16 너희들의 평생의 소원이며 영원히 구
하고자 하는 그 큰 것을 위해서 나에
게 두드리고 매달리며 구하는 것이지,
17 육신의 황금 덩어리를 위해서 구하고
두드리는 그와 같은 길을 가라고 깨우
친 것이 아님을 명확히 가르쳐 그들의
눈을 뜨도록 해야 할 것이니라, 선지
자야!
18 사랑하는 선지자야!
19 "네, 여호와 하나님! 말씀하옵소서."
20 그와 같이 수천 년 동안 가르치는 자,
그를 배우고 오는 자들과 같이 너의
제자들을 그리 다스리지 말라.
21 넓고 멀리 볼 수 있는 눈을 뜨도록 그
들에게 일깨워 주어야 될 것이니라.

22 너는 너를 찾아와 말하는 자, 너에게
와서 무엇을 배우고자 오는 자, 또는
가고자 하는 자, 떠나고자 하는 자에
게 더 위대한 것이 있고 더 아름다운
것이 있으며 진리의 성령을 듣는 곳이
있다면 가서 배우고 깨우쳐 오라고 그
들의 등을 밀어주는 그러한 나의 선지
자가 되어야 할 것이니라.
23 지금 몇천 년 동안 하늘에 오르는 길
이라 하여 깨우치고 가르친다는 자들
이 잘못 깨우치고 잘못 가르쳐 온 형
국이 이와 같이 이루어졌음이니, 그들
과 너희들이 차별화되어야 할 것이니
라.
24 정녕 진정한 믿음을 가지고 있고 바른
길을 가고 있으며, 하늘에 오르는 길
을 나로부터 들어 알고 나의 메시지를
받아 알며 저희가 가는 길이 하늘에
오르는 길이라 생각하는 자라면,
25 그는 저희들 앞에 와 배우고자 하며
저희들에게 오는 신도요, 저희들에게
오는 제자들에게 많은 것을 개방하여
그들이 많은 것을 배우고 깨닫도록 그
리해야 할 것이니라.
26 그들이 정녕 자기들이 오르는 길이며
저희들이 가르쳐 인도하는 길이 하늘
에 오르는 길이라 소리 지르고 외치고
있으나, 저희 자신도 확신이 없으며
저희 자신이 불안하기에,
27 저희를 따르는 자들이 어떠한 책자도,
어떠한 성인의 뜻도, 나 여호와로부터
받았다 하며 기록하는 어떠한 서적도
들여다보지 못하도록 그리 모두를 통
제하고 있으며,
28 능력 있는 지도자가 나왔다거나 하늘
의 뜻을 깨달은 지도자가 있다 하면
그리 가지 못하게 하며 묶어 놓는 그
와 같은 형국이니,
29 그들 자신이 얼마나 자신이 없고 비참
한 꼴로써 지도자라 하여 단상에 서
있는가?
30 옳은 길이 있고 능력 있는 자가 있으
며 권능 있는 자가 세상에 나왔다 하
면 그 앞에 가서 배우고 깨달아 자기
것으로 만들어 하늘에 오르는 길을 바
로 보라, 그리고 하늘에 오르는 길을
바라보라고 그리 그들을 내밀어 주며
깨우치도록 하는 것이 진정한 믿음을
가지고 있는 자가 할 수 있는 행위며
소행이니라.
31 그러나 저희들이 불안하고 두렵기 때
문에 저희 말고는 모두가 다 이단이
요, 사탄이며, 하늘에 오르는 길이 아
니라 가짜의 지도자요, 가짜로 인도하
는 종교 지도자가 가르치는 것이라 그
리 말하여 그들을 벌레 보듯이 몰아붙
이고 있는 자들이 과연 진정한 종교
지도자라 말할 수 있는가?
32 그와 같은 자들에게서 나오는 말은 하
나부터 백까지 다 허상이고 거짓이고
근거 없는 이야기이며, 그들이 하늘에
오르는 그 길을 인도할 수 있는 자가
아님을 나의 피조물 만백성 너희들은
깨우쳐야 될 것이니라.
33 정녕 나의 성령이요, 나의 뜻을 받아
기록하여 가르치는 자라 하면, 저희
앞을 떠나는 자 있을 때,
34 그는 진정한 보석을 놔두고 가고자 하
는 자며, 진정한 하늘에 오르는 길을
버리고 제가 스스로 복을 털고 가기

때문에 그를 웃음으로써 보낼 수 있는
그와 같은 지도자가 되어야 될 것이며,
35 그와 같은 당당한 모습으로써 나의 피
조물 만백성을 일깨워 주고 이끌어 가
는 그러한 자가 되어야 될 것이니라.
36 그러나 지금의 종교 지도자들은 한 사
람이 저희들의 문전을 떠날 때 어찌하
는가?
37 모든 방법을 동원하여 그를 잡으려 하
며 그를 묶어 두려 함이니라.
38 그리하여 그가 그곳을 떠나서 더 나은
종교 지도자요, 더 깨달음이 높은 곳
에 가 배우고자 한다면 그를 사탄이
요, 이단이요, 사악한 무리라 하여 저
희 스스로 그 사람을 폄하고 욕함이니,
39 이것이 바로 지도자가 할 수 있는 자
세라 너희들이 생각하는가?
40 처음부터 끝까지 그들이 하는 말은 모
두가 허상이고 거짓이며 나에게 오르
는 길과는 아무런 관계가 없음을 너희
들은 깨달아야 할 것이니 그리 알라.

1,861 번째 하나님 말씀

2002년 2월 20일 06시 12분

1 사랑하는 선지자야!
2 "네, 여호와 하나님! 말씀하옵소서."
3 나의 피조물 만백성 너희들을 내가 창
조하여 곱고 아름답게 나의 계명을 따
라 살라 그리 내가 세상에 내보냈으니,
4 너희들이 많은 세월 속에 살아오면서
또는 너희들을 하늘로 인도한다는 종
교 지도자들의 가르침 속에서 '선을
추구하고 사랑을 베풀며 살라.'는 나
의 뜻을 따라 살았다 하면 오늘과 같
이 힘들고 어려운 지경에 이르지는 아
니하였을 것이니라.
5 그러나 너희들은 옳은 길로 가라 하면
그 길을 선택하지 아니하고 반대의 길
로 돌아가는 심성이 있는가 하면,
6 이것이 정녕 옳은 길이라 하면 그는
바라보지 아니하고 너희 눈에 임시로
보이는 육신의 쾌락과 향락을 위하여
정녕 바른길을 보지 아니하고 진정한
것을 받으려 하지 아니하며 보려 하지
아니함이 너희들이 가지고 있는 심성
인 것이니라.
7 이는 너희들이 욕심이라는 것을 가지
고 있으며 또한 남을 사랑하는 마음이
없고 남을 의심하고 시기하며 질투하
는 그와 같은 심성을 갖고 있기 때문
이니라.
8 바르고 곧은 자아를 갖고 그들을 인도
하여 하늘에 오르는 길을 인도하며 또
한 하늘에 오르는 길이 이 길이라 말
하면, 그들 역시 의혹을 가지고 너희
들을 바라보는 생각과 눈초리가 달라
짐이니,
9 너희들이 전하는 그 바르고 옳은 길을
받아들이지 못하는 자들이 지금 나의
피조물 만백성이니라.
10 정상적인 위치에 서 있는 자들을 인도
하는 그 자체도 어렵고 힘들거늘,
11 내가 오르라 하는 길이며 나에게 오르
는 길을 반듯이 보라 그리해도 그 길
을 향하여 오는 것이 아니라, 정반대
의 길로써 멀고도 멀리 가 있는 그들
을 돌이켜 세운다는 것은 그리 쉬운
일이 아님이니라.
12 지금 나의 피조물 만백성은 나와 반대

의 길로 너무나도 멀리 가 있으며,
13 저희들이 걸어간 그 시간과 그 모두가
너무나도 아깝고 소중하여 그것이 지
옥의 불로 가는 길이라 하여도 그들은
뒤를 돌아다보지 아니하며 저희 자신
을 돌리려 하지 아니함이니라.
14 이는 그들이 나 여호와가 정녕 하늘에
있다 하는 것을 믿으려 하지 아니하고
그 자체를 인식하지 아니하며, 정녕
나 여호와가 하늘에 있지 아니하다 생
각하고,
15 정녕 저희들이 죽어 와 나에게 심판을
받지 않을 것이라, 그리고 지옥과 천
당이요, 저희들이 지은 모든 죄과에
대해 그를 심판하는 모든 죄목과 저희
들이 받는 벌이 정녕 하늘에 있지 않
을 것이라 생각하고자 함이니라.
16 그러니 지금 수십 년 동안 나를 향하
여 믿고 깨우치고자 하는 자들이 한쪽
에는 내가 존재한다는 것에 의구심을
가지고 있으며, 내가 존재하지 않을
것이라는 그와 같은 마음으로 믿음을
향하여 가고 나를 향하여 경배한다 하
고 있음이니,
17 정녕 구원을 위하여 믿는 자가 얼마나
있다 생각하는가?
18 나를 향하여 믿음의 길을 간다 하는
자들이 저희들의 육신의 삶을 위하여,
저희들의 육신의 편안함과 향락을 위
하여 인간관계를 맺어 가는 것만으로
도 저희들은 믿음이라는 것을 향하여
살아가는 그 대가의 값어치는 챙기고
있다고 생각하는 자들이 얼마나 많이
있는가?
19 그러니 그들이 과연 무엇을 깨우치겠
는가?
20 나 여호와가 하늘에 존재하며 반드시
저희들이 그에 대한 대가를 치른다는
확실한 믿음과 신념을 가지고 살아가
는 나의 백성들도 더러는 저희들의 육
신을 위하여 마음이 흔들리고 자세가
흔들리고 있음이니,
21 그러니 그들이 살아가며 육신의 인간
관계에서 얻어지는 것이 있기에 그를
위하여 저희들이 만든 그 성전이라는
곳에 가 모여 있다 하면, 과연 그들의
깨우침이 어디에 있으며 하루의 생활
에 따라 변하는 역사를 그들이 얼마나
이루겠는가?
22 나의 피조물 만백성이 저희들이 말하
는 안식일이라는 그 몇 시간을 바침으
로 인하여 살아가는 데 인간관계에서
얻어짐이 더 있기에 저희들이 한두 시
간이요, 몇 시간을, 또 금화와 은화를
투자해도 그 값어치가 있다 생각하며
믿는 자는 과연 없는가?
23 서로 얽히고설킨 인간관계에서 얻어
지는 것으로써 만족하다 생각하여 그
관계를 위하여 저희들이 정해진 몇 시
간을 가서 소모시키며, 그 시간을 저
희끼리 모여 얻어지는 것을 위하여 투
자한다고 생각한다 하면,
24 그들이 정녕 하늘에 오르고 저희들의
영혼을 구하는 그 역사의 길을 위하여
얼마나 바치며 투자하겠는가?
25 그리고 과연 그들의 마음의 변화가 있
겠는가?
26 정녕 나 여호와가 있어 그 무서움을
알며 구원의 길을 향하여 나에게 달려
오고자 하는 자들과 비교할 때,

27 과연 인간관계의 저희들의 살아감을
위하여 그 시간에 가 기도하는 그들이
무엇을 바라볼 수 있으며 무엇을 깨우
칠 수 있겠는가?
28 그들이 과연 변할 수 있겠는가?
29 나 여호와에게 구원을 받아 하늘에 오
르는 진정한 나의 백성이 되겠다고 그
리 생각하는 사람에게도 어렵고 힘든
것이 믿음의 길이거늘,
30 그들이 인간관계에서 얻어지는 게 있
겠다는 생각을 가지고 저희들이 만든
성전에 가 잘못 가르치는 종교 지도자
앞에서 눈물을 흘리며 기도한다 하면,
그들은 양손에 떡을 들고 가고자 함이
니라.
31 그저 저희가 아버지라 부르는 나 여호
와 하나님이 하늘에 있어 구원을 받으
면 다행이요, 그렇지 않으면 인간관계
에 얻어지는 것으로써도 손해 감이 없
다는 그와 같은 생각을 가지고 저희들
이 만든 성전에 나가는 자가 있다 하
면,
32 그는 육신의 달콤한 꿀을 발라 주는
자가 있다 할 때 그 꿀을 혀로 핥기 위
하여 그 길을 따라갈 것이니,
33 그와 같은 생각을 하고 그들이 지금
믿음이라는 그 길을 가고 있는 것은
아닌가 너는 그 속을 들여다봐야 할
것이니라.
34 그들이 과연 그 어렵고 힘든 하늘에
오르는 길을 올 수 있겠는가, 그리고
그들의 마음 자세가 어디에 있으며,
그들이 준비된 자들이라 생각하는가?
35 전혀 준비되지 아니한 자들이 지금 울
부짖으며 하늘에 오르고 구원을 받았
다 하는 그 부류들이 이 세상을 덮고
있음이니,
36 그들을 돌려 정녕 힘들고 어려운 가시
밭길과 같은 나의 법전의 그 길을 가
자고 하면 그들이 가겠는가?
37 그들은 절대로 가고자 하지 아니할 것
이니라.
38 그들은 정녕 구원의 길을 위하여 가고
자 함이 아니기 때문이니라.
39 육신의 살아감과 육신의 인간관계에
얻어지는 그 계산된 소득을 위하여 그
들은 거기에 나가 눈물지으며 광란의
짓을 하고 있음이니, 그들은 이래도
좋고 저래도 좋다 하는 자들이니라.
40 이미 그 시간은 저희들이 만든 성전에
가서 버리고 던지기로 생각한 자들이
기 때문에,
41 믿음이요, 하늘에 구원받는 것과는 전
혀 관계없는 그 시간을 이리 쓰든 저
리 쓰든 던져 버리고자 하는 자들이기
때문에, 진정한 길을 안내하고자 하여
도 바라보지 아니하고 돌아다보지 아
니하며 오려 하지 아니함이니,
42 그들을 깨우치는 것이 얼마나 힘들고
어려운가를 그들의 속성을 봐야 할 것
이니라.
43 사랑하는 선지자야!
44 "네, 여호와 하나님! 말씀하옵소서."
45 내가 이루고자 하는 그 역사는 천 년
의 세월을 두고 이루고자 함이니, 너
무 급히 생각하지 말고 너무 너 자신
이 욕심을 갖지 말며, 지금에 있는 나
의 피조물 만백성을 구하는 것에 역점
을 두지 말라.
46 나의 법전을 세상에 전하는 데 네가

전심전력을 다할 것이며, 나의 법전이
요, 나의 성령이 세상에 기록되어 나
왔을 때, 천 년의 역사 속에서 이루어
짐이니,
47 사악한 생각으로써 사악한 쪽으로 가
며 그 위장된 삶을 사는 그들을 구원
하고자 너희들의 그 소중한 시간과 너
희들의 모든 정열을 던짐이 아니니라.
48 지금 자라나는, 지금 막 세상에 나와
너희처럼 이루고자 하여 자라기 시작
하는 그들을 위하여 나의 법전이 내려
감을 알아야 할 것이니라.

1,862 번째 하나님 말씀

2002년 2월 20일 06시 25분

1 사랑하는 선지자야,
2 내가 너희들에게 일러 말하였느니라.
3 모두가 하나가 되라, 모두가 하나가
되어야 모든 역사를 이룰 수 있음이라
말함은 너희들의 마음의 깨달음과 생
각과 모든 것이 같이 하나가 되라 하
는 그러한 나의 뜻도 있으나,
4 너희 마음속에 있는 모든 생각을 버리
고 오로지 나에게 오르는 길과 너희들
이 구원을 받는 것만을 생각하라는 그
뜻이 있음이니,
5 오로지 너희들이 구원을 받음은 나를
향하여 두 주먹을 쥐고 그 영광된 빛
을 따라 달려오는 그와 같은 마음을
하나로 가져야 함이니, 여기에 더 깊
은 뜻이 있음을 알라.
6 잘못 가르치고 잘못 인도하는 종교 지
도자들이 만든 그 성전이라는 곳에 가
딴 뜻을 가지고 모여 울부짖는 그와
같은 형국의 믿음의 길을 가는 자들
과, 나의 성전을 찾아오는 너희들이
차별화가 되어야만 함이니,
7 나의 성전에 오는 자, 나의 법전을 읽
는 자, 나의 선지자를 통하여 너희들
에게 내리는 나의 음성을 듣는 너희들
은 오로지 구원이라는, 그리고 나 여
호와를 향하여 달려온다는 그 크나큰
역사에 너희들이 생각할 수 없는 축복
과 영광을 위하여 그 길만을 달려오는
마음으로 하나로 다 통일하라 함이니
라.
8 너희들 말에 있지 않으냐?
9 너희들이 제사라는 것을 지내면서 제
사를 드리기 위하여 정성을 들이는 그
근본의 뜻이 어디 있는가 하는 것은
깨우치지 않으며 형식적인 행사를 치
른다 하는 그와 같은 말이 있음이니,
10 바로 그와 같은 믿음으로 너희들이 가
서는 아니 됨이니라.
11 그리하여 나의 아들 예수를 생각한다
하면 나의 아들 예수가 겪은 그 고통
을 너희들이 직접 몸으로 체험하며,
오로지 너희들은 너희 소원인 구원을
받는 길과 구원을 받아 나에게 오르는
그것만을 생각하라 하는 것이니,
12 제사라는 것을 지내면서 딴생각을 하
는 자들처럼,
13 나의 성전에 와 나의 법전을 읽으며
나의 가슴을 태워 내리는 나의 이 성
령의 뜻을 나의 선지자를 통하여 듣는
너희들이 이 마음 저 마음을 갖고 이
성전에 들어오면 안 되며, 이 마음 저
마음을 갖고 선지자를 바라보면 아니
됨이라 하였음이니라.

14 오로지 구원의 길을 향하여 달려가는
자, 그가 나의 선지자를 보는 것이 다
르며 그가 나의 성령의 음성을 듣는
것이 달라짐이니,
15 다른 생각을 가지고 이곳에 와 앉아
있는 자가 있다 하면, 그는 나의 음성
이요, 내가 정녕 원하는 그 뜻을 보지
도 못하고 듣지도 못함이니,
16 오로지 하늘을 향하여 내가 존재하며
나에게 사랑을 받으며 나에게 구원을
받으며 내가 원하는 그 길을 살아가고
자 하는 그 한마음을 갖는 자만이 모
두를 바라보고 얻을 수 있음이니라.
17 너희들에게 하나가 되라 하는 것이요,
한마음이 되라 하는 것은 모두를 다
접어 두고 모든 것을 다 날려 보내고
모두를 다 생각하지 아니하며,
18 오로지 나를 향하여 달려오고 내가 존
재함을 믿는 그 마음으로 하나로 통일
되어 그 길을 너희들이 똑같이 주먹을
쥐고 달려오는,
19 목적은 하나요, 나의 목적을 위하여
똑같이 달려오는 그와 같은 마음으로
너희들이 굳어지며 하나가 되라는 뜻
이 여기에 있음을 너의 제자들에게 일
깨워 주라.
20 육신의 생활이요, 육신의 삶을 하나로
하라 함이 아니라, 오로지 너희들은
내가 존재함을 위하여, 내가 있는 이
곳을 위하여 그저 달려가고 원하는 그
마음 하나만 갖고 살라 함이니,
21 그곳에서부터 너희들이 하나가 되는
길이 있음을 알아야 할 것이니라.

1,863 번째 하나님 말씀

2002년 2월 20일 21시 34분

(강론을 마치며)

1 사랑하는 선지자야!
2 "네, 여호와 하나님! 말씀하옵소서."
3 내가 너희들에게 내린 성서는 천년만
년이 흘러가도 그 뜻이 그 시대에 맞
춰 너희들이 깨달음이 있고 그를 행함
이 있고 그를 실천할 수 있도록 되어
있음이니,
4 이는 곧 하늘에 오를 수 있는 너희들
의 가르침의 근본이기 때문에 너희들
이 존재하는 이 세상에 지구가 끝나는
그날까지 나의 성서는 그 내용이 변하
지 아니하며 시대에 맞춰서 나의 피조
물 만백성이 깨달아 하늘에 오를 수
있도록 그리 준비되며 다스려진 내용
이니라.
5 그러나 이를 기록하는 자들, 이를 관
리하는 자들이 더러는 저희들의 마음
과 뜻대로 임의로 변조하고 고친 구절
들이 있는가 하면
6 이를 깨우쳐 나의 피조물 만백성을 하
늘에 오르게 하고자 하는 그들이 내가
내려보낸 핵심이요, 내가 직접 불로
써 내린 그 십계명 자체를 지키는 데
저희들의 모두를 다 바쳐 하늘에 오르
는 길을 선택하는 것이 아니라,
7 말로써는 저희들의 몸과 모두를 다 바
쳐 구원의 길에 오르며 하늘에 오르겠
다 하면서, 내가 직접 불로 써 너희들
에게 깨우쳐 깨닫고 시행하여 하늘에
오르라 한 열 가지의 그 계명은 지킬
수가 없다고 말함이니,

8 인간이기 때문에 그를 지킬 수 없고
시행할 수 없다고 말을 하니, 과연 그
들이 진정한 나의 지도자라 말할 수
있으며, 그를 듣고 배우는 자들이 하
늘에 오를 수 있는 길에 들어섰다고
말할 수 있는가?
9 저희들의 모두를 다 바쳐 나에게 오르
는 지도자요, 나의 피조물 만백성을
저희 자신들을 다 태워 하늘에 오르는
길로 인도한다는 그들이 저희 목숨을
정녕 버릴 수 있으며 그를 태워 바칠
수 있다 하면,
10 그 몸을 태워서 바칠 수 있는 자들이
내가 지키라 한 열 가지의 계명을 지
킬 수 없다 말한다 하면, 이를 너희들
은 지금 어찌 생각해야 되겠는가?
11 너희들이 10분이라는 시간을 할애하
면 나의 십계명을 암송할 수 있는 것
을,
12 지금 종교 지도자요, 단상에서 나의
피조물 만백성을 이끌고자 하여 부르
짖는 그들이 나의 모두를 태워서 불로
직접 써 내려 이를 암송하고 지키면
하늘에 오를 수 있다는 나의 십계명을
암기하고 그 뜻을 설명할 수 있는 자
가 얼마나 있는가 너희들은 물어보라.
13 정녕 너희들이 돌아가거든 물어보라,
많은 종교요, 믿음의 세월에서 모두를
다 바쳤다는 그들이 너희처럼 십계명
을 암송하며 그 뜻이 얼마나 깊고 위
대한 것인지 알고,
14 그것만을 행하면 하늘에 오를 수 있다
그리 생각하고 나에게 서약하는 그 마
음으로 암송하는 너희만큼 그들이 얼
마나 암송하고 외우고 있는가?
15 저희들을 위하여 하늘에 오르는 길이
요, 저희들의 육신의 편안함을 위하여
그것을 계산에 두며 나의 피조물 만백
성에게 재물을 긁어모으고자 하는 자
들은 거기에 몸과 마음이 혈안이 되어
나의 십계명 자체도 암송하지 못하고
있을 것이니,
16 이는 너희들이 어찌 생각해야만 되겠
는가?
17 제가 모든 것을 많이 배워 이 세상에
저보다 더 나은 자가 없고 저보다 더
똑똑한 자가 없고 저보다 더 위대한
자가 없으며 저보다 더 현명한 자가
없다고 말하는 자가 저를 낳아 준 저
희 부모의 이름 석 자를 한문이라 하
는 그 글자로 쓰라 할 때,
18 그 이름을 못 쓰는 자식과 똑같은 형
국이 되어 있음이니라.
19 배우지 못한 자도 그 아비와 어미의
이름을 쓸 수 있건만, 배우고 배웠다
하는 자가 그를 쓰지 못한다 하면 너
희들은 어찌 그를 보는가?
20 내가 내린 나의 계명을 지키고 하늘에
오르라는 그 계명을 암송하지도 못하
며 기록할 줄도 모르는 자들이 하늘에
오르는 길을 가르친다면 무엇을 보고
가르치며, 그 기본을 어디에 두고 가
르치며, 무엇을 목표로 하여 그들이
지도하고 가르치는 것인가?
21 여기서 너희는 두 가지 길을 봐야 될
것이니라.
22 나의 십계명을 암송하며 이를 지키고
자 하는 자는 정녕 하늘에 오르는 자
요, 저 자신을 태워서 나에게 오르는
길을 향하여 달려올 수 있으나,

23 내가 직접 불로 쓴 그 계명을 기록할
수 없고 암송하지도 못하는 그자는 나
와는 아무런 관계도 없이 저희 육신을
위하여 살아가고자 노력하는 자인 것
이니,
24 너희들은 여기서 그와 같은 것으로써
구분을 해도 나에게 와 너희들이 부끄
러움이 없을 것이니라.
25 너희들은 오늘 다시 한 번 생각해 봐
야 할 것이니라.
26 성서의 두꺼운 그 많은 페이지 속에서
그를 연구하고 공부하고 배웠다 하여
너희들이 살아온 지금 어떠한 형국에
있는가?
27 그러나 나의 십계명은 구약과 신약을
집약하여 만든 것이기 때문에 그 열
가지의 계명만 지켰다면 너희들이 오
늘과 같은 형국에 이르지 아니하였을
것이니라.
28 지금이라도 나의 종교 지도자, 나의
피조물 만백성에게 전하노니,
29 나의 법전에 기록된 이 내용이 나가는
그 순간에 너희들이 잘못 감을 깨달아,
30 내가 직접 불로 써 내린 십계명이 나
의 뜻이요, 나의 성령이요, 이게 하늘
에 오르는 길이라 하여 그를 높이 부
르짖어 나의 피조물 만백성이 그 길을
가도록 인도하고 가르친다 하면,
31 너희들의 죄를 내가 거두어 줘 너희들
의 이름을 낙원에 기록할 것이나,
32 오늘 이후 이와 같은 내용을 읽고 깨
우친 너희들이 그때도 반성하여 깨우
치지 못하고 지금과 같은 형국으로 그
냥 간다 하면,
33 그는 내 앞에 왔을 때 제가 얼마나 무
서운 죄에서 그 대가를 치러야 되는
것인가를 알게 될 것이니라.
34 자식이 부모의 뿌리를 모르면서 그의
자식이라 하는 자와 같음이니라.
35 박씨의 씨를 가진 자가 김씨 집안에
가서 그 집의 자식이라 하여 그 집안
에 들어가고자 하는 자와 같음이니,
저희들의 뿌리요, 근본을 모르고 있는
자들이니라.
36 그 근본을 모르는 자는 내가 더 이상
거둬들이지 아니할 것이며 기억하지
아니할 것이니라.
37 내가 다시 한 번 나의 피조물 만백성
에게 전하노니, 이 법전이 나가 십계
명이 얼마나 중요한 것인지 깨닫고 이
것을 지키고 실행함으로써 하늘에 오
르는 길이라는 것을 깨달아, 그것을
시행하고 지키고자 하며 나의 피조물
만백성을 그리 인도하는 자는 내가 구
원할 것이며,
38 그 후에도 그와 같은 길을 택하지 아
니하고 나의 피조물 만백성을 지옥 불
로 이끌어 가는 자는 용서받을 수 없
으며,
39 이제 이 지상에서 그들을 먼저 단죄하
기 시작할 것이니 이를 명심하여 너희
들은 기억하도록 그리하라.

1,864 번째 하나님 말씀

2002년 2월 21일 0시 25분

1 사랑하는 선지자야!
2 "네, 여호와 하나님! 말씀하옵소서."
3 나의 피조물 만백성이 지금까지 잘못
가고 잘못 왔던 그 길에서 나에게 오

르는 길을 깨닫아 하늘에 오를 수 있
도록 그 길을 일깨워 주기 위하여 너
는 나의 법전을 세상에 전하는 그 대
명을 충실히 하며,
4 나의 음성을 직접 그들에게 들려줄 수
있도록 이와 같은 대업을 같이 행하여
야 할 것이니라.
5 지금 나의 피조물 만백성이 하늘에 오
르고자 하며 무엇인가를 구하고자 하
나,
6 그들이 눈으로 읽고 깨우쳐야 할 어떠
한 말씀이 기록된 것들도, 나의 성령
이 기록되어 내려간 것들도, 너희들이
말하는 말씀이라 하여 기록되었던 모
든 것들도 다 그들이 눈으로 보려 하
지 아니함이니,
7 눈으로 보고 깨우칠 수 있는 자, 들어
서 깨우칠 수 있는 자들이 나의 음성
을 직접 보고 듣고 접할 수 있도록 네
가 그 일에 열과 성의를 다해야 할 것
이니라.
8 그리하여 눈으로 보고 귀로 들어 나의
피조물 만백성이 눈을 뜨고 귀를 열도
록 하여 구원의 길에 이를 수 있도록
너는 온갖 정성을 다해야 할 것이니라.
9 시간이 없음이니라.
10 나의 선지자요, 나의 종 네가 나의 성
령을 받아 도둑과 같이 이 세상에 내
려와, 지금 너와 같은 한 시대를 살아
가고 너와 같이 호흡을 하며 잘못 가
고 있는 자들을 그 속에서 하나씩 하
나씩 빼 나옴이니,
11 네가 한 명이라도 더 많이 구원하여
하늘에 오르는 길을 볼 수 있도록 하
여 그들이 한 사람이 둘을 데려오고
둘이 넷을 데려와 나의 성령을 읽고
깨우치고 또 듣고 깨우쳐 하늘에 오르
는 자들이 그와 같이 발길을 너를 향
하여 돌려야 할 것이니, 시간이 없음
이니라.
12 모두를 다 동원하여 그들을 깨우쳐야
할 것이니라, 선지자야!
13 내가 명한 곳에서 나의 법전이요, 나
의 음성이 잠시도 끊이는 날이 없이
흘러갈 수 있도록 그리 네가 해야 할
것이며, 모든 정성과 정열을 내가 정
해 준 그 지역에 다 쏟아야 할 것이니,
이를 게을리해서는 아니 될 것이니라.
14 나에게 미리 준비되고 내가 선택해 놓
으며 내가 훈련한 자들이 있으니, 그
들에게 네가 심어만 주면 될 것이며,
15 그들 또한 너의 제자요, 너의 전사라
임명하여 그들에게 굳은 신념을 갖고
일할 수 있도록 그들에게 임명장을 내
려야 할 것이니라.
16 이제 그들이 나의 법전을 읽고 깨우치
도록 할 것이며 또 듣고 깨우칠 수 있
도록 그들이 역사를 이룰 것이니,
17 그들을 네 수족과 같이, 네 생명과 같
이, 네 몸과 같이 아끼고 다스려 나의
뜻을 만천하에 전하는 데 전사로서 앞
에 나갈 수 있도록 그리 다스려 쓰도
록 하라, 선지자야!
18 내가 그들을 모두 다 다스려 놓았고
훈련시켜 놓았음이니 그리 알라.

1,865 번째 하나님 말씀

2002년 2월 21일 06시 15분

1 사랑하는 선지자야!

2 **"네, 여호와 하나님! 말씀하옵소서."**

3 나의 피조물 만백성이 살아가면서 육신의 고통이요, 병마에 시달리는 사람을 치료해 주는 자가 병들어 고생하는 자를 무상으로 치료하고 보살핀다 하면 그는 정녕 어떠한 사람인가?

4 나로부터 받아 제가 가지고 있는 육신의 인간들을 구제할 수 있는 의술로 그와 같은 아름다운 일을 행하고 실시함이니, 그 사람이 어떻게 너희들에게 평가를 받아야 되겠는가?

5 그가 그 의술을 배워 천사와 같은 마음으로 만백성을 그저 무상으로 치료해 주고 고쳐 준다 하면 그는 얼마나 아름답게 나의 뜻에 의하여 행하는 자라 말할 수 있겠는가?

6 그러나 나의 피조물 만백성은 어찌하겠는가?

7 저희들이 그와 같이 아름다운 일을 할 수 없고 저희 육신의 행복과 저희 자신의 안락한 삶을 위하여 남들로부터 많은 것을 거둬들여야 하는 자들은 그를 원망하며, 그가 세상에 존재하지 못하도록 하는 데 저희들의 모든 능력을 동원할 것이니,

8 이를 너희들은 어떻게 생각하는가?

9 그와 같은 현상이 이루어지고 있다 하면 너희들은 과연 누가 아름다운 자며 누가 아름답지 못한 자인지를 알 수 없겠는가?

10 그가 제가 남들을 치료할 수 있는 그 의술이라 하는 것이 나 여호와로부터 받은 것이요, 그렇기에 많은 백성들이 육신의 고통에서 허덕이며 병마에 허덕이는 것을 아무런 대가 없이 보살피고 치료해 준다 하면,

11 똑같은 의술을 배워 기술을 가진 자가 저는 그리 행하지 못하면서 그리 선행을 하고 사랑을 베푸는 자를 존재하지 못하도록 할 것이니,

12 누가 천사며 누가 사악한 무리요, 사탄인지 너희들은 구분할 수 없겠는가?

13 너희는 알고 있을 것이니라.

14 지금 몇천 년의 역사가 흘러오면서 하늘에 오르고 구원을 받고자 하며 나의 피조물 만백성을 지도하고 인도한다는 자들이 어떠한 자들인가?

15 그들은 지금까지 나에게 오르는 길을 안내하면서 저희들을 숭배하고 저희들을 따라야 나의 피조물 만백성이 하늘에 오를 수 있다고 말하였느니라.

16 저희들의 육신을 편안하고 안락하게 모시고 받들라, 그리고 저희들을 숭배하라 그리 가르쳐 왔음이니라.

17 그들은 그와 같이 가르친 사실이 없으며 나의 피조물 만백성을 그리 세뇌 교육을 시켜 짐승처럼 끌고 오지 아니하였다고 말할 것이나, 그들은 어찌 행동하는가?

18 저희들도 나의 피조물 만백성과 똑같은 백성이요, 사람이거늘, 저희들이 상석에 앉고 저희들이 신이 된 것처럼 차별화하고 차등을 두었음이니라.

19 그리하여 그들을 똑같은 나의 피조물 만백성이 심판하고 재판할 수 있는 것을, 그들은 감히 나의 피조물 만백성이 저희들의 잘못함을 지적하고 가르칠 수 없으며 그를 판단하고 평가할 수 없다고 말하였으니, 그들이 바로 무엇이더냐?

20 그 한 가지만 보더라도 그들은 저희들
이 신이 되고자 하는 것이며 나와 같
은 위치에 저희들이 올라서고자 함이
니라.
21 그들은 저희의 육신을 위하여 모든 방
법으로써 아름답고 착하게 살아가고
자 하는 나의 순박한 백성들을 현혹하
여 금화와 은화를 거둬들이며 고통을
주어
22 그들을 구원의 길이 아니라 지옥의 길
로 인도하는 그와 같은 가르침의 길을
인도하고 있음이니라.
23 이러한 형국에서 몇천 년 동안 굳어져
왔으며 그 굳어짐이 말할 수 없이 단
결되고 조직적으로 움직이는 그들에
게,
24 나 여호와로부터, 하늘로부터 받은 나
의 성령이요, 나의 뜻이요, 이것이 나
의 피조물 만백성이 지키고 살며 하늘
에 오르는 길이요, 이 길만이 진정한
하늘에 오르는 길이라 하여 나의 백성
들에게 나의 성령을 주어 그와 같은
고통과 시련을 겪지 아니하게 하며 하
늘에 오르는 길로 인도하는 너를 그들
은 어찌 보겠는가?
25 의술을 가진 것이 나로부터 받은 것이
라 하여 고통의 시름 속에서 허덕이는
나의 피조물 만백성을 무상으로 고쳐
주며 일깨워 주는 그 사람을
26 같은 의술을 가진 자들이 저희들의 밥
그릇을 빼앗아 간다 하여 핍박하는 것
보다도 열배 백배 더 무서운 사악한
마음으로써 너와 너를 따르는 제자들
이요, 나의 법전을 읽고 깨우친 그 백
성들에게 칼을 들이대는 것이 지금 그
들의 형국이니라.
27 앞으로는 그와 같은 비수를 꽂고자 하
는 자들이 너희들이 한 발짝을 뗄 때
마다 그 비수를 너희들의 가슴에 꽂고
자 할 것이니, 그들의 사악함과 그들
의 잔악함이 극에 달해 있음을 너희들
이 알게 될 것이니라.
28 아무런 대가도 치르지 아니하고 가장
편안한 자세로 가정에서 또는 개인이
때와 장소에 관계없이 기도하면 너희
들이 하늘에 오르는 길이라 하며,
29 내가 불로 써 직접 내린 그 계명을 지
키고 아름답게 살다 하늘에 오르라 하
고 외치는 너를 그들은 용서하지 아니
할 것이며 용서하지 않으려 할 것이니
라.
30 이와 같은 형국의 시점에 지금 도래해
있거늘, 나의 피조물 만백성이 그 의
술을 가지고 무상으로 고쳐 주는 자에
게 감사하기는커녕 그것을 바라보지
못하며,
31 그는 돈을 받지 아니하기 때문에 가짜
요, 진정한 의술을 가진 사람이 아니
라고 그를 또한 핍박할 것이며,
32 저희들을 편안한 마음으로써 치료해
주고 구원하고자 하는 그 사람을 그
환자라는 자들까지도 그는 가짜요, 진
정한 의술을 가진 자가 아니라고 사람
들이 하는 말에 현혹되어,
33 저희들이 어렵고 힘든 그 대가를 지불
하며 치료를 받는 그곳으로 가고자 하
는 자들이 수없이 있음이니,
34 지금 이와 같은 형국에 도래하고 있음
이니라.
35 너는 정녕 여기서 어찌해야 될 것이

며, 너의 제자들과 나의 법전을 읽고
깨우친 백성들이 어찌해야 되겠는가?
36 그저 모른 체하고 던져야만 되겠는가
그리고 등을 돌려야만 되겠는가?
37 너희 스스로 이를 평하고 깨달아야 할
것이니라.
38 정녕 그대로 놔둘 수는 없음이니라.
39 그대로 버려둘 수는 없음이니라.
40 이는 육신의 병을 고치는 의술을 펴는
것이 아니니라.
41 영원히 저희들이 구원을 받느냐 못 받
느냐, 나의 낙원에 와 사느냐 못 사느
냐 함이며,
42 저희들이 그 죄의 대가를 치르고 그
무섭고도 무서운 벌을 받는 그런 형국
으로 간다는 것을 그들이 모르고 있음
이니,
43 의술을 펴서 육신의 병자를 고치는 것
과 견주어 볼 수도 없는 위대한 나의
영광을 받는 그와 같은 것을 놓고 너
희들이 어찌 행해야 될 것인가를 생각
해 봐야 될 것이니라.
44 사랑하는 선지자야!
45 **"네, 여호와 하나님! 말씀하옵소서."**
46 무상으로 전하며 아무런 대가를 받지
아니하고 너희들에게 고통을 주지 아
니하며 그리고 정녕 하늘에 오르는 그
정답을 갖고 그를 가르쳐 주건만,
47 지금 잘못 인도하고 잘못 이끌어 가는
종교 지도자들이 저희들의 추악한 그
수천 년 역사의 삶이요, 앞으로 살아
가야 할 저희들의 그 길을 단죄하는
너를 그냥 두지 아니할 것이며 너를
핍박하고 사악한 자라 말할 것이니,
48 저희들이 이리의 발톱을 숨기고 너를
보고 이리요, 늑대라 말할 것이니라.
49 나의 아들 예수에게 씌웠던 그 고통의
굴레보다 더 잔인하고 더 처참한 모습
으로써 너를 공격하고 너를 음해하며
너를 해하고자 할 것이니라.
50 너의 제자 또한 돌팔매를 맞을 것이
니, 이때를, 이 고비를 잘 넘겨야 할
것이며 내가 넘기고자 함이니라.
51 그리하여 서서히 단계적으로 이루어
감이니, 너는 불안해하며 조급히 생각
하지 말라.
52 네가 지금 올라가 있는 그 형국이 잘
못 가르치는 종교 지도자들의 눈에 띄
었을 때 너를 떨어뜨리고자, 너를 짓
뭉개고자, 네가 올라가는 것을 올라가
지 못하도록 하고자 하는 그들이 얼마
나 간악하고 잔인한 행동으로써 너를
핍박할지 너는 모르느니라.
53 그들의 사악함이 극에 달해 있음이니
라.
54 그들이 정녕 바른길로써 나의 성령을
들으며 나의 뜻에 따라 나의 피조물
만백성을 구하는 종교의 지도자요, 사
랑을 베푸는 자들이라면, 너에게 어떠
한 방법이든 칼을 들이대지 아니할 것
이며 너를 해하려 하지 아니할 것이니
라.
55 너를 해하고자 너에게 칼을 들이대는
자들, 그들이 과연 사랑을 베푸는 자
며 진정한 나에게 오르는 길을 인도한
자겠느냐?
56 사악한 늑대요, 이리와 같은 자들이
양떼를 몰며 초원으로 안내한다는 그
와 같은 형국보다도 더 잔인하고 가혹
한 행위를 하고 있음이니,

57 이와 같은 것에 대해 모든 너희들의
마음의 채비를 항상 게을리해서는 아
니 될 것임을 알아야 될 것이니라, 선
지자야!

1,866 번째 하나님 말씀

2002년 2월 21일 13시 30분

1 사랑하는 선지자야!
2 "네, 여호와 하나님! 말씀하옵소서."
3 나의 피조물 만백성에게 너는 이를 물
어보라, 너희들은 정녕 어디서 누구로
부터 이 세상에 오게 되며 또 어디로
가는 것인가를.
4 너희들은 오고 가는 그것 하나만 생각
해 본다 해도 지금처럼 이렇게 사악한
삶을 살지는 아니하였을 것이니라.
5 너희들이 이 세상에 태어나는 그 신비
와, 너희들이 어디로부터 오며 너희들
의 정신이요, 너희들을 지배하는 영혼
이 어디로부터 너희와 같이 이 세상에
오는 것인가 그것 하나만 생각한다 해
도 깨우침이 있을 것이며,
6 정녕 너희들이 삶을 살다 죽어 그 육
신이 너희들이 묻는 땅에 들어가 한
줌의 흙으로 사그라져 갈 때,
7 그렇다면 너희들이 생각하고 기억하
고 살아왔던 모든 그 영혼도 또한 그
와 같이 불에 타 재가 되며 흙에 묻혀
또 흙으로 돌아간다고 생각하는가?
8 그 이치와 그 순리의 뜻 하나만 너희
들이 연구하고 생각해 본다 해도 너희
들은 어찌 살아야 하는 것인가를 깨달
을 수 있을 것이니라.
9 너희들이 그 간단한 이치 하나도 깨닫
고 생각해 보지 아니하고 그저 너희들
이 정해 놓은 대로, 흘러가는 시간대
로 육신의 행복과 육신의 안일만을 위
하여 살다 나에게 와 심판을 받게 됨
이니,
10 너희들이 태어나는 비밀과 죽어 가는
비밀을 알고 그 신비를 깨달으며 그
이치를 깨닫는다 하면 지금과 같이 너
희들이 사악한 마음을 가지고 사는 나
의 피조물 만백성이 되지 아니하였을
것이니,
11 이와 같은 이치를 깨닫도록 너희들은
많은 나의 피조물 만백성에게 전해야
될 것이니라.
12 나에게 오르는 길이 어느 길이 진정한
길인지, 그리고 나 여호와가 하늘에
존재하며 그리하여 너희들이 심판을
받는다는 것을 너희들은 높고 넓은 곳
에서 찾으려 하지 말며 멀고 신비한
속에서 찾으려 하지 말라.
13 너희 생활 속에 그가 다 있음이니라.
14 서로 옷깃을 스치고 만나고 살며 그
인간관계 속에서, 너희들의 생활 속에
서 그 위대함이 있으며 그곳에서 나
여호와가 존재함을 너희들이 눈을 뜨
고 볼 때 거기에 다 있거늘,
15 너희들은 옳고 그른 것을 생각하지 아
니하며 미래를 위한 것을 보지 않으려
하고 생각하지 아니함이니,
16 다만, 눈앞에 있는 너희들의 육신의
편안함만을 생각하기 때문인 것이니
라.
17 너희들은 말하지 아니하느냐?
18 달라는 자에게 준다 그리 말함이니,
육신으로써 달라는 것이 무엇이겠는

가?
19 육신의 편안함과 육신의 안일함만을
위하여 달라 함이 아닌가?
20 너희들은 그것을 위하여 달라 함이 아
니니라.
21 육신은 너희들이 살다가 땅속에 묻혀
한 줌의 흙으로 돌아가는 것이거늘,
어찌하여 그 짧은 육신의 삶을 위하
여, 그 육신을 위해서 너희들은 무엇
을 달라고 그리 애원하고 통곡하는가?
22 그리 나에게 부르짖으며 그 귀중한 너
희들의 삶의 시간과 너희들이 피나게
모은 그 재물들을 나와는 아무런 관계
도 없는 곳에 바치고 봉사하며 너희
자신을 구원을 하겠다 말을 하니, 너
희들은 다시 한 번 돌이켜 생각해 봐
야 할 것이니라.
23 너희들이 구원하고자 하는 것이 짧은
인생에 너희들이 지탱하다가 썩어져
흙으로 돌아가는 너희 영혼의 집인 육
신을 위해서만 매달리며 그를 보고 살
아가고자 함이니,
24 너를 따르는 너의 제자들과 나의 법전
을 읽은 많은 나의 피조물 만백성에게
그 육신을 위해서 매달리지 말라 하라.
25 멀고도 먼 하늘에 오르는 길의 그 축
복과, 영광스러운 하늘나라에 오르는
그 영혼의 구원함을 너희들은 깨달아
야 할 것이니라.
26 내가 사랑하는 선지자를 통하여 너희
들에게 알려 주었음이니라.
27 이 세상 모두는 사랑하는 너희들을 존
속하게 하기 위하여 모두가 다 만들어
졌으며, 너희들이 먹고 쓰고 다스리고
관리하도록 되어 있다 하였음이니,
28 너희들을 위한 부속품이며 부속물이
니라.
29 너희에게 소속되어 너희 마음대로 부
릴 수 있는 그것들에게 너희들이 구원
을 빌며 소원을 비는 그와 같은 형국
이 되어 있음이니,
30 지금 너희들의 죽어 가는 그 육신을
위해 너희들이 바치고자 하는 그 삶이
그와 같은 형국이니라.
31 너희들이 관리하고 쓰라는 나무요, 짐
승이요, 바위요, 산천이요, 또는 물이
흐르는 강이요, 그 모두는 너희를 위
하여 존재하며 너희들의 소유물인 것
이거늘,
32 그것들에게 축복을 빌고 구원을 바라
며 하늘에 오르고 영광을 얻겠다고 그
정성을 들이는 자들이 너희들이 보기
에 어리석고 우매함이나,
33 너희들이 육신을 위해 너희 모두를 다
바치는 삶을 살아가는 것이 그들과 한
치도 다름이 없음이니라.
34 어찌하여 너의 제자들과 나를 따르는
만백성은 내가 너희 손에 쥐여 줘야
만 그것을 하나 깨우치고, 또 두개를
줘야만 그걸 깨우치는가?
35 너희 스스로 노력하여 내가 내리는 성
령에 너희들이 살과 뼈를 붙이라 하였
음이니, 그리하여 너희들에게 깨닫도
록 하라 하였음이니라.
36 선지자가 너희들에게 일렀느니라.
37 남이 물 한 바가지를 너희들에게 줄
때, 그 물을 주는 과정과 그가 무슨 마
음으로 너희들에게 주는가를 생각하
며 또 하나를 더 생각해야 할 것이니,
38 '이 물이 어디서 나왔으며 어찌하여

이 물을 내가 상대방으로부터 받아서
마시고 그와 같은 은혜를 받을 수 있
는가, 그리할 수 있는 이 물은 과연 누
구로부터 만들어진 것인가?' 하는 것
을 생각하며,
39 또한, 떠 주는 자는 '내가 물 한 바가
지를 떠서 지치고 힘든 자에게 주고
사랑을 베풀 때, 과연 이것은 누가 내
린 것이며 누구로부터 받은 것이기에
내가 이것을 떠 지친 상대방에게 주면
서 그로부터 감사의 인사를 받고 고맙
다는 인사를 받는 것인가?' 그 이치를
깨닫고 생각해 봐야 할 것이니라.
40 그리하여 너희들이 아름답고 좋은 쪽
으로 모두를 생각하고 너희 것으로 만
들고자 노력할 때, 여기에서 하늘에
오르는 그 문이 열림이니라.
41 모두를 다 아름답고 감사한 마음으로
써 너희들이 바라보고 생각할 때, 그
리고 무한한 감사의 마음으로써 끝없
이 그들을 생각할 때, 받는 자 감사함
이 있고 주는 자 또한 감사함이 있으
며,
42 주고받는 모든 그 원천을 얻을 수 있
는 것이 누구로부터 왔는가, 그리고
또 누구로부터 이와 같은 구원을 받고
너희들이 사용할 수 있는가를 생각하
게 되면, 너희들이 결국은 나 여호와
의 권능이요, 나의 존재함을 알게 될
것이니,
43 너의 제자들은 그를 깨우쳐 너희 것으
로 만들어야 되는 것이니라.
44 그를 깨우쳐 살과 뼈를 붙여 너희 것
으로 깨달음을 얻어 전진하지 못한다
면 언제 너희들이 죽을 때까지 나에게
달려올 수 있으며 나와 너희들의 그
멀고도 먼 거리를 단축시키고 좁힐 수
있다 생각하는가?
45 사랑하는 선지자야!
46 "네, 여호와 하나님! 말씀하옵소서."
47 너의 제자들이 나의 법전 열여섯 권을
다 정독한 자들이며, 또 네가 반이 넘
게 직접 그들에게 깨우쳐 주고 그들의
귀를 열어 주고 바로 볼 수 있도록 눈
을 뜨여 주어 지금까지 왔음이니,
48 지금쯤 너희들은 모두 지도자로서 내
가 내리고자 하는 나의 법전의 내용의
깊고 넓은 그 뜻을 깨달아 너희 것으
로 만들어 바로 섰어야 할 것이거늘,
49 아직도 너희들은 내가 하나를 내려 그
이치를 깨우쳐 주면 무릎을 치며 '여
호와 하나님의 전지전능함과 그 깨달
음을 알았다.' 하며 그것으로써 너희
들은 돌아가 육신의 생활 속에 다시
또 묻혀 버리니,
50 언제 너희들이 깨달아 나의 뜻을 알며
나에게 오는 그 거리를 좁힐 수 있겠
는가?
51 항상 나를 잊지 않고 나의 권능을 잊
지 않으며 나의 은혜를 잊지 않는 그
생활 속에 너희들이 젖어들어 가야 되
며, 그 생활 속에 빠져들어 가서 그곳
에서 너희들이 생활을 해야 나의 뜻을
알게 됨이니라.
52 너의 제자들에게 물으라.
53 하루 생활을 하면서 너희들이 나 여호
와를 생각하고 나의 권능에 감사하며,
내가 창조한 이 세상에서 모두를 얻고
살아가는 것은 다 나 여호와의 뜻이라
고 정녕 생각하며 생각하는 시간이 얼

마나 되는가를, 그를 너의 제자들에게
물어 그들의 마음을 일깨워 주도록 하
라, 선지자야!

1,867 번째 하나님 말씀

2002년 2월 21일 13시 35분

1 사랑하는 선지자야!
2 "네, 여호와 하나님! 말씀하옵소서."
3 너의 제자들에게 일러 일깨워 주라.
4 너희들이 마시고 숨 쉬지 아니하면 살
수 없는 그 공기요, 산소가 어디서부
터 흘러와 너희 생명을 유지하는 것인
가를 깨닫지 못하고 그것 하나도 모르
는 것이 너희이니,
5 너의 제자들이 어찌하여 너희 영혼이
와 어찌 가며 너희 영혼이 어찌 살아
가고 어찌 지탱하는 것인가를 알겠는
가?
6 나의 성령으로써 너희 영혼이 지탱되
며 존재한다는 것을 너의 제자들이 어
찌 알겠는가?
7 없어서는 안 되면서도 아무런 대가 없
이 불어오는 바람이 어느 곳에서 어찌
시작하여 어디로 흘러가며 어디로 불
어 가는지 그것 자체도 모르는 너희에
게 보이지 않는 하늘의 성령으로써 내
가 내리는 나의 영혼의 그 뜻을 보고
깨우치라 말함이니, 너희가 어찌 깨우
치겠는가?
8 사랑하는 선지자야!
9 "네, 여호와 하나님! 말씀하옵소서."
10 나의 성령의 뜻으로써 너희 영혼을 지
배하며 내가 너희에게 내려 준 그 축
복의 영광을 너희들이 알 수 없음이니,
11 지상에서 너희 몸을 스치고 너희 살갗
을 스치고 자연을 흔들며 불어 가는
바람이요, 그 산소요, 그 공기가 얼마
나 소중하고 감사한 것인가를 첫째 깨
달을 것이며,
12 둘째는 이 감사한 공기요, 바람이요,
산소가 어디서 누구에 의하여 그리 생
기고 어디서 불어오고, 그 바람이 스
쳐 가며 불어 가면서 하는 일은 무엇
이며, 그가 어디로 흘러가는가 그 이
치를 너희들이 깨닫고 또 연구하며 생
각하다 보면,
13 나 여호와의 위대함과 나 여호와의 권
능과 나 여호와가 지배하는 그 모두의
신비의 세계를 너희들은 알게 될 것이
니라.
14 그것이 지금 잘못 가르치는 종교 지도
자들을 따라서 하늘에 오르고자 발버
둥치고 그저 맹종하며 '아멘! 아멘!'
하고 소리 지르고 금화와 은화를 바치
면 구원을 받는다고 생각하는 그들과
너희들의 차이점이니라.
15 그들은 재물을 바치면 죄를 짓고도 그
재물로써 죄를 사할 수 있으며, 쌓을
수도 없고 곳간도 없는 하늘에 그 재
물을 많이 바침으로 저희 죄를 용서받
는다 하니, 그들이 얼마나 편안하고
안일하게 가고 있는가?
16 그리고 지도자들은 그들에게 얼마나
죄를 짓고 살아가도록 유도하는가?
17 그들과 너희들의 차이점이 있으니, 나
로부터 선택된 나의 백성들이 위대하
며 그들과 차별화됨이 있음이니라.
18 그들은 그와 같이 저희들이 광분하여
하늘에 오르고자 하는 그 소리를 몇십

년이 지나도 쳇바퀴 돌듯이 그저 그
자리를 돌면서 부르짖을 것이며, 그
단상에서 가르치는 종교 지도자의 음
성을 평생 동안 들으면서도 그들은 그
것을 모르고 있음이니,
19 그저 그 말을 되씹고 한 말을 또 되씹
어 되돌려 듣는 그 소리를 듣고 그들
은 '아멘! 아멘!' 하고 소리 지르고 있
음이니라.
20 1년 전에 저희들에게 가르쳤던 그 가
르침이요, 설교가 1년 후에 잘못되어
다시 나온다 해도 그들은 그저 '아멘'
이요,
21 지난날에 가르쳤던 뜻과 오늘에 가르
치는 뜻이 다른 그것도 구분하지 못하
고 그저 광분하여 찬송 부르고 은혜
받았다 하며,
22 저희는 예수의 보혈로써 구원을 받은
자이니 세상 것 아무것도 볼 것도 없
으며 따질 것도 없느니라,
23 그리고 제가 그 교회라는 곳에 나가서
한두 시간 바치는 것만큼 저는 이웃의
신도들에게 챙길 것을 챙기고 얻을 것
을 얻는 인간관계가 이루어짐이니, 절
대적 손해 갈 것 없을 것이라는 그 계
산된 마음에서 그들이 광란의 세계를
계속 가고 있음이니,
24 그 어리석은 나의 백성들과 내가 사랑
하는 나의 선지자 너의 제자들과의 차
별화되는 선이 여기 있음이니, 이 선
을 알아야 될 것이니라.
25 그들은 이 선을 넘을 수 없을 것이니
라.
26 바로 무엇이더냐?
27 너희들은 불어오는 그 바람 하나 가지
고 그 바람이 어디서 생겨서 누구의
힘에 의해서 어찌 일어났고 어찌 불어
가며,
28 그 바람이 불어 가면서 이루는 일은
무엇이고 그 바람으로부터 너희들이
얻는 것은 무엇이며,
29 그 바람은 어디로 가서 어떠한 역사를
이루는가 그를 생각하고 깨닫고 연구
하여, 나 여호와의 위대함과 나 여호
와의 신비와 나의 사랑과 내가 너희들
을 사랑하는 그 고마운 마음을 느낄
수 있는 마음을 가질 때,
30 이 한 가지를 깨달아 하늘에 올라와
나 여호와 하나님에게 감사하며, 이
모두는 나의 은혜와 은총 속에서 이루
어졌다는 것을 깨닫는 너희들은 나의
낙원에 오르는 그 문 앞에 바짝 다가
오는 그 영광을 얻게 됨이니,
31 이와 같이 모든 것을 깊이 깨우쳐 너
희 것으로 만드는 데 조금도 소홀히
하지 말고 인색하지 말라.
32 그리하여 아름다운 마음을 가슴에 간
직할 수 있는 그와 같은 영광을 갖고,
그와 같이 행하고 순종하는 그것이 바
로 구원받고자 그저 맹목적으로 광란
의 소리를 지르며 10년, 20년, 평생 살
아가는 그들과 다른 점이며 차별화됨
이니, 이와 같은 나의 뜻을 그들에게
전하라, 선지자야!

1,868 번째 하나님 말씀

2002년 2월 21일 17시 05분

1 사랑하는 선지자야!
2 **"네, 여호와 하나님! 말씀하옵소서."**

3 수천 년 동안 나로부터 생명을 받아
간 수십억의 그 많은 나의 피조물 만
백성이 살아오면서 과연 무엇을 얼마
나 깨우쳤으며, 얼마나 깨달음을 알아
나 여호와가 하늘에 존재함을 믿고 살
아왔다 너희들은 생각하는가?
4 여기서 너희들이 하나 짚고 또 알고
넘어가야 할 것이 있느니라.
5 너희들은 죽어 와 나로부터 심판을 받
으며 나로부터 너희들이 살아온 그 대
가에 상벌을 받음이라 하였음이니, 그
리고 나 여호와가 하늘에 존재한다 하
여 그리 믿고 또 그와 같이 하늘에 오
르고자 함이니,
6 이와 같은 이치를 깨닫기 전에 너희들
은 내가 너희들에게 살아갈 수 있는
생명을 내 주었고, 또 그 생명을 받아
가지고 세상에 나온 너희들이 이 지구
상에 온갖 것을 다 취하고 살아갈 수
있도록 은혜를 내렸으며,
7 너희들이 살아가는 그 생활 속에서 지
상에 있는 모두를 취하며 살아가라 하
였음이니,
8 너희들이 취하고 살아가는 그 모든 것
들이 다 어찌하여 이 세상에 존재하고
어디서 왔으며 그들이 어찌 살아가고
어떠한 형태로 살아가나 하는 것을 과
연 얼마나 알고 있는가?
9 이 지상에서 너희들이 눈으로 볼 수
있고 만질 수 있는 그 모든 것들을 너
희들이 다 알지도 못하며 깨우치지도
못하고 있음이니,
10 너희들이 눈으로 보고 만지며 너희 마
음대로 취하여 살아가고 너희들의 생
명이 유지하는 데 그 기초요, 기본이
되도록 하였던 지상에 이루어지고 있
는 모든 것을 다 너희들이 알지도 못
하고 있음이니,
11 너희들이 밟고 사는 이 땅에서 이루어
지고 너희들이 직접 보고 만질 수 있
는 그 생활에 접하고 있는 것들이 어
찌 살아가고 그 가짓수가 얼마나 되며
그 형태가 어찌하여 유지되고 영위되
는지 그 자체도 모르는 너희들이 과연
하늘나라의 돌아가는 그 이치를 어찌
안다 생각하며 어찌 알겠는가?
12 지상에 돌아가고 유지되는 그 모든 것
도 상세히 다 알지도 못하며, 너희들
이 볼 수 있고 만질 수 있는 그들의 형
태나 그들이 살아가는 모습과 전지전
능한 나 여호와의 주관하에 이루어진
그 궤도와 그 변화무쌍한 모든 것들을
깨닫지도 못하고 있는 너희가 감히 하
늘에 오르는 길이요, 또 하늘에 너희
들이 오를 수 있는 것과 오를 수 없는
것을 심판함이니,
13 이는 너희들이 생각도 해서는 아니 되
는 것이니라.
14 지상에서 이루어지는 것도 다 깨닫지
못하고 그 오묘함도 알지 못하는 너희
들이 너희 자신은 다 구원을 받은 자
라 말함이니,
15 하늘의 이치를 모르는 너희들이 구원
을 받았다 말하고 너희들만이 구원받
을 수 있다 그리 생각하며, 너희들이
지금 믿고 따라가는 그 종교 지도자들
의 가르침이요, 그 속에서 너희들이
울부짖고 아우성을 침으로 인해서 구
원을 받았다 하며 구원받을 수 있다
말하고 있음이니,

16 지상의 이치도 모르면서 하늘의 이치
를 안다고 경거망동하며 그리 말하지
말라.
17 하늘의 모든 이치에 이루어지는 역사
는 내가 주관하여 나의 뜻에만 이루어
짐이니,
18 감히 너희들이 발을 딛고 사는 이 지
상에 있는 모든 그 위대한 이치의 오
묘함과 그 돌아가는 것을 알지도 못하
는 너희들이 나만이 주관하는 하늘의
뜻을 안다고 함부로 말하지 말라.
19 그 우가 얼마나 무서운 것이며, 그와
같이 행하는 자, 그 죄가 얼마나 무서
운 것인가를 잘 알아야 될 것이니라.
20 나의 성서요, 또한 나의 법전이라 하
여 너희들이 배우고 깨우치는 그 모두
는 하늘에 오르는 길을 인도하는 것이
며, 그 반석 위에 서서 그를 볼 수 있
도록 하는 기초요, 기본이니,
21 이를 알고 깨우쳤다 하여 구원받은 자
며 하늘에 오를 수 있다 하는 그러한
생각을 너희들은 버려야 할 것이며,
하늘에 이루어지는 모든 형태를 너희
들이 아는 양 그리 말하지 말며 그리
너희들이 오만하지 말라.
22 이와 같은 뜻을 너의 제자들에게 일깨
워 줘야 될 것이니라, 선지자야!

1,869 번째 하나님 말씀

2002년 2월 21일 22시 55분

1 사랑하는 선지자야!
2 "네, 여호와 하나님! 말씀하옵소서."
3 거짓을 일삼아 말하는 자, 거짓을 만
들어서 전하며 거짓을 제 마음대로 생
각하고 구상하여 만드는 자, 그는 누
구도 당할 수가 없음이니라.
4 우선은 거짓이 진실과 같이 들리고,
또 거짓으로써 하는 그 이야기는 나의
피조물 만백성이 듣기를 즐거워하니,
5 그리하여 만들어 내서 거짓말을 하는
자는 따를 수가 없고 감당할 수 없는
것이니라.
6 지금 나의 성서에 말하여 일렀느니라.
7 저희들이 나의 성경을 바로 정독하고
정독하여 깨우쳤다 하면 나 여호와와
나의 아들과 성령이 삼위일체라는 그
러한 말은 감히 할 수도 없으며, 예수
가 흘린 그 보혈로써 구원을 받았다
그리 말할 수 없는 대목들이 성서요,
성경 안에 있거늘,
8 그들은 그것을 찾으려 하지 아니하며
그것을 봐도 그들은 눈을 돌려 그를
덮어 버리며 그를 연구하려 하지 아니
함이니, 그것이 바로 무엇이더냐?
9 거짓을 만들어 내는 자들과 똑같으니,
10 사람이 사람을 모함하기 위하여 거짓
을 한다 하면 그를 감당할 수 없느니
라.
11 평범한 사람도 한 사람을 모함하여 거
짓말을 만들어 퍼트린다면 그 유언비
어는 감내할 수 없음이니,
12 가르치는 지도자의 위치에 있는 자들
이 그와 같이 거짓을 만들어 순박하고
어리석은 나의 피조물 만백성에게 가
르치고 전파한다 하면 이를 누가 감당
할 수 있겠는가?
13 모두가 나의 성서 속에 적나라하게 기
록되어 있으며 그를 다 깨달을 수 있
건만, 그들은 저희들이 금화와 은화를

거둬들이며 저희에게 유리한 단어요,
저희에게 유리한 이야기들만을 확대
하고 또 확대하여 그것을 저희 것으로
만들어 나의 피조물 만백성에게 '이러
이러하니 너희들은 바쳐야 되며 금화
와 시간을 갖다 바쳐야 된다.' 그리 이
끌어 가고 있음이니,
14 제대로 가르치는 그 가르침에는 관심
이 없고 저희들의 재산과 저희들의 편
안함을 얻고자 하는 데만 모든 정열을
다 쏟고 있음이니,
15 거짓말을 만들어 거짓을 퍼뜨리는 자
보다도 더 사악하고 간악한 자들이 그
런 자들이니라.
16 거짓말로 하여 멀리 있는 사람이나 가
까이 있는 사람을 죽이는 것도 그 죄
를 형용할 수 없거늘, 그 거짓말을 저
에게 더 유리하고 저에게 득이 되며
제가 재물을 거둘 수 있는 그쪽으로
지어 내어 퍼뜨린다 하면 그는 이중의
죄를 짓고 있음이니, 그 죄가 또한 가
중함을 알아야 될 것이니라.
17 사랑하는 선지자야!
18 "네, 여호와 하나님! 말씀하옵소서."
19 네가 힘들고 어려운 그 길을 가며 나
의 성령을 들어 나의 피조물 만백성을
깨우치고 가르치고 인도하고자 오늘
나에게 경배하며 기도 소리를 들어 기
록함이니,
20 내가 너에게 내리는 성령의 그 뜻을
받아 네가 나에게 기도드리는 이 순간
에 그 모두를 받아 기록하여 만백성을
구하고자 하는 너의 그 정성이, 아무
리 힘들고 어렵다 하여도 너는 너의
모두를 다 바치는 그와 같은 정열과
열과 성의를 다하여 네 직분을 다해야
할 것이니라, 선지자야!
21 거짓을 만들어 전하는 자, 그 거짓을
자기 것으로 만드는 자, 그와 같은 사
악한 무리들이 지금 나의 피조물 만백
성을 몇천 년 동안 험악한 산이요, 바
다요, 진흙탕이요, 더러운 그 길과 계
곡으로 끌고 다니고 있음이니, 그들이
그곳에서 어찌 벗어날 수 있겠느냐?
22 선지자의 진실만이 그들을 구원할 수
있음이니라.
23 너희들의 생활에 가장 기초적인 그 진
실의 바탕에서 진실의 위대함을 알아
스스로 깨우치고 달구어 깨달음을 얻
는 자는 하늘에 오르는 길이 어떤 것
이 진실이며 진실한 길인가를 또 바라
보게 됨이니,
24 진실을 찾고 진실만을 향하여 그 길을
가는 자가 하늘에 오르는 길을 알 수
있으며, 그 진실만을 갈구하고 진실만
을 부르짖는 자는 찬란한 빛의 그 영
광을 보게 됨이니,
25 진실을 부르짖지 아니하는 자는 그 빛
을 볼 수가 없음이니라, 선지자야!
26 그러니 지금 나의 피조물 만백성이 진
흙탕 속에서 사악한 지도자들에게 이
끌려 가는 그 참혹한 몇천 년 동안에
이루어진 그 환경의 역사를 어찌 바로
잡아야 하겠는가?
27 내가 너에게 말하듯이 진실만이, 그
아름다운 빛만이 그들을 구원할 수 있
고 잡을 수 있음이니라.
28 진실만이 하늘에 오르는 빛을 볼 수
있음이니, 그리하여 너희들에게 진실
된 삶이며 순종하는 삶이며 거짓이 없

는 삶을 살아가라 말하며,
29 작은 거짓말도 한 사람의 생명을 앗아
가는 그와 같은 무서운 것이라 말하며
거짓을 행하지 말라 너희들에게 가르
침이니라.
30 너를 따르는 제자들에게 일러 일깨워
주라, 진실만이 찬란한 빛을 발할 수
있으며 그 빛을 따라 하늘에 오를 수
있음이라는 것을.
31 그리하여 너희들이 진실한 자세로써,
진실로써 잘못 가는 나의 피조물 만백
성을 인도해야 할 것이니,
32 나의 법전을 들어서 기록하고 나의 법
전을 정리하며 책으로 만들어 전하는
너희들이 어떠한 위치에 있으며 어떠
한 사람들인가?
33 나 여호와로부터 선택된 너희들이 얼
마나 소중한 자이며 얼마나 영광과 은
혜 속에 사는 자들인가 너희들은 다시
한 번 깨우쳐 봐야 될 것이며, 너희들
을 돌아다봐야 될 것이니라.
34 여기서 선지자 너의 제자들에게 이르
라.
35 선지자를 통하여 내려보내는 나의 성
령을 닦고 갈고 기록하며 만백성을 깨
우치고자 너희들이 한 권의 책을 만들
어 낼 때마다 너희들이 진실만을 가슴
에 안고 살아가는 자들이 되어야 될
것이니,
36 나의 법전에 손을 대는 너희들과 나의
성전에 와 나의 선지자를 통하여 내가
내리는 나의 음성을 듣는 그들의 믿음
의 위치가 지금 어디에 와 있는가, 이
를 다시 한 번 다스려 깨우치도록 일
러야 될 것이며, 저 자신들을 돌아 보
라 그리 깨우쳐 주라.
37 나의 법전을 접하는 자들이 어찌 살아
가야 되며 어찌 행해야 되는 것인가를,
38 얼마나 너희들이 귀하고 소중한 자들
이며, 만백성을 구하기 위하여 그 진
실된 빛을 발산하여 그 빛을 보고 진
흙탕에 허덕이는 나의 피조물 만백성
을 구원하여야 하는 너희들이 지금 가
지고 있는 나를 향하여 믿고 있는 그
믿음이 어디에 있는가, 그 믿음의 자
세가 어떠한가,
39 너희들의 믿음의 자세에 가슴에 자리
잡고 있는 그를 다시 한 번 너희들이
스스로 돌아다보고, 너희 심정을 돌아
다보며,
40 너희들이 믿고 선지자를 따르는 그 너
희들의 자세를 돌아다봐야 할 것이라
그리 일깨워 주라, 선지자야!

1,870 번째 하나님 말씀

2002년 2월 22일 0시 45분

1 사랑하는 선지자야!
2 "네, 여호와 하나님! 말씀하옵소서."
3 하늘에 오르고자 울부짖으며 믿음이
라는 그 길을 달리고 또 달려오다가
죽어 나에게 와 잘못됨을 깨닫고 그에
대한 대가를 치르는 그 많은 나의 피
조물 만백성은 잘못 가고 잘못 믿었기
에 오늘에 그와 같은 형국에 이르렀으
나,
4 그중에서 너희들은 바로 오는 그 길을
보고 있으며, 나의 피조물 만백성을
구하고자 내가 나의 성령으로써 마지
막에 내리는 나의 법전을 접하며 그를

깨달으니 얼마나 너희들이 은혜와 은
총을 받은 자들인가?
5 그 영광을 어디에 가서도 받을 수 없
고 무엇과도 바꿀 수 없음을 알아야
하느니라.
6 너희들은 나의 법전을 전하는 그것만
으로써도 그 영광이 누구도 감내할 수
없는 만큼의 축복 속에서 살아가고 있
음이니, 너희들은 나의 법전을 전하는
것을 너희 생명보다도 더 소중히 알아
야 될 것이며,
7 너희들은 무엇과도 바꿀 수 없는 그
영광을 받으며 대명을 받은 축복된 자
들이니라.
8 그 누구도 나의 법전이 세상에 내려와
있는 것을 모르며, 이가 진정한 나 여
호와의 뜻으로서 하늘에 오르는 길인
가 그것 자체도 모르고 있는 나의 피
조물 만백성이 이 지상에서 지금도 저
희 나름대로 인생의 향락을 즐기며 살
다 그들이 그와 같이 살아온 만큼에
대한 대가를 치르게 되었음이니,
9 너희들은 하늘에 오르는 빛을 보며 너
희들이 깨달음이 있으며, 오늘보다 내
일에 더 아름다운 삶을 살며 너희들
스스로 어렵고 힘든 그 인내의 길을
가고 있으며 고통의 그 길에서 살아가
면서 너희 자신을 다스려 내가 원하는
하얀 마음으로써 살아가고자 애를 씀
이니,
10 그와 더불어서 또한 나의 법전이요,
나의 성령을 태워서 내려보내는 그 나
의 법전을 너희들이 전하고 남을 인도
하고 일깨운다는 그 자체가 얼마나 소
중하고 귀한 것인가를 너희들은 생각
해 봐야 할 것이니라.
11 아무나 나의 법전을 다룰 수 없으며,
아무나 나의 법전을 전할 수가 없음이
니라.
12 그 누구도 선택되지 아니한 자는 나의
법전을 전할 수도 없으며, 그를 듣고
나의 피조물 만백성에게 따르라며 가
르치고 설교하고 설명하여 그들을 인
도할 수 있는 자격이 없으며 전할 수
있는 자격도 없음이니라.
13 나의 법전을 전하는 그 자체를 너희들
이 깨달아야 할 것이니라.
14 지금 나의 법전을 나의 피조물 만백성
이 그저 한 권씩 제 나름대로 던져 놓
은 자, 꽂아 놓은 자, 그와 같은 자들
이 수없이 있으나, 그 법전을 다 읽고
깨우치는 자가 있을 것이니라.
15 지금 나의 법전을 태우는 자는 하늘에
오르는 빛을 볼 수 없으며 구원의 길
에 올 수 없음이니,
16 나의 법전을 짓밟아 버리는 자, 찢어
버리는 자, 그 또한 하늘에 오르는 길
을 볼 수 없고 하늘에 오를 수 없으며,
그들이 저버리고 있는 그것이 얼마나
영광된 것인가를 스스로 알 때가 있음
이니,
17 하늘에 오르는 길이요, 나에게 올 수
있는 나의 법전을 찢어 버리고 불태우
고 또 집어던지는 그러한 자들이 있는
가 하면, 이를 사탄이요, 이단이요, 사
악한 자들이 말세에 들고일어난 사탄
의 짓이라 부르짖는 자들이 있는 그
속에서 너희들은 어찌 살아가는가?
18 그와 같이 죄를 지으며 너희들과 한
시대를 살아가는 나의 피조물 만백성

속에서 나의 법전을 찢어 버리고 불태
워 버리고 짓밟는 것이 아니라,
19 그를 들고 나의 피조물 만백성을 구하
기 위하여 전하고 또 전하는 너희들은
과연 어떠한 사람들인가?
20 그와 같이 모두를 전하며 만백성을 이
끌고자 하는 그것이 너희들은 고달프
고 힘들다 생각하지 말라.
21 그를 태우고 짓밟으며 저희들이 영원
히 벗어날 수 없는 그 무섭고 험악한
죄를 범하며 살고 하늘에 오르는 그
찬란한 빛을 보지 못하며 살아가는 그
들이 있는 그 속에서,
22 너희들은 나의 법전을 가슴에 안고 전
하는 그 자체가 고달프고 힘든 게 아
니요, 너희들이 하늘에 오르는 길에
발을 딛고 달려오고 있으니 그 자체의
영광이 얼마나 위대한 것인가를 깨닫
고 나에게 감사드리는 마음을 가져야
될 것이며,
23 너희들을 이끌고 인도하는 나의 종,
선지자에게 너희들이 또한 고개 숙여
그 고마움과 감사함과 그 뜻을 알아야
될 것이니라.
24 나의 성령을 태워서 만백성을 구하고
자 내가 마지막 제3의 시대를 열어 내
려보내는 이 법전을 보지 못하며 하늘
에 오르는 그 빛을 보지 못하여, 그를
찢어 버리고 태우고 짓밟으며 사탄의
짓이라 하여 팽개쳐 던지는 그들 속에
서,
25 너희들은 나의 성령임을 알고 이를 전
하며 만백성을 구하고자 동분서주하
게 되어 있음이니, 그는 너희들이 고
달프고 힘든 게 아니니라.
26 너희들의 크나큰 영광임을 알아야 될
것이며, 나의 성령을 받아 기록하는
나의 선지자의 그 옷깃을 스치는 그것
하나로써도 너희들이 선택된 자며 얼
마나 축복과 영광인가를 알아야 할 것
이니라.
27 오늘 너희들은 나의 선지자의 제자들
이요, 너희 동료요, 나의 법전을 읽은
만백성에게 전하여야 할 것이니라.
28 나의 불쌍하고 가련한 선지자가 제 뜻
대로 말하는 것이 아니고 제 스스로
말을 엮어서 너희들에게 전하는 것이
아니며, 나 여호와가 내리는 것만을
받아 시행하고 전함이니,
29 그는 그저 나의 뜻이요, 나의 주관하
에 그리 전하고 있음이니라.
30 명령하고 내리는 자의 뜻을 받아 그는
시행하고 실천하며 그를 만들어 나의
피조물 만백성을 구하고자 가니,
31 그게 어렵고 힘들고 고달픈 것임을 너
희들이 들여다볼 수 있는 그와 같은
마음의 자세가 먼저 필요함을 알아야
할 것이니라.
32 그는 나의 피조물 만백성을 잘못 이끌
어 가는 종교 지도자들처럼 저희들이
광란의 소리요, 남들을 자극하고 흥분
하며 온갖 듣기 좋은 말로 엮고 엮어
제가 만들어서 나의 피조물 만백성에
게 금화와 은화를 가져오라 그리 유혹
하는 그와 같은 기도 소리가 아니니라.
33 그는 그가 임의로 실천함이 아님을 알
라.
34 그는 그저 나를 대변하는 자요, 나의
뜻에 따라서 시행하고 따르는 자며,
만백성을 구원하기 위한 대역자임을

너희들이 알아야 할 것이니,
35 오늘의 고통이, 오늘의 너희들이 가는
길이, 너희들이 행하는 그 모두가 너
희들이 생각할 수도 없고 상상할 수도
없으며 그릴 수도 없고 볼 수도 없다
는 그 위대한 하늘나라에 오르는 그
길을 오기 위한 선택된 자들의 영광임
을 알아야 할 것이니,
36 돌이켜 너희들 자신이 어디에 와 있고
어찌 행하는가를, 그리고 어찌 행하여
야만 되는가를 깨우치도록 너의 제자
들에게 일러야 할 것이니라, 선지자야!

1,871 번째 하나님 말씀

2002년 2월 22일 06시 05분

1 사랑하는 선지자야!
2 "네, 여호와 하나님! 말씀하옵소서."
3 많은 나의 피조물 만백성은 살아가면
서 구원의 길을 오르는 것이 저희들의
가장 귀한 갈망이며 소원이라 생각하
고 또한 그것이 그들이 원하는 길인
것이니라.
4 그러나 어찌하여 나의 피조물 만백성
은 성서 속에 들어 있는 나를 보지 못
하고 성서 속에 내가 원하는 것이 무
엇인가를 바라보지 못하며 그를 알지
못하는가?
5 내가 불로 써 너희들을 구원하고자 모
두를 집약하여 내려보낸 그 십계명 속
에 내가 존재하고 나의 성령이 그곳에
있으며 내가 원하는 것이 다 그곳에
들어 있거늘, 너희들은 어찌하여 나의
마음을 모르며 내가 원하는 것을 그리
도 보지 못하는가?
6 그저 너희들은 구원을 받고자 소리 지
르고 찬송하며 무엇인가를 원하는 그
와 같은 믿음 속에서 지금까지 살아오
고 있으며, 또한 너희 자손들까지도
그와 같이 살아갈 것이니, 그들이 어
떠한 형국이 되는가?
7 달려가는 사람들 앞에 절벽이 있어 떨
어지는 것을 모르고 그저 달려가다 그
곳에 떨어지고 뒤에 오는 자에게 밀려
서 또 떨어지는 그와 같은 것이 지금
너희들의 형국이니라.
8 앞에 낭떠러지가 있고 절벽이 있는 것
을 모르고 그저 앞만 보고 달려가다가
그곳에 와 너희도 모르는 사이에 그저
떨어지고 있음이니,
9 뒤에 달려오는 자의 그 힘에 의하여
밀려서, 정리하고 돌아서려 해도 돌아
설 시간이 없어 그저 그대로 낭떠러지
에 떨어져 가는 그와 같은 것이 지금
의 형국이니,
10 너희들이 살아가며 믿음의 길을 가고
있음이 그러한 것이니라.
11 그리하여 내가 지금 제3의 시대를 열
고자 나의 모두를 다 태워서 너희들에
게 내려보내는 나의 법전이 나의 사랑
하는 선지자를 통하여 책으로 기록되
어 전해짐이니,
12 그것이 한두 권도 아니요, 그 책 속에
너희들이 생각할 수 없는 나의 성령이
하나하나 기록되었으며, 너희들이 어
찌 살아가며 어찌 행하여야 구원을 받
는지를 그리도 상세히 기록해 놓았으
니, 나를 거기서 찾으라.
13 내가 무엇을 원하는 것이며 어찌하여
야 너희들이 구원을 받을 수 있는 것

인가 그 속에 다 있음이니, 그는 곧 너
희들이 나를 영접하고 나를 바라보며
나를 찾음이니라.
14 그와 같은 깨달음과 그와 같은 마음으
로써 나의 법전을 읽지 않는 자는 나
를 볼 수 없으며, 내가 무엇을 원하고
무엇을 추구하는가를 볼 수 없음이니,
15 내가 너를 통하여 일찍이 알려 주었느
니라.
16 너희들이 나의 법전을 열어 정독할 때
내가 너희들 앞에 같이 있으며, 너희
들이 그 법전을 덮을 때 내가 떠남이
라 말하였음이니, 이는 무엇을 말하는
가?
17 그 법전을 읽는 자, 그 속에서 나를 봐
야 되며 나를 찾아야 되며 나의 음성
을 들어야 함이니라.
18 나의 법전을 읽는 너희들은 그 속에서
나를 볼 수 있고 내 음성을 들을 수 있
으며 내가 원하는 것을 볼 수 있음이
니,
19 그를 보지 못한다 하면 너희들은 정녕
나의 법전을 깨우침에 있어서 아직도
너희 마음이 다스려지지 아니한 것임
을 알아야 될 것이니라.
20 나의 성령을, 나의 모두를 태워 나의
법전 속에 나를 기록하여 그곳에 나를
있게 함이니, 이는 곧 나의 성령의 뜻
이기 때문이니라.
21 법전 속에 있는 나를 보라.
22 그리고 법전 속에 있는 내가 원하는
것을 너의 제자들은 보아야 될 것이
며, 나의 법전을 읽고 깨우친 자는 보
아야 될 것이니라.
23 그들이 나의 십계명 속에 들어 있는
나를 보지 못하며 나의 성서 속에 들
어 있는 나를 보지 못함이니, 나를 보
지 못하면서 내가 원하는 무엇인가를
가르치는 것은 저희 자신이 깨달을 수
없으며, 이는 곧 진리를 모르게 됨이
니라.
24 성서 속에 있는 나를 보고 십계명 속
에 있는 나를 보며 법전 속에 있는 나
를 바라보고 내 음성을 들을 수 있는
자만이 진정한 진리를 알게 됨이니,
25 그 진리만이 빛을 발하게 되어 있으며
그 진리만이 하늘에 오르는 길을 너희
들에게 인도함이니, 그 속에 있는 진
리를 깨우치지 못하는 자는 어둠 속에
서 헤매는 자나 마찬가지며 광명의 빛
을 보지 못함이니라.
26 그리하여 지금 너희들이 수천 년 동안
나를 향하여 믿음이라 하여 걸어온 그
모두는 다 그저 절벽에 와서 떨어지는
그와 같은 형국이었음이니,
27 앞에 있는 잘려져 나간 그 깊고도 깊
은 낭떠러지에 떨어져 너희 생명이 산
산조각 나고 너희 육신이 모래알처럼
부서지는 것을 모르고 그 낭떠러지가
있는 것을 모르며, 그저 밀려오고 밀
려와서 그 앞에서 그대로 떨어지는 그
와 같은 형국으로써 너희들이 살아왔
으니,
28 그리하여 구원받은 자 없다 내가 함이
니, 그와 같은 형국이 지금도 이루어
지고 있음이니라.
29 이를 막아야 될 것이니라.
30 떨어지는 그들이 제정신을 차려 밀리
지 아니하여 떨어져 죽지 아니하는 것
은 무엇이더냐?

31 누가 이를 알려 줌이요, 전해 줌이요,
깨우쳐 줌이니, 달려가는 자들을 곧바
로 세워야 할 것이니라.
32 이는 어떤 것으로도 세울 수가 없음이
니라.
33 밀려오는 그 힘에 의하여, 또 스스로
자기가 달려가고자 하는 그 힘에 의하
여 그는 정지하지 못하고 그저 낭떠러
지로 떨어짐이니,
34 나의 법전에 의해 천사와 같이 변한
모습으로써 그들에게 비춰 주어 그 천
사의 모습을 보고 그들이 멈춰 설 수
있고 생각할 수 있음이니, 이는 너희
들이 그리되어야 함이니라.
35 너희들이 천사가 되어 높이 떠 있어
천사처럼 변한 그 모습을 보고 그들이
가던 발길을 멈추는 것만이 그들이 낭
떠러지에서 떨어지지 아니함이니,
36 그리하여 너희들이 천사가 되어 높이
비춰 그저 낭떠러지를 향하여 달려가
는 그들을 멈출 수 있음이니, 그건 너
희들의 빛을 보고 멈추게 함이니,
37 그리하여 너희들은 나의 법전 속에 들
어 있는 나를 보아야 될 것이며 나의
음성을 들어야 될 것이며 나의 모습을
보아야 된다는 것이니라.
38 이 뜻을 너의 제자들에게 일깨워 주어
바로 살아 천사가 되어 나의 피조물
만백성이 낭떠러지를 향하여 달려가
는 그 높이에 너희들이 비춰야 될 것
이니,
39 그 빛만이 그들을 멈추게 할 수 있음
이니 이를 깊이 명심하라.

1,872 번째 하나님 말씀

2002년 2월 22일 10시 30분

1 사랑하는 선지자야!
2 "네, 여호와 하나님! 말씀하옵소서."
3 오늘 내가 너에게 임하여 가장 중요한
것을 이르나니, 나의 피조물 만백성의
귀하고 소중한 재물이요, 그 영혼까지
도 도적질한 자들에 대한 그 죄상을
내가 너에게 일깨워 줘 나의 피조물
만백성에게 전하는 하나의 무섭고도
강한 선을 긋고자 함이니라.
4 오늘 내가 너를 통하여 일깨워 주며
내가 내리는 나의 성령의 이 뜻이 잘
못되었으면 이것을 기록하고 난 다음
에 네가 죽어져야 할 것이며, 나의 법
전이 세상을 덮을 수 없음을 너의 제
자들은 알아야 할 것이니라.
5 이 계명이요, 이 뜻을 네가 받아서 기
록하고 네가 존재해 나의 성령을 받아
나의 피조물 만백성을 구하는 10부의
나의 성령의 뜻을 기록하여 세상에 내
며 나의 이 법전이 세상을 다 덮어 나
간다 하면, 너희들은 이게 진실이고
나의 성령의 뜻이며 나의 가르침임을
알아야 할 것이니라.
6 오늘 말라기 3장 7절을 너는 열라.
7 그곳에 '열조'의 계명을 지키지 아니
하여 너희들이 나와 멀어졌으며 나에
게 돌아올 수 없다는 구절이 있음이
니, '열조'라 기록되어 있느니라.
8 이는 너희들이 문서의 1조, 2조, 3조
요, 그 약조의 조로서 내가 너희들에
게 내린 십계명의 '열 조'이니라.
9 너희들에게 그 '열 조'의 계명을 지켜

하늘에 오르라 말하였으며 나에게 돌
아오라 하였음이니라.
10 그리고 내가 예수와 나와의 그 약속에
서 열한 번째의 계명을 지키는 그 뜻
을 내려보냈으니, 1조에서부터 10조
까지의 그 십계명을 잘 지키고 시행하
는 자가 하늘에 와 구원을 받으며,
11 또 믿음을 향하여 오로지 순종하며 아
름다운 그 믿음으로 나의 뜻의 열 계
명을 지키고 살며 순종하는 자들이 열
한 번째에 하늘에 오르는 영광을 얻는
뜻이며, 그를 얻어 하늘에 오르도록
하는 것이 열한 번째의 계명이니,
12 그게 열한 번째의 조로서, 지금 너희
들이 이를 지키고 시행하지 아니하며
변조하여 나의 모든 것을 도적질하였
음이니,
13 오늘에 선지자를 통하여 내린 그 법전
속에 나 여호와가 존재함을 믿는 그
자체가 구원의 길에 들어서는 근본이
요, 기본이며, 나의 법전을 가슴에 안
고 정독하여 하늘에 오르는 그 빛을
봐 너희 모두를 하늘의 나 여호와에게
바쳐 구원을 받는 그것이 바로 열한
번째의 조명(條命)이니라.
14 그리하여 이것은 1조부터 11조까지
내가 내린 조명이거늘, 너희들은 이를
모든 재물이요, 너희들의 능력으로 번
것의 10분의 1을 바치라 하여 그리 가
르쳤음이니,
15 너희들이 지금 얼마나 도적질을 하고
있는가를 잘 보라.
16 열 개의 계명을 지키지 아니하고 도적
질을 하였다 함은 너희들이 재물을 바
치지 아니하여 도적질한 것이 아니니
라.
17 너희들이 열 개의 그 십계명을 지키고
살지 아니함으로 하여 나의 열한 번째
의 계명을 지키지 못하도록 하였으니,
이것을 너희들이 도적질한 것이니라.
18 그리하여 열 개의 계명을 지키지 못하
여 열한 번째의 계명을 지킬 수 없도
록 하였으며, 너희들은 열한 번째를
재물을 바쳐 하늘에 오르는 십일조라
그리 둔갑시켜, 열한 번째의 너희들이
깨달아서 하늘에 올라 구원을 받고자
하는 가장 소중한 그 길을 바라보지
못하며 올라오지 못하였으니,
19 나의 열한 번째의 계명을 도적질한 것
이 지금 종교 지도자들의 행위며 그들
의 죄이니라.
20 그리하여 그들은 열한 번째의 계명을
지키지 못하도록 하는 것도 부족하여
재물을 바치라 하였으며, 또한 바친
그 재물을 도적질하였음이니라.
21 그들이 세상의 나의 피조물 만백성의
재물을 도적질한 것이요, 그러면서 그
들은 무어라 하느냐?
22 열한 번째는 재물을 바치도록 되어 있
으나 그 재물을 바치지 아니하여 너희
들이 도적질하였다 그리 말함이니, 여
기서 너희들은 깨우쳐야 할 것이니라.
23 나의 피조물 만백성이 나의 열한 번째
의 계명이요, 재물을 바치지 않는 그
도적질을 하여 세상을 덮은 것이 아니
니, 그 뜻을 내가 너희들에게 밝혀 주
고자 함이니라.
24 열 명이요, 백 명의 도적질하는 자가
있다고 하자.
25 너희들은 열 명, 백 명, 천 명의 그 도

적들이 대단하다고 생각하고 그리하
여 그들이 세상을 덮었다고 말을 하
나, 그들은 별것 아니니라.
26 도적질을 하라고 가르치는 선생들이
있다 하면, 도적질하는 방법과 그 수
완을 가르치는 선생이 한 명이 있다
하면 그 한 명이 도둑을 만들어 내는
그 수는 말할 수 없음이니,
27 지금 바로 종교 지도자들이 도적질을
가르치는 선생이 되었기 때문에 그 가
르치는 잘못됨이 세상을 덮었음이니,
오로지 그 재판과 심판은 지도자 너희
들이 받게 됨이며 너희들의 몫이니,
28 나의 피조물 만백성이 십일조라는 그
재물을 바치지 아니하여 그들이 도적
질하며 세상을 도둑으로 덮었다고 그
리 누명을 씌우지 말라.
29 십일조는, 내가 이야기하듯이, 반드시
십계명의 열 조의 다음인 열한 번째
조명으로서, 너희들이 가장 갈구하고
소원하는 그것을 얻도록 하는 것이며,
30 그리고 그를 얻도록 발버둥치고 노력
하여 60이라는 능력을 가진 자가 70
을 노력하였으며 80을 가진 자가 90
을 노력했을 때, 내가 그에게 은총을
내리도록 되어 있는 것이니,
31 너희들이 나에게 바치며 내가 너희들
에게 거둬들이는 가장 영광된 구원의
길을 결정짓는 것이 십일조이니라.
32 십계명의 그 열 조가 왜 존재하였는가?
33 마지막 이것을 위해서임이니라.
34 너희들이 나의 십계명을 지키고 착하
게 살아가고자 하는 그 노력이 가상하
여, 너희들이 노력하여 50퍼센트를
채웠을 때 내가 나머지 50퍼센트를
주어 너희들을 구원하는, 주고받는 가
장 영광된 그 계명이 열한 번째의 조
이니라.
35 이것을 너희들은 어찌 매도하였는가?
36 너희들은 열한 번째의 조명을 있는 듯
없는 듯 묻어 버렸으며, 그것도 잘못
가르쳐 열한 번째는 너희들이 벌어서
10분의 1을 바치는 그것으로 둔갑시
켰으니,
37 내가 말하는 말라기 3장 7절을 잘 읽
어 보라. 거기에 '열조'라 기록되어 있
느니라.
38 너희들은 어찌하여 그 '열 조'를 갖다
10분의 1을 바치라 그리 둔갑시켰는
가?
39 그것은 십계명의 열한 번째요, 나의
피조물 만백성이 십계명의 열 조를 잘
지켜 깨달아 왔을 때, 너희들이 나에
게 순종하며 나의 뜻에 따라 율법을
지키고 계명에 따라 살아온 그를 가상
히 여겨 너희들의 노력에 의해 내가
내려 주는 은총으로서,
40 너희들을 영원히 구원하며 너희가 하
늘나라에 오르는 그 뜻이 거기에 있음
이거늘,
41 어찌하여 너희들은 재물을 주고받는
그것으로써 열한 번째의 계명을 삼고,
그리하여 너희들이 마음대로 기록하
여 그를 말하였느냐?
42 너희는 헌물이나 재물이요, 금화와 은
화를 바치는 것이 열한 번째 조명이라
하였으니, 이는 너희들이 깨우쳐 오늘
에 일러야 할 것이니라.
43 나와 너희들이 이루어지는 것은 재물
이요, 금화와 은화로써 무엇을 거래하

고 이루는 것이 아니거늘,
44 더군다나 나의 성서 속에 재물을 바쳐
구원을 받는다는 그러한 해괴망측한
말을 너희들이 기록하였으니, 이것은
반드시 기록하는 자가 나의 뜻과는 다
르게 기록하였음이니라.
45 더구나 그 재물을 하늘에 쌓아 그 창
고에 쌓은 것에 따라서 너희들을 구원
하고 내가 심판한다 하니,
46 너희들은 여기서 하나 깨우쳐야 될 것
이니라.
47 사랑하는 나의 선지자의 제자 너희들
에게 내가 무어라 말하였느냐?
48 너희들이 고통스러운 것은 너희들이
잘못 살아와서 그런 것이거늘, 많은
종교 지도자들은 가르치기를, 손톱 밑
에 가시만 찔려도 그것이 하나님의 시
험이고 연단이라 하며,
49 나의 율법이요, 나의 계명에 따라 살
아오면 너희들에게 연단이나 고통이
라는 것이 없게 내가 만들어 놓았거
늘, 너희들이 그를 지키지 아니하고
살아오다가 나에게 무어라 말하느냐?
50 그는 나 여호와가 너희들을 시험하고
연단함이라 하니, 그 해괴망측한 말을
하지 말라.
51 내가 어찌하여 사랑하는 나의 백성이
요, 바르게 오고자 하며 나 여호와의
뜻에 따라 살아가는 그 효성스런 자식
을 시험하고 연단하며, 너희들을 다
기억하여 그 작은 것과 큰 것까지도
내가 매질을 한다 생각하는가?
52 내가 너희들을 쓰고자 하면 그저 불러
서 쓰는 것이니, 너희들을 작은 것으
로써 시험하고 연단하여 고쳐 나가도
록 그리하지 아니함이니라.
53 내가 그리하는 자는 단지 이 세상에
나의 선지자, 나의 종, 나의 아들 하나
뿐이니, 내가 시험하고 다스리고 매질
하며 직접 명하여 깨우치는 자는 한
명이니라.
54 너희들이 나의 선지자보다 나에게 더
가까이 와 있으며 나로부터 모든 뜻을
받는 자라 생각하지 말라.
55 세상의 모든 백성들이 기도하는 것도
나의 선지자를 통하여 받아 올리며 내
가 내리고자 하는 모든 메시지요, 나
를 태우는 성령도 나의 선지자를 통하
여 세상에 내려보냄을 너희들이 알아
야 될 것이니, 이 얼마나 무서운 천기
요, 하늘의 비밀을 내가 너희들에게
알려 주는가?
56 이는 곧, 하늘에 오르는 태양의 그 빛
을 보고 올라오라 함과 같음이니라.
57 너희들은 말을 하느니라.
58 내가 너희들을 시험하지 아니한다 하
였거늘, 너희들을 보고 나를 시험하라
하였으니, 이 해괴망측한 말을 여기서
지워야 할 것이며 빼 버려야 할 것이
니라.
59 '너희들이 나를 시험해 보라, 그리하
면 그 은혜를 베풀 것이니라.' 이와 같
은 넣어서는 안 되는 대목을 너희들이
기록하여 지금까지 이르렀음이니, 그
죄악이 하늘을 덮고 있음이니라.
60 그리하여 나의 선지자를 통하여 지금
이를 다 삭제하며 그 잘못됨을 정정하
기 위하여 내가 오늘 그에게 명을 내
리느니라.
61 너희들이 재물을 바치는 그것을 보고

내가 너희들에게 어떠한 축복을 주는
가 하는 것을 시험해 보라는 그러한
해괴망측한 말로써 나 여호와를 욕되
게 하고 있음이니,
62 내가 어찌하여 재물을 가지고 너희들
을 시험하며 그 재물에 따라서 너희들
의 마음을 측정하여 그 재물을 준다고
너희들은 말하는 것이냐?
63 나는 재물을 가지고 있지 아니함이니
라, 나의 피조물 만백성들아!
64 나는 성령으로써 너희들을 구원하고
구원하지 아니하는 이 모든 것을 다
지배하며 다 창조한 여호와이니라.
65 너희들과 나와의 거래는 재물이요, 그
러한 것이 아니니라.
66 너희들을 구원하느냐 구원하지 못하
느냐 하는 그 길 하나만을 가지고 나
여호와가 가슴 아파하고 있음이니라.
67 내가 아름답게 만든 나의 피조물 만백
성이 그 짧은 인생을 살다 영원히 사
는 나의 에덴동산에 와 나의 품안이
요, 나의 사랑 속에서 살게 하고자 하
는 것이 나 여호와의 간곡한 뜻이니라.
68 너희들에게 재물이요, 금화와 은화로
써 계산하며 이를 주고받고 하는 나
여호와라 말하지 말라.
69 그것은 육신을 가지고 있는 너희들 사
이에 이루어짐이니라.
70 너희들의 육신을 가지고 있는 부모와
자식 간이요, 형제지간에 이루어지는
재물의 관계를 어찌하여 나 여호와 너
희들과의 그 관계에 비추어 말하는가,
나의 불쌍한 피조물 만백성들아!
71 그 사악한 자들의 음성에 귀를 기울이
지 말라.
72 내가 뭐라 말했느냐?
73 나의 천기요, 나의 하늘의 뜻을 너희
들에게 일렀느니라.
74 '두드리라 그러면 열릴 것이요, 구하
라 그러면 얻을 것이라.' 하는 것을 너
희는 아이가 울면 젖을 줄 것이니 달
라 부르짖으라 하였음이니,
75 어찌하여 배고파 울며 젖을 먹고자 하
는 아이에게 젖을 주는 것과 내가 너
희들에게 구원의 길을 달려와 구원을
받으라는 그것을 같이 비교하여 말하
는가?
76 나의 뜻은 우는 아이에게 젖을 주며
먹을 것을 주는 어미와 같은 그와 같
은 뜻이 아니니라.
77 나는 오로지 너희들이 성령으로써 나
의 계명을 지켜 하늘에 오르는 그 갈
구하고 두드리고 원하는 것을 줌이니,
이를 너희들이 깨달았다면 오늘의 이
구절이 너희 인간의 사악한 자들의 뜻
에 의하여 기록되었음을 알라.
78 오늘 2002년 2월 22일을 기하여 이
대목을 삭제함이니라.
79 창조주인 내가 삭제하면 삭제함이니
라. 이에 거부하지 말라. 이에 갑론을
박하지 말라.
80 나는 너희들에게 재물을 가지고 계산
하는 여호와가 아니니라.
81 어찌하여 내가 너희들이 재물을 바침
으로 인해서 그 재물에 대한 열배 백
배를 준다 말하는가?
82 달라 하는 것은 나의 입은 옷까지 벗
어 달라는 것이며, 너희는 달라는 기
도를 하지 말라 내가 깨우쳐 일렀음이
니, 이는 사악한 무리들의 장난이니라.

83 사악한 인간의 간교한 장난에 의하여
기록되었으니 오늘 그를 지워 버림이
니 그리 알라.
84 내가 어찌 너희들에게 재물을 바쳐 나
를 시험하여 그 재물을 내린다 하겠느
냐?
85 그 재물은 오로지 너희들의 믿음이요,
순종하며 나의 열 개의 계명을 지켜
열한 번째 너희들이 깨달아 하늘에 오
르는 그 길 속에 내가 너희들에게 은
혜를 내리는 것이니라.
86 사랑하는 나의 선지자와 나의 피조물
만백성 너희들은 들으라.
87 너희들이 나의 법전을 보고 깨우쳐 오
면서 너희 마음이 다스려지고 하얀 눈
처럼 변해져 가는 너희들의 마음을 알
지 않더냐?
88 그 마음이 하늘을 향하여 한없이 달려
올 때, 내가 그를 가상히 여겨 너희들
이 하늘에 오를 수 있는 영광의 길을
안내하여 빛을 내려보내, 그 빛을 따
라 너희들이 하늘에 왔을 때 나의 문
을 열어 내 가슴에 너희들을 받아 주
는 것이 십일조이니라.
89 열한 번째의 계명이니라.
90 너희들은 재물로써 너희와 내가 거래
하며, 너희와 내가 재물로써 나누고
받는 은혜를 내리고 안 내림을 생각하
지 말라.
91 너희들은 정녕 백 년도 못 사는 그 육
신의 구원을 받고자, 그 행복을 받고
자 하는 것인가, 그렇지 않으면 영원
히 사는 나의 나라에 오는 그 영혼이
구원을 받고자 함인가?
92 그러면 너희들이 여기서 분석해 보라.
93 재물을 얻고자 하는 자는 사악한 무리
들이 써 놓은 하늘의 창고에 쌓아 놓
기 위해 그 재물을 갖다 바치고 또 바
치라 하나, 그는 나에게 귀찮은 것일
뿐이니라.
94 그러나 여기서 나에게 구원을 받는 것
이며 구원을 원하는 너희들이 하얀 마
음으로써 나의 법전을 읽고 깨우쳐,
나의 성서를 보고 깨우쳐, 십계명을
보고 깨우쳐 아름다운 마음으로 살아
가고자 하는 그 영을 나에게 바치는
것이 하늘에 오르는 길이며 내가 원하
는 길인 것을,
95 재물을 바침이 아니요, 너희들의 마음
을 바침이요, 내가 내린 너희들의 영
혼을 바침이라 하였거늘, 이를 어찌
너희들은 모르는가?
96 내가 너희들에게 일러 말하였느니라.
97 너희들의 육신은 죽어서 한 줌의 흙으
로 돌아감이니, 그 재물은 육신의 삶
에 필요한 것이니라.
98 나의 불쌍한 백성들아, 내가 너희들을
깨우치며 일깨우고자 하는 것이니, 너
희들이 백 년도 못 살고 죽어져 흙으
로 가는 그 육신의 삶을 위하여 나에
게 기도하고 나에게 은혜를 받고자 찬
송하는가, 죽어서 흙으로 돌아가는 너
희 육신을 위하여 너희들은 나에게 기
도하며 경배하는가,
99 그리고 육신에 필요한 그 금화와 은화
와 재물을 얻기 위하여 기도하며 그를
가지고 내가 너희들을 시험하고 너희
들이 나를 시험한다 말하는가?
100 사랑하는 나의 피조물 만백성들아, 그
리고 나의 법전을 읽고 깨우친 내가

사랑하는 모든 백성들아, 그리고 나의
선지자를 따라 나의 법전을 공부하는
사랑하는 나의 백성이요, 나의 선지자
의 제자들이요, 전사들아!
101 너희들은 재물을 위하여 너희 모두를
바치겠는가, 영원히 사는 나의 나라에
올라오기 위하여 그 모두를 바치겠는
가?
102 육신은 죽어져 한 줌의 흙으로 돌아가
니, 그 한 줌의 흙으로 돌아가는 육신
을 위하여 너희들이 모두를 바치겠는
가, 나의 성령으로써 내가 내린 영혼
이요, 영원히 사는 그 영혼을 위하여
모두를 바치겠는가?
103 그 영혼이 하늘에 오를 수 있는 길을
보라.
104 내가 성령으로써 너희 가슴에 심어 주
며, 너희들이 세상에 나갈 때 내가 명
하여 내려보낸 영원히 구원받는 그 영
혼의 세계를 위해서 너희들은 노력하
고 나에게 달려옴이니,
105 여기에서 알고 넘어가야 할 것이 있느
니라, 나의 사랑하는 백성들아!
106 열한 번째 계명은 재물을 바쳐 육신의
편안함과 안일을 얻게 하기 위해서 내
가 내린 것이 아니니라.
107 영혼의 깨달음을 위하여, 아름답고 곱
게 깨우쳐 내가 내린 그 영혼이 나의
십계명을 지키며 나의 나라에 올라와
영원히 살 수 있도록 인도하기 위하여
너희들이 이루는 그 뜻이 십일조이니,
이를 엄연히 구분해야 될 것이니라.
108 내가 너희들에게 또 하나 말하였느니
라.
109 성서에 가장 어렵고 힘든 부분을 너희
것으로 만들라 하였음이니라.
110 이 위대한 나의 성서를 너희들은 영혼
을 구원하고 구원받는 것이라 나의 피
조물 만백성에게 소리 지르고 인도하
고 그리 몇천 년의 역사를 흘러왔으
나, 너희들이 지금 가르치고 있는 그
이면에 설교요, 가르치는 사악한 자들
의 입에서 나오는 그 추악한 소리를
들어 보라.
111 그들은 육신의 영화와 부귀를 위하여
나의 성서가 세상에 내려온 것처럼 그
리 가르치고 깨우치고 있으니 이 통탄
함을 어찌하여야 하겠는가?
112 구약의 시대와 나의 십계명과 예수가
온 것이며 모든 나의 성서들은 너희들
의 영혼을 구하기 위하여 이 세상에
내려오며 존재하지 아니하였던가?
113 영혼이 존재하기 위하여 내려보낸 나
의 성서요, 나의 십계명이요, 나의 예
수요, 나의 지금 제3의 시대를 여는
이 법전을 너희들의 육신의 편안함에,
금화와 은화를 얻고 못 얻는 것에 비
교하고 있음이니,
114 이들이 얼마나 잘못 가르치며 사악한
방법으로 가고 있는가?
115 그리하여 너희들이 드리는 그 기도는
나에게 관계가 없으며 한 명도 구원을
받은 자가 없다고 말한 뜻을 너희들은
오늘 깨우쳐야 할 것이니라.
116 나의 선지자요, 나의 아들을 통하여
그 눈과 귀를 열어 주는 나의 음성을
듣는 너희들은 고개 숙여 나 여호와에
게 감사의 기도를 드리라.
117 구약의 그 많은 세월의 역사와 기적과
나의 아들 예수의 죽음이요, 이 성서

요, 이를 더 이상 묵과할 수 없어, 제3
의 시대에 나의 법전에 나의 성령을
태워 내려보낸 나 여호와의 뜻이,
118 너희들의 육신의 금화와 은화를 받아
서 편하게 살고 안 삶을 위하여 이 모
두가 지탱되며 내려왔다 생각했던 그
것이 아닌 것을 너희들이 알지 않느냐?
119 너희들의 영혼을 구함이니라.
120 오로지 영혼만을 구함이니라.
121 육신을 위하여 두드리라는 말을 듣지
말라.
122 육신의 금화와 은화를 갖다가 너희들
이 하늘의 창고에 쌓으면 그 금화와
은화의 열배 백배로 내가 너희들에게
바로 내려 주니 나를 시험해 보라는
그 말은 육신을 위한 것이니,
123 영혼을 구하고자 하는 내가 어찌하여
너희들에게 재물로써 나를 시험해 보
라는 말을 할 수 있겠느냐?
124 이 사악한 무리들의 말을 듣지 말라.
125 이 대목을 삭제하노라, 선지자야! 그
리고 너의 제자들에게 이를 깨우쳐 일
러야 될 것이니라.
126 삭제함이니라.
127 모두는 나의 뜻이며, 내가 성령으로써
너희들에게 임하며 그 성령이 임할 수
있도록 너희들이 받아들이는 모든 마
음의 자세를 갖추며 계명을 따라 준비
함이 십일조이니라.
128 십계명 다음에 열한 번째의 계명이요,
열한 번째의 계약서이니라.
129 육신은 죽어져 흙이 됨이니, 그 죽어
져 가는 육신을 위하여, 그 육신의 편
안함을 위하여 나에게 금화와 은화를
달라는 기도를 드리지 말라.
130 그를 갖다가 너희들이 그 추한 것을
바침으로 인해서 바로 너희들에게 축
복이요, 너희들의 창고를 그득히 쌓아
놓도록 내가 내리는 것을 시험해 보라
하는 그 사악하고 도적들을 길러 내는
잘못된 종교 지도자들의 말을 듣지 말
라.
131 오로지 영혼을 구원하며 영원히 구원
의 길을 달려올 수 있는 나의 성령을
태워 내리는, 나의 선지자요, 나의 종
이요, 나의 아들이 들은 대로 그대로
기록하여 내는 나의 법전을 읽고 이
순간 이후부터 이를 깨우쳐 시행하지
아니하는 자는 구원할 수 없으며,
132 이를 거역하고 또다시 너희들이 말하
는 말라기 3장 7절서부터 기록된 그
내용을 왜곡되게 가르치는 자 있으면
내가 그를 칠 것이며,
133 그들이 가고자 하는 길에 태풍보다도
더 무서운 바람으로써 그들을 쓸어 갈
것이니, 그들을 무너뜨릴 것이니라.
134 내가 너희들에게 약속함이니 이를 가
슴속에 깊이 새기라.

1,873 번째 하나님 말씀

2002년 2월 22일 11시 10분

1 사랑하는 선지자야!
2 "네, 여호와 하나님! 말씀하옵소서."
3 내 사랑하는 너의 제자들, 그들을 위
하여 내가 너에게 명하노니, 너희 육
신은 살다 한 줌의 흙으로 돌아감이니
그 육신은 나에게 와 심판을 받지 아
니함을 알라.
4 나에게 오를 수도 없으며 나에게 와

심판을 받지 아니하는 그 육신을 위하
여 너희들은 금화와 은화를 달라, 그
리고 그 육신의 안일과 편안을 위하여
이루어 달라 기도하고 경배하는 그런
우매한 나의 백성이 되지 말라.
5 그리고 그를 가르치며 그를 인도하는
그 몽매한 자들의 그 음성을 듣지 말
라.
6 그들은 아무것도 모름이니라. 나의 성
서의 깊은 뜻을 모름이니라.
7 그들이 그 하나를 깨우쳤다 하면 저희
육신을 위하여 무엇을 달라, 두드리
라, 구하라, 그리고 하늘에 있는 창고
에 쌓아 놓으라는 그런 말을 할 수 없
음이니라.
8 너희들은 죽어 나의 옆에 오르지 못하
며 한 줌의 흙으로 돌아가는 그 육신
을 위하여 사는 어리석은 삶을 살지
말라.
9 나에게 올라와 나로부터 심판을 받는
것은 나의 성령이 임하여 너희들에게
내려보낸 그 영혼뿐이니,
10 나에게 올라와 심판을 받는 영혼을 위
하여 그 영혼의 아름다운 삶을 너희들
이 살아야 될 것이니,
11 한 줌의 흙으로 돌아가며 심판도 받지
못하는 그 육신의 삶을 위해서 너희들
이 모두를 바치고 눈물의 기도를 드리
고 새벽 기도를 드리며 모든 재물을
바치고 정열을 바치는 그 어리석고 불
쌍한 행위를 이제 중단하라.
12 하늘에 올라와 나에게 심판을 받음은
너희들의 영혼이니라.
13 그러니 나에게 올라와 심판을 받고 그
심판에 따라 죄의 대가를 치르는 너희
들의 그 소중한 영혼을 위하여 기도하
고 깨달으며 살아와야 될 것이니,
14 지금은 너희들이 수천 년 역사 동안
육신만을 위해 살라 가르치는 어리석
은 자의 뜻에 따라 정녕 하늘에 와 구
원을 받는 그 영혼을 다스리지 못하였
으며 그 영혼을 위하여 살지 못하였음
이니,
15 영혼을 위하여 산 자는 십계명을 지키
며 산 자이니라.
16 그리고 십계명을 지키며 하늘에 오르
는 길을 보아 달려오는 자들이니, 그
들에게 내가 마지막에 그들이 올라올
수 있는 힘과 용기를 주어 나의 문을
열어 주는 열한 번째의 그 십일조를
너희들은 생각도 못 하고 살아왔음이
니,
17 이를 육신을 위하여 바치는 재물이라
하여 그를 거두어들이는 그자들 속에
너희들이 구원을 받고자 함은 육신을
구원받고자 함이니, 그 육신은 하늘나
라에 올라올 수 없음이니라.
18 하늘나라에 올라와 심판을 받고 그 심
판에 따라 죄의 대가를 치르며 사는
너희 영혼을 위하여 이제는 기도하며
그 영혼의 삶을 위해서 살아가도록 이
이치를 깨우쳐 줌이니,
19 이것 하나로써 너희들이 설자리가 어
디에 있으며 너희들을 위하여 기도하
는 길이 어디에 있는가를 알라.
20 육신은 나에게 와 심판을 받지 아니함
이니라.
21 그 심판을 받지 못하는 육신을 위하여
너희 모두를 바치지 말라.
22 너희 육신은 무엇 때문에 필요한 것이

더냐?
23 나에게 와 심판을 받는 그 영혼을 받
쳐 주는 영혼의 집이니라.
24 집을 위하여 경배하며 기도하는 자가
되지 말라. 주인을 위하여 기도하며
경배하는 마음을 가지라.
25 그 집안에 임하여 사는 그 주인의 뜻
을 따라 주인이 구원을 받는 그 길을
위하여 너희들이 살아가라.
26 오늘의 나의 이 기도 소리를 듣고 너
희들은 깨달음이 있을 것이니 그대로
시행하라, 나의 선지자를 따르는 사랑
하는 나의 백성들아!

1,874 번째 하나님 말씀

2002년 2월 22일 12시 40분

1 사랑하는 선지자야!
2 "네, 여호와 하나님! 말씀하옵소서."
3 나의 피조물 만백성에게 지혜를 준 것
은 그 지혜를 바탕으로 하여 아름답게
사는 길을 터득하고, 나에게 오르는
길을 위하여 그 지혜를 쓰며, 나에게
오르는 가르침을 듣고 깨우쳐 그를 시
행하도록 그와 같은 높은 지혜를 주었
고 능력을 주었건만,
4 너희들은 그 높고 높은 지혜를 갖고,
나로부터 받은 영광의 은혜인 생각하
고 판단할 수 있는 지혜를 갖고 내가
내리고 내가 너희를 깨우치고자 한 나
의 성서까지도 오류를 범하는 그러한
사악한 삶을 살며 그러한 사악한 쪽에
너희 머리를 썼음이니,
5 그리하여 지금까지 흘러온 이 역사 속
에 오늘과 같은 사악한 무리들이 지도
자라고 나와 있게 되었음이니라.
6 내가 너에게 일렀느니라.
7 성서의 깨달음이요, 그 이치는 가장
어렵고 힘든 쪽으로 해석하고 만들어
그것을 너희 것으로 삼아야만 나에게
오르는 빛을 조금이라도 볼 수 있으
며, 성서의 내가 숨겨 놓은 내가 뜻하
는 바의 그 뜻을 알 수 있다 하였으니,
8 지금 너희 종교 지도자들이 무어라 말
하고 단상에서 외치더냐?
9 저희들은 나의 피조물 만백성이 심판
할 수 없으며, 저희 밑에 와 고개 숙여
그 음성과 설교를 듣고 광란의 손뼉을
치는 신도라 하는 자들, 또 제자라 하
는 자들이 저희 종교 지도자를 심판할
수 없다 함이니,
10 너희들이 이 대목을 그냥 넘어가는 것
은 말이 되지 아니하며, 사악한 무리
들의 간교한 계책이 거기 있음을 알아
야 될 것이니라.
11 이들이 얼마나 간악하고 얼마나 잔인
한 계책으로써 아름답게 쓰라고 내가
내린 그 지혜를 가지고 나를 저버리고
나를 역행하며 그와 같이 간교한 방법
을 쓰는 것인가?
12 저희들은 나 여호와만이 심판할 수 있
으며, 저희들과 같이 살아가는 같은
인간이요, 나로부터 똑같은 권능과 능
력을 받은 나의 피조물 만백성은 저희
를 단죄할 수 없다 함이니, 내가 너에
게 무어라 일렀더냐?
13 너희들 밑에 와 고개를 숙이고 찬송을
부르고 그 설교를 들으며 깨우쳐 하늘
에 오르고자 모여든 나의 피조물 만백
성이요, 너희 제자들이요, 너희 신도

가 너희들의 스승이라 말하였음이니,
14 어찌하여 스승이 제자를 다스릴 수 없
으며 책할 수 없다 하더냐?
15 그러나 그러한 그 모두를 접어 둔다
하더라도 너희들은 다 스승과 제자요,
제자와 스승과 같은 그런 관계로서 동
등한 능력과 권력과 위치에 있음을 내
가 너희들에게 수없이 강조하였거늘,
어찌하여 그들은 너희들이 심판할 수
없다 말하느냐?
16 너희들은 듣기를 그는 하늘로부터, 하
나님으로부터 선택된 자이기 때문에
감히 너희들이 심판할 수 없다 그리
생각하나, 그들은 그러한 뜻에서 그를
만든 것이 아니니라.
17 그들은 그와 같은 뜻을 위해 그 간교
한 방법으로써 너희들 앞에 족쇄를 채
우는 것이 아니니, 이를 뒤집어 너희
들은 오늘 깨우쳐야 될 것이니라.
18 지도자 그들이 '나는 하나님으로부터
선택된 자이기 때문에 너희들이 나를
심판할 수 없다.' 그리 말하는 것은,
너희들이 저를 심판할 수 없고 저는
높은 신의 경지에 있는 자이기 때문에
저는 간음을 해도 되고, 살인을 해도
되고, 도적질을 해도 되고, 너희 재물
을 훔쳐 와도 되며, 어떤 악행을 다 해
도 저는 하나님으로부터 특별히 은혜
와 은총을 입은 선택된 자니 용서받음
이 있으며, 너희들은 관계할 수 없다
는 그와 같은 반대급부를 노리고 한
것이니, 그것은 무엇이더냐?
19 죄를 짓기 위하여 그와 같은 올가미를
저희들이 만들어, 나의 피조물 만백성
에게 그저 그 뜻이 무엇인지도 모르고
넘어가 맹종하고 순종하게 하고자 함
이니라.
20 저는 선택된 자이기 때문에 살인을 해
도 괜찮으며, 저는 선택되었기 때문에
도적질을 해도 괜찮으며, 저는 선택된
자이기 때문에 간음을 해도 괜찮으며,
저는 선택된 자이기 때문에 어떠한 행
위를 해도 괜찮은 특혜와 은혜를 가지
고 있는 자라 그리 말하는 것이 그들
의 속성이고 속사정이며 속생각인 것
이니라.
21 너희들이 그들을 심판할 수 없고, 여
호와 하나님만이 심판할 수 있다 하
니, 너희들이 심판할 수 없다는 그것
은 단순한 말 같지만, 그 속에는 너희
들을 마음대로 다스리고 주무르며 너
희들을 예속된 물건처럼 다루고자 하
는 그와 같은 무서운 흉계가 숨어 있
음을 너희들은 오늘 파헤쳐야 할 것이
니라.
22 이 나의 뜻을 너희들이 잘 받아들여
그를 생각하고 한번 연구해 보라.
23 저는 어떠한 짓을 해도 괜찮고 너희들
을 팔아먹어도 괜찮고 너희들을 짓이
겨도 괜찮으며 너희들을 노예로 부려
먹고 종과 같이 부려먹어도 괜찮도록
하고자 하는 그와 같은 무서운 흉계와
음모가 뒤에 도사리고 있는 것을 너희
들은 밝혀내고 찾아내야 될 것이니,
그들의 단순한 그 말에 현혹되어 속지
말라.
24 이것이 나의 백성들에게 내가 높이 준
그 지혜요, 그 지혜로써 말씀을 깨닫
고 나의 성령을 깨닫고 내가 내린 성
서를 보고 깨달으며 나의 아들 예수가

살아온 그 업적을 기리고 전하면서 깨
우쳐 하늘에 오르라 하였으나,
25 간교한 그들은 그와 같은 지혜를 악용
하여 어리석고 불쌍한 나의 피조물 만
백성에게 올가미를 씌우고 쇠사슬로
발목을 채워 날지도 못하고 뛰지도 못
하고 걷지도 못하는 그와 같은 형국으
로 엮어 놓았음이니,
26 그들의 흉계가 그와 같이 간악하고 잔
인하니, 나의 성서엔들 그들이 저희에
게 유리한 쪽으로 손을 대지 아니하였
다고 누가 말할 수 있겠느냐?
27 너희는 이를 믿어야 될 것이니라.
28 일부는 너무나도 저희들에게 필요한
쪽으로 그리되었음이니, 성서는 하늘
에 오르는 길이 아니요, 하늘에 오르
는 길의 매라 하였음이니라.
29 소를 길들일 때 쓰는 그 매처럼 너희
들이 하늘에 오르는 길을 볼 수 있는
회초리요, 매라 하였음이니, 그 회초
리와 매가 어찌하여 단 것이 있다 생
각하는가?
30 나의 사랑하는 피조물 만백성 너희들
은 여기서 깨달아야 될 것이니라.
31 회초리라는 것은 무엇이더냐?
32 스승이 잘못 가는 제자를 다스리기 위
함이요, 부모가 잘못된 자식을 다스리
기 위하여 그 회초리가 있음이니라.
33 나는 분명히 말했느니라.
34 나의 성서는 가시나무 채이며 가죽의
회초리라 하였느니라.
35 그 회초리 속에 너희들에게 달고 아름
다우며 향기로운 말들이 나온다면 그
것이 과연 회초리더냐?
36 그것은 누구를 위하는 것이더냐?
37 나의 피조물 만백성에게는 멍에요, 짐
이 되며 지도자라는 자들은 단물을 빨
아먹는 그러한 어구와 글귀를 한두 구
절씩 중간 중간에 집어넣었음이니, 나
의 성서의 흐름을 그들이 중간에서 끊
고 차단하여 오늘과 같은 사악한 형국
이 되었음이니라.
38 성서는 오직 너희들의 회초리이기 때
문에 너희들에게 힘들고 어려운 길이
며, 우선 그 길을 따라오는 나의 피조
물 만백성을 가르치는 지도자는 더 어
렵고 힘든 고난의 길을 가도록 되어
있는 것이 나의 성서며 나의 가르침이
니라.
39 그리하여 그 고난 속에서 그가 깨우치
고 살아가는 모습을 보며 나의 피조물
만백성이 힘들고 어려운 고비를 넘어
구원의 길에 오르는 그 어렵고 힘든
길을 달려올 수 있도록 하였건만,
40 저희들의 안일을 위하여 너희 지도자
라는 자들은 달고 맛있는 것을 마시도
록 중간 중간에 잘라 내고 그것을 삽
입하여 기입해 넣었으니,
41 어려운 길을 가는 듯하면서 단물을 빨
아먹고, 또 힘든 길을 가는 듯하면서
그 달콤한 물을 빨아먹고 꿀을 마시며
그와 같이 가는 것이 종교 지도자들이
니,
42 지도자 너희들이 꿀을 마시면 나의 피
조물 만백성은 쓴 물을 마시며 죽음의
길을 가고 있다는 것을 알아야 할 것
이니라.
43 종교 지도자들이 유리한 쪽으로 성서
를 생각하여 그들이 단물이요, 꿀을
빨아먹는 동안에, 나의 피조물 만백성

은 정상적으로 가기도 힘들고 어려운
그 길 속에서 그들에게 꿀이요, 단물
이요, 보약을 끓여 바쳐야 되는 그 역
경이 있으니,
44 나의 백성들은 그들에게 배로 주고 가
는 그와 같은 힘들고 어려운 길을 가
도록 하였음이니, 어찌하여 성서가 이
렇게 불공평하게 되었다 말하느냐?
45 성서에 종교 지도자들이 유리한 쪽으
로 해석할 수 있는 그 모든 대목은 너
희 지도자들이 다 집어넣은 것이며,
해석을 잘못하고 있음이니라.
46 머나먼 길을 가면서 지도자 저희들은
곤히 잠자면서 나의 피조물 만백성 다
음에 출발하기 위하여 나의 백성들에
게 모든 것을 준비시키며 잠을 재우지
아니하는 그와 같은 형국으로써 나의
성서를 잘라 내고 찢어 내어 저희 것
으로 만든 부분들이 있으니,
47 성서의 한 구절이라도 지도자가 유리
한 쪽으로 기록된 그 내용은 다 삭제
하여야 될 것이며 그는 잘못된 것임을,
48 이 하늘의 비밀을 오늘 내가 나의 선
지자를 통하여 나의 피조물 만백성에
게 가르쳐 주며 사악한 지도자들의 행
위를 지금 밝혀 줌이니라.
49 앞으로 천 년이라는 역사를 이루어,
성서에 기록되어 있듯이 악의 뿌리를
짓밟아 이 세상에 존재하지 못하며,
50 오로지 선하고 사랑하는 마음이요, 베
푸는 마음의 나의 백성들만이 이 세상
에 존재할 수 있기에 지금 내가 너희
들에게 밝혀 줌이니,
51 지금 바로 나의 선지자가 만백성을 통
하여 악의 뿌리를 짓밟으며 선한 나의
백성들만이 존재할 수 있도록 이끌어
가는 출발점이요, 시작하는 점이기에
내가 너희들에게 가장 무섭고 무서운
내용들을 일깨워 줌이니라.
52 십일조는 육신이 아니라 너희들이 나
에게 와 심판을 받는 영을 깨끗하게
다스려 하늘에 오르고자 달려오는 그
위에 내가 영광을 내려 주는 것이요,
열 조 다음에 오는 열한 조이니라.
53 10분의 1이 아니라는 것을 너희들은
깨달아야 될 것이니라.
54 그를 그들이 왜곡하여 기록했듯이, 그
들이 필요한 부분은 수정하여 저희들
이 중간 중간에 삽입하여 만들었음을
알라.
55 그리하여 그들은 그와 같은 간악한 방
법으로써, 너희들이 듣기에는 단순한
말뜻과 내용 같으나, 그 내용이 얼마
나 무섭고 힘든 길로써 나의 피조물
만백성을 이끌어 구원을 못 받게 하는
것인가를 알아야 될 것이니라.
56 그들은 나의 피조물 만백성 너희들에
게는 먼 길을 가도록 하면서 저희들은
편히 잠자고 쉬는 시간을 만들어 놓았
으며,
57 너희들은 다음의 갈 길을 위하여 쉬지
를 못하게 만들고 준비하는 역사를 이
루도록 하였으니,
58 너희들을 얼마나 고달프고 힘들게 이
끌어 가는 사악한 무리더냐?
59 그들이 바로 사탄이요, 악마요, 이리
와 같은 자들이니라.
60 지금 내가 하늘의 비밀을 내리는 이것
을 읽고 또 보고서도 이를 깨닫지 못
한다면 그는 너희들의 복이니라.

61 나 여호와가 어떻게 할 수 없음을 알
아야 될 것이니, 지금 내가 성서의 잘
못된 모두를 밝히고 나의 선지자를 통
하여 수천 년 역사를 이루어 온 그 철
옹성보다도 단단한 너희들 앞에 철퇴
를 내리며 너희들을 깨우치고자 하는
것은,
62 내가 천 년 동안 이루는 데 이와 같은
것을 밝히지 아니하면, 천 년 후에 사
악한 무리들이 나의 이 지구상에 발을
붙이지 못하며 선한 자만이 살 수 있
는 그런 세상이 이루어질 수 없기 때
문이니라.
63 성서의 구절의 어딘가를 너희들이 찾
아 탐독해 보라.
64 모든 사악한 무리들은 나의 뜻인 선이
요, 나의 제자인 나의 백성들이 짓밟
아 이 지구상에 존재할 수 없다는 구
절이 있을 것이니,
65 그것이 지금서부터 시작됨이요, 천 년
의 역사에서 이루어진다는 것을 너희
들이 깊이 깨달아 행하도록 해야 될
것이며,
66 이를 듣는 너의 제자들은 오늘부터 성
서에 기록되어 있는 그 모든 뜻을 선
지자를 통하여 들은 그대로 만백성에
게 전하여 그들을 잠에서 깨워야 될
것이며, 너희들이 인도자로서 사악한
그 무리에서 그들을 구원하여야 될 것
이며,
67 그 간교하고 사악한 자로서 나의 피조
물 만백성을 도둑이요, 이단이요, 고
달픈 길로 끌어가는 그들을 단죄해야
됨이 너희들의 소명이요, 대명임을 알
라.

1,875 번째 하나님 말씀

2002년 2월 22일 16시 30분

1 사랑하는 선지자야!
2 "네, 여호와 하나님! 말씀하옵소서."
3 수천 년의 역사가 흘러오면서 기적을
이루었고, 그 많은 나의 피조물 만백
성이 성서를 읽었으며, 그 가르치는
자들의 소리를 듣고 설법을 들어 구원
받고자 하여 지금의 6천 년의 역사가
흘러왔음이니라.
4 그러나 지금 정녕 그들은 내가 원하는
곳으로 돌아오지 아니함이요, 내가 너
희들에게 나에게 돌아오라 한 그 길은
보지 아니하고 나를 버리고 떠났으며
다른 길로 갔음이니라.
5 그들은 나에게 와 심판을 받는 영을
위해서 삶이 아니라, 죽어서 한 줌의
흙이 되는 육을 위하여, 그 육의 삶에
맞추어 저희 육신의 욕심과 편안함을
위하여 살아갔음이니라.
6 영을 위하여, 영의 구원을 위하여 와
야 할 그들이 육신의 편안함을 찾아
달려가고 그와 같은 삶을 지금까지 엮
어 왔으니, 이는 내가 오르라 하는 길
로 나에게 오르는 것이 아니라 나에게
서 등을 돌리고 갔음이니라.
7 그러한 역사의 삶의 세월이 흘러와 지
금 이와 같은 형국이 이루어졌음이니
라.
8 너희들이 지금 사는 아름다운 이 지구
에 내가 너희에게 모든 것을 다 무상
으로 주었느니라.
9 너희에게 먹고살라 하여 모든 동식물
을 다 내렸고 너희들이 숨을 쉬지 않

으면 살 수 없는 산소와 너희들이 마
시지 않으면 살 수 없는 물까지 그 모
두를 다 내가 무상으로 주었으며,
10 내가 무상으로 내려 준 그 위에서 너
희들이 먹고살며 선하고 착한 나의 백
성이 되어 너희 영혼을 구원받아 나
여호와에게 돌아오라 하였고,
11 그와 같이 내가 무상으로 내린 그 속
에서 사는 너희들은 그 속에서 너희들
이 먹고 취하고 살면서 지금까지 온
것에 나에게 감사하며 나의 십계명을
지켜 구원을 받아 나에게 오르라 하였
으나,
12 너희들은 모두를 무상으로 평생, 육신
이 세상에 나와 죽을 때까지 나의 것
을 취하고 살면서 나의 뜻에 어긋나는
길을 가고 있음이니라.
13 그리하여 너희 마음을 나에게 돌릴 수
가 없음이니라.
14 이는 종교 지도자들이 저희에게 유리
한 쪽으로 모두를 만들어 나의 피조물
만백성을 인도하고 가르쳤기 때문이
니라.
15 너희들이 성서를 공부하는 것이며 나
에게 오르는 길은 어렵고 힘든 길이라
하였으나, 그것을 가르치는 자들이 나
의 피조물 만백성에게는 어렵고 힘든
그 길을 가라 하며,
16 저희들은 저희들의 편안함과 저희 육
신의 영달을 위하여 나의 피조물 만백
성에게 멍에를 또 하나 얹어 그들을
이끌고 저희를 위하여 살라 그리 가르
쳐 왔음이니,
17 그들이 과연 무엇을 외치며 그들의 존
재가 무엇이던가?
18 내가 이와 같은 형국을 더 이상 볼 수
없으며 더 이상 그대로 방치할 수 없
기에, 누구나 다 읽어 깨우치기 쉬운
제3의 시대의 나의 법전을 세상에 내
려보냄이니,
19 나의 법전을 읽고 깨우치는 자는 구원
의 길을 보고 구원의 빛을 볼 것이며,
나의 법전을 읽고 깨우치지 못하는 자
는 구원의 길은 고사하고 구원의 빛도
볼 수 없음이니,
20 오늘 여기서 나의 선지자가 가장 아끼
고 사랑하는 제자들과 나의 법전을 읽
고 깨우치고자 이 성전의 문을 두드리
는 자, 너희들은 나의 법전만이 구원
의 길에 들어섬이니,
21 구원의 길에 들어서는 나의 이 법전을
읽는 자만이 구원의 빛을 볼 수가 있
고 나의 법전을 읽지 않고 보지 않는
자는 구원의 길을 올 수도 없으며 볼
수도 없음을 나의 피조물 만백성에게
전하여야 될 것이니라.
22 이제는 너희들이 구원을 받고 못 받는
마지막 나의 법전을 세상에 내려보내
니,
23 종교 지도자 너희들이 쓰러져 너희들
이 잘못 가고 잘못 인도해 끌고 가는
그 백성들이 나의 법전을 보고 깨우쳐
너희에게 삿대질하고 너희를 단죄하
며 돌아설 것이 무서워,
24 너희 스스로 이 법전을 사탄이요, 이
단이요, 사악한 자요, 또는 너희들이
말하는 말세에 나타난 사탄의 장난이
라 그리하여 이것을 보지 못하게 하며
만지지도 못하게 그와 같이 나의 피조
물 만백성의 귀를 막고 있음이니,

25 그러나 너희들은 더 이상 견딜 수 없
을 것이니라.
26 너희들의 작은 손으로 하늘을 가리려
하나 그를 가릴 수 없음이니라.
27 나의 피조물 만백성은 나의 법전을 접
하게 될 것이며, 이를 읽을 것이며, 이
법전 속에 있는 나 여호와를 찾으며
내가 내린 모두를 받아쓴 나의 선지자
가 적어 놓은 이 법전을 알게 될 것이
며, 이 진실을 알게 될 것이며 이 내용
을 알게 될 것이니라.
28 그리하여 그들이 이것을 스스로 깨우
쳐 너희들을 단죄할 때는 그 단죄함이
얼마나 무서운가를 종교 지도자 너희
들은 알아야 될 것이니라.
29 지도자 너희들이 지금이라도 나의 법
전을 읽고 깨우쳐 '이것이 정녕 하늘
에서 마지막으로 심판을 하기 위하여
하나님께서 내린 성령의 말씀이요, 그
분이 가슴의 성령을 태워서 내린 진리
의 말씀이라' 하여 그들을 깨우쳐 바
로잡고 바로 깨우친다면, 너희들은 용
서받을 수 있고 구원을 받을 수 있으
며 너희들이 이끌어 온 너희 신도들에
게 너희들이 단죄받는 일이 없을 것이
나,
30 스스로 너희 신도들이 이를 깨우쳐 등
을 돌릴 때, 너희들의 처참한 모양과
그 단죄의 무서움은 인간으로서 견디
기 어려운 그 역경의 길을 걸어와야
될 것이니, 너희들이 스스로 알아서
깨우쳐 행하라.
31 그 길은 너희에게 달렸음이니 그리 알
라.
32 나의 이 2부의 열여섯 권의 법전이 나
가 이를 접하여 읽는 자들과 오늘의
대명을 접하는 모든 종교 지도자 너희
들이 각성하고 잘못됨을 깨우치고 회
개하여,
33 너희들이 지금 잘못 이끌고 오는 그
많은 백성들에게 '헌금을 내지 말고
십일조를 내지 말며, 나로 하여금 여
러분들이 희생하지 말고 봉사하지 말
며, 오로지 여호와 하나님을 향하여
구원의 길을 갈 수 있는 그 영혼의 구
원을 받는 그 길에만 순종하고 계명을
지키며 살아가는 것이 정녕 구원을 받
을 수 있는 길이니,
34 그와 같이 실천하고 인도하는 것이 이
법전 속에 있음이니, 이는 정녕 여호
와 하나님의 성령의 뜻이요, 그리고
마지막 시대에 내려온, 우리들을 구원
하고자 하는 뜻이라.' 하여 이로 하여
금 그들이 깨우치도록 인도하면 구원
을 받을 것이며, 영광이 있을 것이며
축복이 있을 것이나,
35 그렇지 아니하고 갈 때까지 버티고 악
을 쓰다가 저희 신도들에게 단죄를 받
는 그 처참한 꼴은 너희들이 육신으로
써 감내하기 어려울 것이며,
36 그와 같이 단죄를 받아 죽어 나에게
오는 자, 그 죄가 얼마나 무서운가를
너희들이 알아야 될 것이니라.
37 태산을 너희 가슴에 안고 평생 그 속
에 눌려 사는 것보다 더 험악하고 무
서운 벌이 너희에게 내려질 것임을 지
도자 너희들은 알아야 될 것이니라.
38 나의 피조물 만백성에게 전하라.
39 지금 나의 선지자를 통하여 내가 내리
는 1부, 2부…, 모든 10부의 160권에

달하는 나의 성령을 받아쓰는 이 책
중에 어떠한 구절을 읽더라도 그 구절
을 깨우쳐 하늘에 오르는 빛을 보는
자는 구원을 받을 것이며,
40 이 법전을 읽지 않는 자는 구원의 빛
을 보지 못하고 암흑의 세계 속에서
헤어나지 못하며 너희들이 지은 그 죄
의 대가를 치름이 얼마나 무서운가를
오늘 너희들이 깨달아야 될 것이니,
41 나의 법전을 가슴에 안고 정독하라.
42 정독하고 또 정독하는 자는 나의 법전
속의 내 모습을 볼 것이고 내 음성을
들을 것이며, 그 법전에서 비치는 찬
란한 빛을 너희 가슴에 받을 것이며,
내가 너희에게 속삭이는 그 음성을 들
을 것이니라.
43 이를 너희들이 체험하도록 하라.
44 이를 체험하지도 아니하고 던지고 불
태우며 찢어 버리는 자는 내가 벌하기
전에 너희 스스로 얼마나 어리석고 우
매했던가를 너희 손으로 너희 팔과 다
리를 갈기갈기 찢는 그 고통보다도 더
진한 아픔으로 뼈저리게 느낄 때가 있
을 것이니,
45 그때 가서 후회하지 말도록 그리하라,
나의 피조물 만백성들아!

1,876 번째 하나님 말씀

2002년 2월 22일 17시

1 사랑하는 선지자야!
2 **"네, 여호와 하나님! 말씀하옵소서."**
3 지금 나의 종교 지도자들이 어찌 가고
있는가?
4 그들은 지금 영혼을 구하는 것이 아니
라 저희 육신의 편안함과 육신의 안일
을 위하여 나의 피조물 만백성을 기만
하고 우롱하고 있음이니라.
5 내가 십일조라 명한 것은 너희들의
10분의 1이라는 재물을 갖다 바치는
것이 아니니라.
6 나의 열 개의 계명을 잘 지켜 하얀 마
음으로 하늘을 향하여 달리며 구원을
받고자 몸부림치며 달려오는 자들에
게 그 노력의 대가에 내가 나의 사랑
으로 그를 충만시켜 구원하는 가장 소
중하고 아름다운 그 계명이 열한 번째
의 계명이니라.
7 열한 번째는 너희들이 나에게 바침이
며 내가 너희들에게 내림이니, 이 소
중함을 너희들이 지켜 하늘에 오르는
구원을 받으라 하는 그 대목을 사악하
고 간악한 그 무리들이 어찌하고 있더
냐?
8 그것은 너희들이 평생 모은 재산의
10분의 1을 바쳐야 된다 그리하고 있
음이니, 그들이 그와 같이 재물로써
바쳐 구원을 받고 영광을 얻을 수 있
다 말하는 것은 무엇이더냐?
9 재물로써 바치며 재물로써 구원을 얻
는다고 그리 가르쳐야만 저희들의 육
신이 편안하게 살아갈 수 있는 재물을
나의 피조물 만백성이 바치고 금화와
은화를 바치니,
10 그를 받아야만 저희 육신이 편안하고
저희 육신이 부귀영화를 누리며 살아
갈 수 있기 때문에, 그들은 구원의 길
이 하늘을 향하여 영혼으로써 구하는
길이 아니라 육신의 금화와 은화를 바
쳐야 그 은혜의 축복을 받을 수 있다

그리 가르침이니라.
11 재물을 바치는 자, 그 집의 창고에 그
득히 쌓아 준다 하며, 재물을 가지고
금화와 은화의 축복을 받아 구원을 받
는 것이 믿음의 길이라고 그들이 인도
하고 그리 깨우치고 있으니, 그들이
그리 가르치는 것이 무엇이더냐?
12 금화와 은화를 바치면 축복을 받을 수
있으며 재물을 얻어 편안히 살 수 있
다 그리 말하여 너희들은 그저 그 한
계에 머물러 있게 하며,
13 나 여호와를 믿으면 재물의 축복을 줄
것이다, 그러니 그 재물의 축복을 주
는 자, 그에게 인도해 주는 자에게 바
쳐야 된다, 그러므로 저에게 바쳐야
된다 그리 가르치고 그리 현혹하는 그
사악한 무리들이 지금 이 지구를 덮고
있음이니, 이는 아닌 것이니라.
14 영혼을 구한다고 가르치면 저희들이
재물을 받을 명분이 없고 거두어들일
명분이 없음이니, 그리하여 나의 성서
의 십일조를 재물을 바치는 십일조로
그리 둔갑시켜 그들이 거두어들이고
있음이니,
15 이제 너는 지금서부터 나의 성서를 열
기 시작하라.
16 나의 성서를 네가 읽고 깨우치면 이제
는 네가 성서에서 잘못됨과 잘못되지
않음과, 나의 뜻이 아님과 나의 뜻임
을 구분할 수 있음이며,
17 정녕 내가 성령으로써 내린 성서의 나
의 가르침을 네가 볼 수 있고 읽을 수
있으며 네 가슴에 와 닿음이니,
18 내가 만백성을 구하는 가시나무 채요,
회초리로써 쓰는 나의 성경 속에 그들
이 저희들의 편의를 위하여 중간 중간
에 변질시켜 저희들에게 아름다운 쪽
으로 그리 둔갑시켜 놓은 그 내용을
네가 볼 수 있음이니,
19 이를 하나하나 찾아내어 반박하며 그
를 반드시 설명하여 깨우쳐야만 나의
성서를 읽은 많은 백성들이 나에게 오
르는 길로 돌아올 수 있음이니라.
20 사랑하는 선지자야, 이제는 성서를 들
여다보라.
21 그리고 성서의 잘못된 부분을 찾아 나
의 법전과 그를 견주어 공부하며, 내
가 내린 성령의 뜻을 따라 깨우친 그
지식과 네가 알고 있는 것을 거기에
대비하여 그들의 잘못된 것을 하나하
나 지적하고 반박하여 나의 법전에 기
록하여,
22 수천 년 역사 동안에 그것이 옳다 하
여 믿고 온 나의 피조물 만백성에게
경종을 울리며 그들을 깨우쳐 하늘에
오르는 길을 볼 수 있도록 그리하여야
만 될 것이니라.
23 사랑하는 선지자야!
24 **"네, 여호와 하나님! 말씀하옵소서."**
25 네가 순종하며 나의 뜻에 따라 살아오
는 그 마음의 자세를 나는 아느니라.
26 네가 나의 법전을 받아 1부부터 10부
까지 160권이라는 이 법전을 세상에
내는 것도 너의 책무요, 너의 대명이
나,
27 이제는 160권의 나의 법전 속에 나의
성서가 몇천 년 동안 잘못 가르쳐 오
고 잘못 흘러왔으며, 저희들이 유리한
쪽으로 해석해서 저희 것으로 만든 그
모든 구절에 대한 나의 뜻을 네가 받

아 그들이 잘못 가르치고 잘못 왔음을
나의 법전에 기록하여 그들을 깨우쳐
야 할 것이니, 너의 제자들에게 일러
말하라.
28 성서의 모든 구절에 종교 지도자들이
유리한 쪽으로 기록해 놓은 대목을 다
찾아내라 하라.
29 그리하여 그들로부터 그 대목을 네가
받아, 하나하나 내가 내리는 나의 이
뜻을 거기에 대한 답을 찾아 나의 법
전에 수록하여 천 년에 걸쳐 모든 나
의 피조물 백성들이 구원을 얻을 수
있도록 그리하는 것이 또한 네가 맡은
대명 중의 하나이니라.
30 그리하여 성서에 기록되었듯이 내가
모든 악을 짓밟아 뭉개며 선만이 존재
하는 그 시대를 열 수 있음이니, 과연
지금의 믿음의 세계요, 지금 이끌어
가는 종교 지도자들이 그와 같이 악을
짓밟으며 선만이 존재하는 시대를 열
수 있다 너희들이 생각하는가?
31 그들은 영혼을 구함이 아니요, 육신의
편안함을 위해서, 저희 육신의 안락함
을 위해서 재물을 거두어들이며,
32 믿고 기도하고 경배하는 그 모두가 다
영혼을 구하는 것이 아니라 재물을 얻
을 수 있는 길이며, 재물을 얻기 위한
방법으로 나의 피조물 만백성을 유도
하고 이끌고 가 저희들이 손으로 지은
조그마한 성전이라는 곳에 몰아넣고
광란의 짓으로 몰고 가고 있음이니,
33 너는 그들의 방법으로써 지금 악의 씨
를 천 년 아니라 몇천 년이 흘러간다
한들 없앨 수 있다 생각하는가?
34 모든 종파가 수천수만 개로 갈라진 속
에서 그 백성들을 하나로 만들 수 있
는 길이 어디에 있는가?
35 지금의 어떠한 종파들이 그를 하나로
만들 수 있다 말하는가?
36 이는 만들 수 없음이니, 곧 이들은 악
의 씨를 짓밟아 뿌리째 없애는 그 역
사를 이룰 수 없음이니, 정녕 그들이
나에게 선택된 자가 아니며 잘못 가고
잘못 가르침을 너희들이 알아야 될 것
이니라, 나의 사랑하는 피조물 만백성
들아!
37 너희들은 지금의 수천수만의 종파들
과 그 지도자들이 지금에 가는 그런
형국으로써 악의 씨를 짓밟아 뭉개고
선만이 존재하는 그 역사를 이룰 수
있다 생각하는가?
38 천 가지, 만 가지 종파가 있는 한은 그
를 이룰 수 없음이니, 그를 다스리며
하나로 만들 수 있는 종파가 없음이니
라.
39 그리하여 모두를 다 하나로 만들기 위
하여 나의 법전을 세상에 내려보내며,
너희들이 수천 년 동안 너희 것으로
만들어 간악하게 이용했고 잘못되게
기록했던 그 부분들을 지금 찾아내 파
헤치며,
40 나의 법전에 기록된 언어로써 세상에
하나의 공통어를 만들고 나의 법전으
로써 생활 습관을 하나로 만들며,
41 나의 법전을 보고 옳고 바르게 살아가
는 자, 그 마음을 가지고 하늘을 향하
여 달리는 자들만이 하나가 될 수 있
음이니,
42 그리하여 천 년의 세월 동안에 나의
뜻을 이루고자 함이라 내가 말하였느

니라.
43 너의 사랑하는 제자들을 따르는 나의
백성들과, 나의 법전을 읽은 나의 백
성들과, 그리고 이 선지자와 한 시대
를 살아가는 이 동방의 많은 백성들아!
44 너희들은 나의 법전을 가슴에 안고 깨
우쳐 기치를 높이 들어야 될 것이니라.
45 첫째는, 모든 종파를 하나로 만들 수
없음이니, 이 모두를 하나로 만드는
것은 나의 법전만이 이룰 수가 있음이
니라.
46 그리하여 그것이 하나의 선한 뿌리의
힘이 되었을 때 악을 짓뭉개며 악의
뿌리를 없앰이니, 나의 성서에 기록된
그 현실이 지금서부터 이루어지게 하
여 내가 천 년의 역사를 두고 이루고
자 함이니라.
47 그리하여 이 동방의 나라의 언어로 통
일하기 위하여 내가 역사하여 이리 만
들어 놓았으며,
48 이 동방에 나의 선지자를 내보내 그로
하여금 나의 법전이요, 나의 뜻이라
하여 받은 그 성령이 기록된 것을 모
두를 기록하여 모든 나의 백성들을 하
나로 통일시키며, 언어를 통일시키고,
생활을 통일시키고, 믿음을 통일시키
며 그리하여 하나로 이루고자 함이 여
기에 있으니,
49 그 누구도 이룰 수가 없음이니라.
50 나의 법전만이 그리 갈 수 있으며, 지
금의 갈기갈기 수천수만 갈래로 쪼개
진 종파들로써는 그리 갈 수가 없음이
니라.
51 너는 왜 그리 생각하지 못하는가?
52 너희들은 어찌 그리도 깨닫지 못하는
가?
53 지금에 있는 수천수만 가지 종파가 하
나로 이루어질 수 없는 것은 하늘에
오르는 영을 구하는 믿음이 아니요,
나에게 오르는 믿음을 구함이 아니요,
54 너희들이 죽어 흙으로 돌아가는 육신
의 편안함과 그 행복을 위하여 거기에
잣대를 맞추어 계산하고 너희 머리를
그 사악한 쪽으로 흘려보냄이니,
55 내가 내린 아름다운 지혜를 너희들은
육신의 편안한 방법으로써 이용하는
그 사악한 자들로 전락되어 있으니,
56 그 속에서 살아온 6천 년 동안의 그
역사 속에서 구원받은 자 없다 말함이
니라.
57 이제는 너희들이 나설 때가 되었음이
니라.
58 너희들이 높이 부르짖을 때가 되었음
이니라.
59 나의 이 간절한 뜻을 너희 목숨을 다
바쳐 시행하는 나의 선지자의 제자들
로서 우뚝 서도록 그리하라.
60 너희들에게는 내가 임하여 있음이니
라.
61 너희들은 내가 있음을 믿으며, 내가
존재함을 믿으며, 나를 향하여 앞뒤
좌우를 보지 아니하고 달려올 때, 달
리는 그 힘들고 어려운 너희 가슴에
내가 생수를 부어 주며 성령으로써 너
희들을 이끌어 줄 것이니,
62 아무런 생각도 하지 말며, 오로지 나
여호와가 존재하며 구원을 받는 그 길
을 위해서 선지자를 따라 너희들이 목
숨을 다하여 달려오는 그것만을 바라
볼 때,

63 너희들이 나의 이 성령이 정녕 나의
뜻이며 지금 내가 말한 모두가 이루어
지는 것을 보게 될 것이니, 그 무서움
을 보게 될 것임이니라.
64 나의 법전이 불어오는 태풍보다도 더
무섭게 모두를 쓸어 붙이며 세상에 펴
져 나가, 나의 뜻이요, 나의 음성이요,
나의 성령이요, 나의 심성을, 나의 마
음을 읽고 깨닫는 것이 불어오는 태풍
보다도, 화산보다도, 성난 파도보다도
더 무섭게 쓸며 밀어붙이고 나갈 것이
니,
65 그와 같은 바람이 불고 비바람이 치는
것보다도 더 무서운 그 형국을 너희들
이 보게 될 것이니라.
66 그리하여 너희들이 그를 보고 죽어 나
의 앞에 왔을 때, 너희들의 그 노고를
내가 사랑함이며 너희들을 소중히 여
김이니,
67 그리하여 너희들이 그와 같은 기틀을
만들고 나에게 와 하늘에서 천 년의
역사가 흐르는 동안에 너희들의 그 공
과 너희들의 그 노고와 너희들이 이루
는 그 참뜻과 너희들이 고생하여 기반
을 닦아 놓은 그 영광이 이루어짐을
나와 같이 바라보는 영광을 얻을 것이
니,
68 너희들이 사악한 짐승이요, 벌레요,
또는 지옥 불에 들어가서 아우성을 치
고, 불 속에 들어가 아우성을 치며, 바
늘방석을 걸어가며 끓는 기름 가마 속
에서 아우성을 치는 그러한 삶을 살겠
는가,
69 나에게 와 너희들이 지금 고통과 역경
속에서 이루어 놓은 이 역사의 꽃이
피며, 악의 뿌리를 짓밟고 선함만이
존재하는 그 찬란한 역사를 나와 같이
볼 것인가?
70 이 선택함은 너희들에게 달렸음이니
라.
71 오늘의 이 구절을 들은 나의 피조물
만백성은 깨우쳐야 할 것이며, 깨우쳐
구원을 받는 것과 이를 보고도 가슴에
깨우침이 없어 구원을 못 받는 것은
너희들이 무서운 차이가 있음을 알게
될 것이니,
72 나의 법전을 의심하지 말고, 나의 선
지자를 의심하지 말며, 지금 내가 성
령을 태워서 너희들이 상상할 수 없는
10부라는 160권의 법전을 내려보낸
그 장대한 역사 앞에 너희들은 거부하
지 말라.
73 순응하는 현명함을 얻으라, 나의 피조
물 만백성들아! 그리하여 구원을 받
도록 하라.
74 나 여호와 아버지로서 간절히 호소하
는 이 뜻을 너희들은 한 번쯤은 가슴
을 쓸어 내고 너희들 가슴속에 심어야
하지 않겠는가?
75 열여섯 권의 1부에서 10부까지 160
권이라는 나의 법전이 내려간 그 속에
너희들을 구원하고자 내가 구구절절
이 울며불며 사정하고 몸부림치는 그
와 같은 아픔으로,
76 너희 육신이 불에 타는 그 고통보다도
더한 아픔을 가지고 나의 성령의 가슴
을 태워 내려보내 부르짖으며, 내가
너희들에게 바라는 이 애절한 어버이
의 음성을 한 번 정도는 열어 보고 틀
어 보도록 그리하라, 나의 피조물 만

백성들아!
77 나 여호와 아버지요, 창조주인 내가
너희들에게 간곡히 간곡히 부탁하노
라.

1,877 번째 하나님 말씀

2002년 2월 22일 17시 10분

1 사랑하는 선지자야!
2 "네, 여호와 하나님! 말씀하옵소서."
3 내가 너에게 구약과 신약 성서의 뚜껑
을 열고 그를 정독하라 함은, 이제는
네가 옳고 그름이며 사악한 인간들이
집어넣은 그 대목을 찾아낼 수 있고
알 수 있기 때문이니,
4 너는 너의 제자들에게 일러 너의 제자
들이 성서의 공부를 하면서 의혹이 가
고 의심나며 이해하기 어려웠던 부분
들을 다 너에게 올리라 하라.
5 그리하여 네가 그를 접수하여 하나하
나 해명하고, 깨우치기 어려울 때마다
나에게 묵상과 기도로써 묻고 경배하
라.
6 그러면 내가 내렸던 원천의 뜻을 너에
게 일깨워 줄 것이니, 그리하여 그 부
분을 네가 나의 법전에 기록하여, 나
의 피조물 만백성이 그를 깨우쳐 그
마음이요, 믿음의 가는 길을 바로잡아
하늘에 오르는 길을 볼 수 있도록 그
리 인도하여야 할 것이니라.
7 네가 그저 성서를 읽고 성서를 보며
너의 제자들과 성서를 갑론을박하며
그리 가서는 아니 될 것이니,
8 너의 제자들이 의혹하고 의심나며 이
해하지 못한 부분들을 받아 네가 그들
을 위해 나에게 기도하여 그들을 깨우
쳐 주며,
9 네가 또한 성서를 정독하면서 나 여호
와의 뜻에 위배되는 것이나 나 여호와
의 뜻에 따라 바로 가는 길이 아니거
든, 그를 찾아 나에게 묵상과 기도를
올리면 내가 너에게 그 답을 줄 것이
니,
10 내가 너에게 성서를 읽으라 함이 여기
에 있음이니라.
11 이제는 말로써 그들과 갑론을박하여
시정할 수 없으며 고칠 수도 없음이니
라.
12 아무리 똑똑하고 잘나며 아무리 성서
를 깊이 깨우쳐 정말 나에게 근접해
있는 자가 말한다 해도, 지금의 나의
피조물 만백성은 그를 받아들이려 하
지 않고, 인식하려 하지 않으며, 그를
사탄이요, 이단이라 그리 평할 것이니
라.
13 그러나 160권이라는 나의 법전 속에
10부로 나뉘어 기록되는 것은 그들이
깨우치든 말든 이를 읽는 자 깨닫게
될 것이며, 그 자손들 중에 또한 이를
읽고 깨우쳐 구원의 길을 바라보는 자
가 있을 것이니,
14 너는 나에게 정확히 묵상과 기도를 하
여 성서에 잘못된 부분과 인간들이 저
희들이 편하고자, 저희들이 육신의 무
엇을 구하고자, 또한 나의 피조물 만
백성으로부터 재물을 모으고자 하는
그러한 대목들을 바로잡아야 할 것이
니라.
15 몇십 년에 걸친 그 성전에 가 장사하
는 자들에게 예수가 말하지 아니하였

더냐?
16 '나의 아버지의 성전에 와 너희들이
사악한 짓을 하지 말라.' 그리하여 '그
를 무너뜨리라.' 말하였으니, 내가 그
와 같이 말하라 하였으나, 예수는 나
여호와의 아들이요, 이를 다시 지을
수 있음이라 하였음이니,
17 그를 다시 지을 수 있음이 무엇이더냐?
18 예수의 몸체요, 성령이 임한 그 자신
이 위치하여 만백성을 위하여 설교하
고 가르치는 그곳이 바로 성전이라 하
였음이니라.
19 어찌하여 너희들은 그 대목을 읽으면
서 너희들이 손으로 짓는 아름다운 성
전을 위하여 많은 나의 피조물 만백성
이 대대손손 어렵고 힘든 길을 가게
하는가?
20 너희들은 너희 손으로써 그와 같은 성
전을 짓지 아니하고 비바람 막을 수
있는 거적을 둘러놓은 곳에서 나의 성
령이요, 나의 법전을 그대로 전하고
가르칠 수는 없는 것인가?
21 화창한 봄날, 들녘에 나가 나의 법전
을 가르치고 나의 성서를 가르쳐서는
아니 되는가?
22 그리고 그를 듣고자 하는 자는 누구든
지 편안하게 와서 듣게 하면 아니 되
는가?
23 너희들은 손으로 지은 그 성전만이 하
나님의 성전이라 하여 그곳에 와 기도
하고 설교를 들어야만 축복을 받는다
그리 말함이니, 정녕 그리 짓는 것이
성전이 아님이니라.
24 나의 성서의 어느 구절엔가 기록되어
있지 아니하던가?
25 예수가 나의 성령이 임한 몸의 형체를
가지고 기도하면 그곳이 성전을 다시
새로 짓는 것이라고 한 대목이 있을
것이니, 어찌하여 너희들은 그 대목을
너희 것으로 만들어 시행하려 하지 아
니하는가?
26 그리하고 너희들은 찬란하고 현란한
성전을 짓는 것만을 갈구하니, 그 속
에서 너희들은 무엇을 하는가?
27 하늘에 오르고자 하는 만백성을 고통
속으로 인도하며 너희들이 착복을 하
니, 잘못된 나라의 지도자요, 관리들
의 행하는 것보다도 열배 백배 더 간
악하니,
28 이는 너희들이 평생을 두고 그와 같은
짓을 하기 때문이며, 그 할아버지에게
서 거둬들이던 방법으로 그 아들에게
서 거둬들이고 그 손자에게 거둬들이
며, 대대손손 그들로부터 거둬들이며,
29 너희들이 편히 살고자 하는 그 사악한
꾀 속에서 그가 자행됨을 나는 아느니
라.
30 너희들은 나를 속이려 하지 말라.
31 너희는 나를 속일 수 없음이니라.
32 그러한 어렵고 힘든 대목을 너희들이
그저 흘러가는 듯 덮어두는 것이 아니
라, 나의 피조물 만백성 앞에 너희들
이 말하여,
33 '이렇게 아름다운 성전을 지어 하나님
께 경배하는 것이 아니라 믿음이 바른
깨끗한 종교 지도자가 여러분들을 가
르치는 그곳이 성전이니, 여러분! 저
역시 그만큼 가르칠 만한 성전이 되지
못합니다.' 하는 자책과 부끄러움을
알며,

34 스스로 낮은 자라 하여 나의 성서를
보고 공부하고 깨우쳐 어렵고 힘든 그
대목을 너희 것으로 만들어 나의 피조
물 만백성에게 가르쳐 주면 아니 되는
가?
35 어찌하여 그와 같은 대목을 나의 피조
물 만백성에게 가르쳐 그들이 헌금이
나 각종 재물을 바치지 아니하도록 너
희들은 그리 인도할 수 없는가?
36 너희들이 나의 뜻을 역행하면서 무슨
하늘에 오르는 길을 인도하는 자들이
라 말하는가?
37 그것이 아니니라.
38 나의 아들 예수가 무엇이냐?
39 정답이 아니던가?
40 정녕 그가 진실된 자가 아니던가?
41 나 여호와를 대신하여 내려간 자가 아
니던가?
42 그가 하는 모든 것은 나의 성령이요,
너희들이 배우고 익혀야 할 정답만을
가르쳐 주지 아니하였던가?
43 나 여호와를 대신했느니라.
44 구세주요, 창조주인 나 여호와를 대신
했느니라.
45 너희들은 나에게 오르고자 평생을 바
치고 또 죽어 가 그 자식이, 그 손자들
이 구원받고자 하는 그 길을 위하여
노력함이니, 그것이 무엇이냐?
46 나에게 오르고자 함이 아니더냐?
47 그러나 나의 모두를 나의 아들 예수를
통하여 내려보내며 그로 하여금 대행
하도록 하였으니, 그가 어찌 너희들에
게 가르쳤던가?
48 그는 바로 정답을 가지고 있기 때문에
그저 나의 피조물 만백성이 배우고자,
깨우치고자 할 때 장소와 시간을 가리
지 않고 아무 곳에서나 설법을 하여
그 정답을 가르쳤음이니,
49 그는 오로지 정답을 가지고 있기 때문
에 들에서, 산에서 그와 같이 그들을
일깨워 주고 깨우쳐 주었느니라.
50 예수가 병든 자를 고쳐 주고 기적을
이루면서 재물을 받았다는 대목이 있
는가?
51 예수가 들판에서 오로지 나의 정답인
나의 성령을 가지고 복음을 전하고 가
르친다면서 너희들에게 무엇인가를
거두어들이고 제 앞에 금화와 은화를
바치라 하였던가?
52 나의 피조물 만백성 너희들은 여기서
깨달아야 될 것이니라.
53 정답을 받은 나의 예수는 기적으로써
모든 병자를 고치고 역사를 이루면서
받아들임이 없었음이니,
54 지금 사람을 고치며 병을 고쳤다 하여
귀신이 장난하는 탈을 쓰고 춤추는 형
국을 하면서 그들이 다음에 받는 건
무엇이더냐?
55 재물을 받아들이니, 그것이 예수와 다
름이니라.
56 예수가 가고자 하는 정답과 다름이니
이는 내가 원하는 길이 아니니라.
57 사악한 자들이 나의 피조물 만백성의
정신을 빼놓아 혼미한 상태에서 그들
이 저희 자신도 모르며 그와 같은 말
에 현혹되어 일순간은 그리 넘기나 그
들은 그 병을 고침이 아니니라.
58 다만, 나 여호와를 믿음이 바르고 곧
기에 그 순박하고 선한 나의 백성이
스스로 나로부터 치유를 받는 것이니

라.
59 나의 아들 예수가 만백성을 치료하면
서 아무것도 거두어들이지 아니하였
거늘, 그와 같은 역사를 이루면서 너
희들이 무엇인가를 거두어들인다면
이것은 나의 아들 예수가 행했던 정답
이 아니며 사악한 자들이 하는 짓이니,
60 바로 내가 선지자 너에게 무어라 말하
더냐?
61 나에게 받은 기적으로써 이룬 너는 아
무것도 받아서는 아니 된다 하였음이
니, 이것은 바로 예수가 그 당시에 받
지 아니하였던 것과 같이 받지 아니하
고 그대로 시행함이 너와 사악한 무리
들의 하는 행위와 다른 점이니,
62 나의 은혜에 의하여 그들이 축복받은
것을 저희들이 병이라는 것을 고쳐 준
양 광란의 소리를 지르면서 그 행위
다음에 금화와 은화를 거두어들이는
자들이 예수와 가까운 자들이더냐,
63 기적을 이루면서도 단돈 1원 한 장을
받지 아니하는 나의 선지자가 바로 예
수와 같은 자이더냐?
64 여기서 너희들이 또 하나 깨우치고 넘
어가야 할 것이 있느니라.
65 예수가 나의 성령을 받아 정답으로써
나의 피조물 만백성에게 강론하고 일
깨우며 가르치면서 그가 그에 대한 대
가를 거두어들였더냐?
66 너희들은 지금 어찌하는 것이더냐?
67 장소와 때를 가리지 않고 너희들이 가
서 나 여호와의 설법이라 하여 세 치
혓바닥으로 설법하며 '아멘!'이라는
소리가 끝나기 전에 너희들이 뒤로 챙
기는 것은 무엇이더냐?
68 재물이며 그 대가를 받아들이는 것이
니라.
69 너희들은 나에게 기도하기 위함이 아
니요, 그 대가를 받아들이는 것에 더
관심이 있으니, 이는 바로 어떤 자들
이 하는 짓이냐?
70 너희들이 말하지 않더냐, '제를 지내
는 자가 그 정성은 뒤로하고 젯밥에만
더 관심이 있다.' 하는 것과 같으니,
지금 나의 피조물 만백성이 나에게 기
도하며 나의 성령을 받아 만백성을 구
원하는 그 기도를 때와 장소를 가리지
않고 드리고자 하는 것이 아니라,
71 저희들이 한마디 하고 나와서는 뒤로
거래하듯이 그 무엇을 챙긴다 하면 이
또한 예수에게 근접하여 간 길이라 할
수가 있겠는가?
72 예수가 행하는 길을 그들이 따라갔다
말할 수 있는가?
73 그와는 너무나 멀고도 먼 길을 가고
있으면서 그들이 나의 피조물 만백성
을 하늘로 인도하고 이끌고 오는 자들
이라 말함이니,
74 나의 사랑하는 피조물 만백성들아,
75 나 여호와가 바라보는 것이 이와 같이
그들과 엄격한 차이가 있고 거리가 있
거늘, 이를 현명한 지혜로써 깨우치지
못하여 지옥 불로 가는 너희들을 보는
나 여호와의 가슴이 피가 솟는 것보다
더 아픔을 너희들은 알겠는가?
76 사랑하는 나의 피조물 만백성들아, 예
수가 병든 자를 고치면서 어떤 것도
거두어들이지 아니하였듯이, 나의 성
령을 받아 그대로 기적을 이루는 자는
어떤 것도 받아서는 아니 됨이니,

77 단돈 1원 한 장이나 좁쌀 하나를 받는
다 해도 그런 자는 나와는 관계가 없
는 자이며, 사악한 무리가 광란으로써
나의 백성의 정신을 혼미하게 하는 그
와 같은 짓임을 너희들이 알아야 될
것이니라.
78 정녕 이 세상에 나와 기적을 이루면서
도 좁쌀 하나도 거두어들이지 아니하
는 자가 있다 하면, 이는 바로 예수의
뜻에 따라 행하는 자며 나의 뜻을 행
하는 나의 아들과 같은 자이니라.
79 예수가 많은 사람들 앞에서 설법하고
그들을 깨우치려 들과 산으로 동분서
주하며 사람들이 모여 있는 곳에서 강
론하면서 그가 뒤로 무엇인가를 거두
어들인 사실이 있던가?
80 그리고 쩔렁거리는 동전 몇 닢을 받고
재물을 거두어들이며 양을 받아들였
는가?
81 또는 닭 한 마리를 받아들인 역사가
있는가?
82 어찌하여 지금 나의 피조물 만백성을
나에게 오르는 길로 인도하는 지도자
라 하는 너희들이 그와 같이 갈 수 없
으며 그와 같이 닮아 갈 수 없는가?
83 예수가 행한 것과 같이 똑같이 행하지
못하는 자는 사악한 자이며 나와는 관
계없는 악마나 마귀와 같은 자들임을
너희들이 알아야 할 것이니라.
84 어떠한 장소이든 나의 뜻을 전하며 나
의 뜻이라 하여 설법하고 대가를 받으
려 하는 자는 용서할 수 없음이니라.
85 나의 선지자가 너희를 위하여 기도하
고 너희를 위하여 묵상해 주면서 돌아
서서 너희에게 동전을 거두어들이던
가, 너희들이 말하는 금화와 은화를
거두어들이던가?
86 누가 예수의 행적을 닮아 가고 있는가
너희들은 여기서 봐야 될 것이니라.
87 나의 선지자를 지칭하기 전에, 나의
선지자가 행하는 것같이, 나의 아들
예수가 행한 것처럼 그것을 거두어들
이지 아니하는 자는 나의 아들이요,
나에게 선택된 자이니,
88 그만이 너희들을 하늘로 인도하는 자
라는 것을 알아야 될 것이니라.
89 내가 이와 같이 나의 뜻을 상세히 기
록하여 하나서부터 열까지 나열하여
너희들에게 전하고 너희들을 깨우치
고자 하여 잘못 가는 나의 피조물 만
백성을 하늘로 인도하여 영원히 사는
나의 낙원에 너희들을 이끌어 오고자
하는 이 마음이 얼마나 찢어지고 아픈
가를,
90 너희들은 돌아서서 나 여호와를 부르
짖기 전에 나 여호와의 이 심정을 바
라봐 주기를 바라노라.
91 그리하여 오늘도 나의 선지자를 통하
여 나의 성령을 너희에게 내려보내나
니, 나의 사랑하는 피조물 만백성 너
희들은 창조주인 나요, 너희들을 세상
에 내보낸 나 여호와가 이 음성을 듣
고, 이 법전을 읽고 깨우쳐 달라 간곡
히 부탁하니,
92 너희들이 돌아서지 아니하고 그 길을
그대로 간다 하더라도 나의 이 법전,
'하늘에 오르는 길'이요, '하나님! 말
씀하옵소서.' 이것이 무슨 뜻이던가?
93 하늘에 오르는 길을 안내함이요, 여호
와 하나님이라 하여 내가 말한 것을

기록하여 보낸 것이니, 이 법전을 한
번만이라도 읽어 보도록 하라.
94 너희들이 하늘에 오르고 안 오르고,
그 길을 보고 안 보는 것은 내가 탓하
지 아니할 것이니,
95 사랑하는 피조물 만백성들아!
96 나의 법전 열여섯 권을 일부라도 읽는
자,
97 그들을 용서하고 싶은 것이 나 여호와
의 이 불타는 가슴이고 쓰린 마음이니
라.
98 나의 이 간곡한 뜻을 너희들이 정녕
한 번 들어주며 저버리지 말라.

1,878 번째 하나님 말씀

2002년 2월 22일 18시 30분

1 내 사랑하는 선지자야, 나의 피조물
만백성에게 전하라.
2 예수가 행했던 그 방법과 그 형태로써
나의 음성을 전하고 나의 뜻을 전하며
그와 같이 행하지 아니하는 자는 나로
부터 선택된 종교 지도자가 아니라는
것을 전해야 할 것이니라.
3 네 몸에 흐르고 있는 피를 모두 다 쏟
는 한이 있다 하더라도, 예수보다도
더 고통스럽고 더 험악한 방법으로써
네가 죽어져 네 몸에 있는 그 모든 피
를 쏟아 나의 법전을 빨갛게 물들여
그를 보고 깨우치는 백성들이 있다 하
면,
4 너는 그와 같이 너의 모든 피를 다 바
쳐 나의 법전을 붉게 물들여 그를 보
는 자들이 두려워하며, '이는 정녕 하
나님의 자식만이 그리할 수 있다.'고
생각하고,
5 '여호와 하나님으로부터 선택된 종이
요, 여호와 하나님의 아들만이 하나님
의 말씀을 내린 이 법전을 피로써 물
들일 수 있다.'는 그 무서움을 깨달아
그리해서라도 그들이 하늘에 오를 수
있는 길이 있다 하면 너를 그리 던지
라, 선지자야!
6 몇천 년 전 나의 아들 예수가 그의 몸
을 던질 때, 내가 이와 같은 말을 했음
이니라.
7 '너의 몸을 던져 그 고통 속에 흘리는
피를 보고 나의 피조물 만백성이 깨우
쳐 하늘에 오르는 길이 있다 하면 네
피를 쏟으라.' 하였음이니, 그리하여
그는 장렬히 피를 쏟아 죽었음이니라.
8 그러나 그들은 나의 아들 예수가 고통
스럽게 쏟는 피를 보며 깨우쳐 하늘에
오르는 그 길을 선택함이 아니라, 그
피로써 저희들이 구원을 받았다 하여
갖은 사악한 짓을 하면서 저희들은 구
원을 받았다 말하고 있음이니라.
9 그리하여 오늘 너에게 이와 같이 말함
이니라.
10 내가 2천 년 전에 예수에게 말했듯이
나의 선지자요, 나의 아들 너에게 전
하노니, 피로써 이 법전을 물들일 자
는 너 하나밖에 없다는 것을 깨우쳐,
11 너의 흐르는 그 붉은 피로써 나의 모
든 법전을 붉게 물들여 그들이 나의
법전을 가슴에 안고 정독하여 하늘에
오르는 길을 볼 수 있도록 인도해야
될 것이니라.
12 2천 년 전 예수를 잃었던 나의 뜻을
다시 너에게 전하는 나 여호와의 아픈

가슴을 나의 피조물 만백성은 들어야
할 것이며 봐야 할 것이니라.
13 사랑하는 자식을 고통 속에 죽인 어버
이가 남들을 위하여 또 사랑하는 선지
자, 내 자식의 피로써 내가 내린 나의
법전을 붉게 물들여 그를 보고 나의
피조물 만백성을 구하고자 한다 하면,
14 너희들은 부모의 입장에서 나 여호와
의 심정을 한 번이라도 생각해 줄 수
없겠는가?
15 어리석고 불쌍한 나의 피조물 만백성
들아, 너희들이 그와 같은 나의 심정
을 바라봐 주길 바라며,
16 2천 년 전에 나의 아들이 못 박혀 피
흘려 죽는 그 고통 속을 바라보는 그
상처의 아픔이 나에게 지워지지도 아
니하였음이니,
17 너희들이 말하기를 하늘의 하루는 너
희 지상의 천 년이라 하였음이니, 2천
년의 역사는 나의 아들을 죽이고 난
다음에 이틀밖에 되지 않았다 너희들
이 생각한 그 시점을 보라.
18 나의 사랑하는 아들에게 명하여 그를
그렇게 고통스럽게 죽게 하여 이틀밖
에 되지 않은 그 후에, 또 나의 사랑하
는 선지자인 나의 아들에게 피로써 너
희들을 구원하라 명하는 나의 마음이
얼마나 찢어지는 듯 아프겠는가 이를
바라보라, 나의 사랑하는 피조물 만백
성들아!
19 너희들은 과연 그리할 수 있겠는가?
20 너희들이 만백성을 위하여 너희 자식
을 버려 그 목숨을 끊게 하고, 이틀 후
에 너희 자식 하나를 또 죽여 그 일을
이루고자 한다 하면, 인간사에 너희들
은 과연 할 수 있겠는가?
21 나의 성령의 나의 뜻을 받아들일 수
없음이니라.
22 나의 선지자요, 나의 아들이라는 것은
아무나 선택될 수 없으며 아무나 명받
을 수 없음이니라.
23 나의 아들 예수가 피를 흘린 지 이틀
만에 다시 그와 같이 소중하고 소중한
나의 선지자요, 나의 아들에게 '너의
모든 피로 나의 법전을 물들여 그를
보고 만백성이 깨우쳐 하늘에 오르는
길을 오도록 하라.' 명하는 나의 이 찢
어지는 아픈 가슴을 너희들이 정녕 바
라볼 수는 없겠는가?
24 한 번 정도 너희들이 나의 법전의 뚜
껑을 열 수는 없겠는가?
25 나 여호와의 찢어지는 이 가슴 아픔으
로 인하여 오늘 선지자에게 더 이상
나의 성령을 전하지 못하는 나의 아픈
마음을 너희들이 바라봐 주기를 바라
노라.

1,879 번째 하나님 말씀

2002년 2월 22일 21시 35분

(강론을 마치며)

1 사랑하는 선지자야!
2 "네, 여호와 하나님! 말씀하옵소서."
3 너를 따르는 너의 제자들에게 이르라.
4 나의 모든 성서요, 내가 너희들을 주
관하여 지금 몇천 년이 흘러온 역사의
속에는 내가 너희들을 구원하고자 하
는 그 애절한 뜻이 담겨져 있으며,
5 그와 같은 뜻이 이루어지지 아니하고
너희들이 나로부터 등을 돌려 멀리 달

아나고 있기에 너희들을 돌려세우고
자 함이니,
6 내가 그리하여 바로 나의 성령의 가슴
을 태워 너에게 내려보내 나의 법전이
라 하여 이 세상에 기록하여 내려보내
나니 이 뜻이 여기에 있음이니라.
7 너희들은 나의 피조물 만백성에게 이
리 전하라, 육신의 삶의 구원을 위해
서 허덕이는 어리석은 삶을 살지 말라.
8 평생을 너희들은 육신을 먼저 생각하
며 그 육신의 모두를 바쳐 기도하고
소원하다 보면 정녕 너희들이 구원받
고자 하는 하늘에 오르는 세계를 볼
수 없으며 나에게 올 수 없음이니,
9 너희 제자들은 오로지 하늘에 오르며
나에게 오는 그 믿음만을 위하여, 너
희들이 나에게 와 심판받으며 구원을
받는 그 영의 세계를 위하여, 그때를
대비하여 믿음을 향하여 전진하도록
그리 이르라.
10 썩어 한 줌의 흙으로 돌아가는 너희
육신을 위해서 모두를 바치는 어리석
은 우를 범하는 그와 같은 삶을 살지
말라 이르라.
11 내가 오늘 선지자를 통하여 하나의 획
을 그었음이니라.
12 이제는 너희들이 부르짖고 나올 때가
되었음이니라.
13 내가 원하는 것은, 너희들에게 십일조
라 말함은 바로 선지자를 통하여 열
번째의 그 조명 뒤에 하나를 더 붙여,
너희들이 하늘에 오르고자 하는 그 아
름다운 마음과 피나는 노력 위에 내가
임하여 너희들이 하늘에 오르는 그 영
광된 길을 보는 것이며,
14 이는 너희 모두를 다 태우고 다 버리
며 바늘구멍을 통과하는 그와 같은 어
렵고 힘든 그 길을 오는 자들만이 나
에게 구원을 받을 수 있음이니, 즉 그
것은 무엇이더냐?
15 너희 육신은 한 줌의 흙으로 돌아가되
너희 영혼은 나를 향하여 바침이니,
너희들 자신을 스스로 나에게 바치는
것이 마지막이니라.
16 그보다 더 소중한 것이 어디에 있으며
그보다 더 귀한 것이 어디 있겠느냐?
17 너희들은 여기서 가슴에 깊이 새겨야
할 것이니라.
18 내가 먼저 너희들에게 열 가지의 계명
을 지키라 하였으며, 그 계명대로 지
키고 오는 자, 그리 삶을 향하여 오는
자, 그 어렵고 힘든 길을 달려오는 자
들을 내가 받아들이는 것이 마지막 열
한 번째의 십일조이니라.
19 열한 번째의 조건이니라.
20 즉 너희들이 계약서에 써 내려가듯이
열 개의 조건 후에 마지막 너희들을
받아 주는 그 조건에는 쌍방이 노력하
여 이루어지는 그것을 내가 너희들에
게 베푸는 나의 마지막의 가장 큰 기
쁨이고 그를 향하여 달려오는 너희들
을 맞이하는 나 여호와의 가장 큰 행
복이니라.
21 그와 같이 너희들이 달려올 때 내가 6
천 년이라는 세월 속에 기적을 이루었
고 나의 아들이 고통을 겪었으며 나의
선지자를 달구어 이렇게 법전을 세상
에 내보내 지금 잘못 가고 있는 너희
들을 이끌고자 하는 나의 가슴 아프고
저려 오는 이 심정을 너희들이 위로함

이며 너희들이 나를 기쁘게 함이니,
22 나 여호와에게 그보다 더한 기쁨이요,
그보다 더한 행복이 없음이니, 그리하
여 그것이 마지막으로 내가 내리는 십
일조의 조명이니라.
23 너희들은 모든 것을 결산하여 얻어지
는 그 영광을 얻듯이 바로 너희들을
나에게 바치며 내가 너희들을 거두어
들이는 그 만남에서 이루어지는 것이
열한 번째의 십일조이니라.
24 너희들은 지금 재물을 창고에 쌓아 놓
으며 나에게 모든 재물을 바칠 때 내
가 너희들의 창고에 도리어 쌓아 준다
말하니, 그런 허황된 말에 현혹되지
말라.
25 내가 너희들에게 육신을 위해서 그와
같이 살라 함이던가?
26 그 육신은 나에게 감히 올 수도 없으
며, 죽어져 그저 한 잎의 낙엽과 같이
썩어 흙으로 돌아가니, 그 육신의 삶
을 위하여 살아가는 그런 오류를 범하
지 말아야 할 것이니라, 너의 제자들
은.
27 너희들은 영의 삶을 위해서 달려와야
될 것이니라.
28 그렇다면 너희들이 여기서 깨닫고 넘
어가야 할 것이 있음이니라.
29 내가 너희 육의 삶은 나와 관계가 없
다 하였거늘, 너희들이 육의 삶을 위
하여 나에게 재물을 바친다면 내가 그
재물을 어디다 쌓아 두며, 너희 육의
그 기쁨과 영광을 위하여 내가 너희들
에게 어찌 내려보내겠는가?
30 나는 육과 관계가 없음이니라.
31 육의 삶은 너희들이 내가 준 지혜를
가지고 다스리고 겪고 살아가는 것으
로써 끝이며, 내가 너희들을 심판하고
다스림은 내가 나의 성령으로써 너희
들에게 임하여 심어 준 영이 나에게
와서 그 모두를 받게 되며 그 상과 벌
을 받게 됨이니,
32 너희들은 그를 위하여 노력하는 자들
이 되어야 할 것이니, 너희에게 가르
쳐 주는 나의 하늘의 이 뜻을 너희들
이 생명보다도 더 소중히 가슴에 새겨
야 될 것이니라.
33 이제는 너희들이 높이 백기를 들고 그
백기를 향하여 달려오라 말할 때가 되
었음이니라.
34 나의 선지자를 통하여 내가 너희들에
게 직접 명하였으니, 이제는 성서의
구절구절에 그 지도자들이요, 그 성서
를 가르치는 자들의 편의요, 안일이
요, 저희들에게 좋은 쪽으로 기록된
그 내용들을 하나하나 찾아 나의 선지
자 앞에 너희들이 제시할 때, 내가 선
지자에게 임하여 그 뜻을 너희들에게
대답해 줄 것이니,
35 바로 이것부터 너희들이 바로잡아 나
가야만 나의 법전을 나의 피조물 만백
성이 믿게 될 것이며, 그들이 옳고 그
름의 눈을 뜨는 데 도움이 될 것이니
라.
36 그리하여 이제 그것을 밝히고자 함이
니, 이는 6천 년 만에 문을 여는 것이
며 6천 년 만에 역사의 한 획을 그음
이니,
37 너희들이 얼마나 값지고 소중히 쓰이
는 나의 선택된 백성인가를 알아야 할
것이니라.

1,880 번째 하나님 말씀

2002년 2월 23일 0시 15분

1 사랑하는 선지자야!
2 "네, 여호와 하나님! 말씀하옵소서."
3 몇천 년의 역사가 잘못 흘러왔으며 잘
못 가고 있다 하여 이를 고치고 다스
릴 수 있는 나 여호와가 많은 나의 성
령의 뜻을 나의 선지자 너를 통하여
법전에 기록하여 너희들이 읽고 깨우
칠 수 있는 글로써 내림이니,
4 나의 피조물 만백성이 이를 보고도 깨
닫지 못한다 하면 어찌하여야만 하겠
는가?
5 지금 나의 피조물 만백성을 구원하여
하늘에 오르는 길로 인도한다는 자들
이 나의 법전을 접했을 때 이를 찢어
버리고 불태운다면,
6 그러한 행위를 하는 자들이 정녕 올바
른 지도자들이라 말할 수 있으며 그들
이 하늘에 오르는 정답을 갖고 나의
피조물 만백성을 안내하고 가르치는
자들이라 생각하는가?
7 정녕 그들이 하늘에 오르는 길을 바로
가르치며 정답으로써, 정도로써 나의
피조물 만백성을 인도한다 하면 나의
법전이나 나의 법전보다 더한 것이 세
상에 나온다 하여도 그들은 두려워하
거나 불안해하지 말아야 하고, 그것을
찢어 버리고 불태우는 그러한 행위를
해서는 아니 될 것이며,
8 저희들에게 무엇인가를 깨우쳐 하늘
에 오르겠다 하여 그 앞에 와 있는 나
의 피조물 만백성에게 이것은 읽어서
는 안 되고 이것은 봐서는 안 되고 이
책의 뚜껑을 열어서는 안 되며,
9 이리 가면 안 되고 저리 가면 안 된다
는 이와 같은 통제를 하지 아니할 것
이니라.
10 모든 것을 통제하며, 나의 법전을 읽
지 못하게 하고 나의 법전을 찢어 버
리고 불태우게 하며,
11 '이는 마지막 시대에 오는 이단이요,
사탄이 와 너희들을 혼동케 하는 것이
니 이를 보지 말라.' 하는 자는 진정
나의 뜻을 따라 하늘에 오르는 길로
나의 피조물 만백성을 인도하는 자들
이 아니며,
12 그것은 하늘의 뜻을 모르고 하늘에 오
르는 길을 모르는 자들이 하는 행위이
니라.
13 그러한 자들을 너희는 믿지 말아야 될
것이며, 따라서는 아니 되는 것이니라.
14 이 세상 모두는 다 나 여호와가 주관
하여 창조하였으며, 그들을 존재하게
하였음이니라.
15 그리고 너희들이 기도를 하며 부르짖
느니라.
16 '여호와 하나님의 은혜와 은총 속에서
모두가 내려졌다.'고 말하면서 나의
성령을 태워서 나의 피조물 만백성을
구하기 위하여 '하늘에 오르는 길'이
요, '하나님! 말씀하옵소서.'라 하여
내가 내리는 그 말씀을 받아쓰는 나의
선지자가 전하는 나의 법전을 사악한
무리로 그리 몰아가며 그와 같이 말하
는 자,
17 나의 피조물 만백성 앞에서 나의 법전
을 이단이요, 사탄이라 외치며 욕하는
자,

18 그는 진정한 깨달음이 무엇인지 모르
고 나로부터 선택되지 아니한 자며,
하늘에 오르는 그 길조차도 모르는 자
임을 너희들이 구분해야 할 것이니라.
19 내가 나의 백성들을 구원하고자 나의
성령을 태워 내려보내는 이 법전을 정
독해 보지도 아니하고 이를 이단이요,
사탄이요, 사악한 무리가 마지막 때에
이르는 그와 같은 행위라 하는 자,
20 그는 정녕 나와는 아무런 관계도 없는
자이니, 너희들은 그러한 자 앞에 가
서 기도하고 재물을 바치며 하늘에 오
르고자 하는 그 길을 보지 말라.
21 나의 선지자가 어떠한 종파를 구분하
던가, 그리고 어느 종파를 차별하던가?
22 그리고 그가 너희들이 믿음의 길을 잘
못 간다 잘 간다 구분하여 가지 말라
혹은 오지 말라 하며, 무엇을 읽지 말
라 무엇을 읽으라 하는가?
23 성서 한 줄을 외운 적이 없으며 너희
들을 따라 예배하고 기도한 역사가 없
는 나의 선지자는 너희들이 말하는 2
년이라는 그 짧은 세월 속에 나의 성
령의 음성을 받아 스스로 나의 법전을
기록하면서 깨우친 것으로써,
24 나의 성령으로 내리는 이 언어가, 너
희들이 쓰고 기록하는 이 언어가 세계
의 공통어로써 존속하게 하며, 공통어
를 만들어 그 공통어 속에 나의 피조
물 모든 백성들의 생활의 습관을 하나
로 만들고,
25 나의 법전을 보고 하늘에 오르는 길과
기도하는 방법을 가르쳐, 온 세계의
나의 피조물 만백성이 같은 시간에 기
도를 한다 해도 어느 곳에서 기도하든
'하나님! 저의 죄를 용서하여 주옵소
서.' 이와 같이 기도를 드리며, 무엇을
대할 때마다 '하나님! 감사합니다.' 그
리 간단히 나에게 경배하는 것으로 통
일하고자 하는 것을 너희들은 어찌 생
각하는가?
26 모태 신앙이요, 30년, 40년, 50년, 오
랜 세월 많은 성서의 공부를 했고 지
도자로서 나의 성서를 몇 번 탐독하고
공부하였다 하는 자들, 너희들이 지금
어찌 생각하는가?
27 너희들은 과연 나의 선지자처럼 온 세
상의 나의 피조물 만백성을 하나로 이
루는 그 역사의 작업을 하고 있는가?
28 2년여밖에 안 된 나의 선지자는 모든
종파를 한 형제라 하며, 내가 만든 나
의 피조물들이요, 나의 백성들이라 하
여 그는 가슴으로 그들을 다 안고 있
음이니,
29 2년이라는 짧은 세월 속에 나의 성령
을 들어 그와 같이 행하는 자와,
30 평생을 믿어 오며 평생을 지도자라 하
여 단상에서 소리 지르면서 '너는 너
고 나는 나'며, 같은 성서를 가지고 공
부하는 자들도 남남과 같이 생각하며,
저희들 품에 오지 않는 자는 원수요,
적과 같이 생각하는 너희들과,
31 누가 과연 나 여호와의 뜻에 따라 나
의 피조물 만백성을 구하는 길로 인도
하며 가는 자라 너희들은 생각하는가?
32 2년여밖에 되지 않은 나의 선지자이
니라.
33 너희들은 그보다 20배, 40배, 몇십 배
를 더 깨우쳐 오고자 하여 노력한 자
들이며, 모태 신앙으로써 대대손손 그

역사를 흘러왔음이니,
34 과연 이와 같은 마음을 가지고 가슴을
열며 나의 피조물 만백성을 사랑하고
내가 내리는 나의 이 음성으로써 온
세계를 하나로 만들고자 하는 그와 같
은 계획을 너희들은 세워 봤는가?
35 그리고 그를 위하여 노력을 해 왔는가?
36 모든 악의 씨들을 밟아 짓이겨 그 뿌
리조차 없애게 한다는 너희들이 과연
이와 같은 형태로써 그러한 역사를 이
룰 수가 있는가, 너희들 자신이 가슴
에 손을 얹고 생각해 봐야 될 것이니
라.
37 너희들이 그러한 역사를 이루고자 하
지 아니한다면 너희들은 내가 존재하
지 아니하다 생각하고 나의 뜻을 따르
려 하지 아니하며 순종하려 하지 아니
함이니라.
38 내가 내리는 나의 뜻을 지키고 따르지
아니하며 가는 것은 너희들의 육신의
안일과 육신의 삶을 위하여, 너희 육
신의 생명이 존속하는 동안에 너희들
을 보호하며 안락하고 평화롭게 살고
자 하는 너희들의 그 욕심에서 믿음의
길을 가는 것이니라.
39 얼마 되지 않은 나의 선지자는 성서에
기록되어 있는 나의 뜻을 읽기도 전에
말하였느니라.
40 '우리는 하나며, 모두는 하나님께서
만든 한 형제이니, 우리는 모두를 하
나로써 이루어 여호와 하나님께 경배
하는 그 뜻으로써만 살아가는 온 세계
의 백성을 하나로 만들고, 천 년이라
는 역사 속에서 모든 악의 씨를 제거
하며 그들을 뿌리째 뽑아낸다.' 하여
그가 설법하고 있음이니,
41 그 설법하는 한 마디의 가르침을 너희
들이 들으면서 나의 성서에 기록되어
있는 그 내용과 일치하고 그것을 지키
고자 그가 부르짖는다면, 너희들은 이
와 같은 사실을 어찌 보겠는가?
42 너희들은 수십 년 동안 성서를 공부하
였음에도 그 구절에는 자신이 없음이
니 돌아다보지도 아니하였으며,
43 그를 위하여 노력함은 미친 자요, 정
신 이상자요, 정신 박약아라 생각하
고, 너희들이 살아가는 육신이 고달프
고 힘듦이니 금화와 은화를 거둬들이
기에만 혈안이 되어, 그와 같은 나의
성경을 지금 다 접어 두고 읽지도 아
니하였느니라.
44 너희는 그를 읽고 배우고 깨우쳤음에
도 보지도 아니하고 덮어 버렸으나,
그를 한 번도 본 역사가 없고 들은 적
도 없는 그가 나의 그 뜻을 실행하고
자 입으로써 나의 피조물 만백성에게
전하는 나의 법전의 그 뜻을 성령의
뜻이라 하여 기록하여 그를 강론한다
하면, 이는 과연 어떠한 자들인가?
45 너희들은 어찌하여 그것 하나도 볼 수
있는 눈을 뜨지 못하는가?
46 내가 정녕 너희들을 위해서 나의 예수
를 버렸으며,
47 또 나의 선지자에게 그 피로써 모든
나의 법전을 붉게 물들일 수 있는 그
와 같은 길을 가라 하여 나의 선지자
를 또 버리고자 하는 내 마음이 얼마
나 애절하게 너희들을 구원하고자 하
면 이 깊은 밤에 나의 선지자를 잠을
재우지 아니하고 그에게 나의 성령을

받아 기록하게 하여 너희들을 구하고자 하는 이 법전을 만들어 내겠는가?

48 과연 사탄이요, 이단이요, 사악한 자라 하면 이 깊은 밤에 너희들이 하늘로 오르는 그 길을 전하는 나의 메시지를 전할 수 있는가?

49 너희들의 성서에 기록되어 있느니라.

50 그가 그의 뜻대로 말하지 아니하고 듣는 것만 말하며 기록한다는 그 구절이 있거늘, 어찌하여 구약과 신약에서 가장 소중한 그 구절은 너희들은 보기를 불과 같이 무서워하고,

51 뜨거운 끓는 물에 너희 손이 닿는 것처럼 그를 그리 두려워하여 읽지 않고 깨우쳐 주지 아니하며 그를 강론하지 아니하는가?

52 진정한 종교 지도자이며 나의 성서를 가지고 나의 피조물 만백성을 진정 하늘로 인도하는 자들이라면 그 구절을 기록하고 또 기록하여 나의 피조물 만백성에게 전하여야 될 것이거늘,

53 예수 다음으로 모든 것을 제 뜻대로 임하지 아니하고 나의 성령을 들어 기록하여 만백성을 구하는 자가 올 것이라는 그 대목을 너희들은 어찌 부르짖지 아니하는가, 그리고 설법하지 아니하는가?

54 그러면서, 엄연히 그와 같은 내용이 기록되어 있거늘, 너희들은 무어라 말하는가?

55 마지막 시대에 너희들을 구원하러 온다 하는 자는 종말에 오는 사탄이요, 마귀라 그리 너희들은 말하며, 이와 같이 엄연한 내용이 기록되어 있거늘, 어찌하여 나의 성령을 가지고 오는 자가 종말에 사탄이요, 이단으로 그리 온다 말하는가?

56 마지막에 나의 법전이요, 나의 뜻을 제 임의로 말하지 아니하고 나로부터 듣는 것만을 전하여 너희 피조물 만백성을 구하는 자가 온다 하였으니,

57 이를 가지고 너희들은 마지막 말세에 사탄이 온다 그리 말하니, 그러면서 너희들은 무엇을 추구하는가?

58 '마지막 사탄이 오니 그 사탄에 넘어가지 말고 현혹되지 말아야 할 것이니, 내가 가르치는 나의 성전에 와 너희들이 똘똘 뭉쳐 아무것도 바라보지 말고 밖에도 보지 말며 오로지 내가 지시하는 것만을 따라와 너희들이 하늘에 오르도록 하라.' 그리 가르치고 있음이니,

59 이 또한 너희들이 간악하고 사악한 마음으로써 나를 팔아먹고 나를 역이용함이니라.

60 구약과 신약 중에 가장 귀하게 기록되어 있는 구절에 '자의로 말하지 아니하며 듣는 것만을 전하는 자가 온다.' 하였으며, 그는 그 증표로써 너희들의 미래를 말할 것이라 하였음이니라.

61 그러나 너희들은 어찌하여 이 구절은 그리도 버려두는가?

62 그리고 어찌하여 감히 이를 나의 피조물 만백성에게 알리지 않는가?

63 이는 그와 같은 자가 왔을 때, 너희 가짜 종교 지도자들이 설 자리가 없고, 너희 앞에 와 고개 숙이는 나의 피조물 백성들이 없을 것을 두려워하여 너희들은 이것을 뒤집어씌웠느니라.

64 '말세에 사악한 자가 오느니라, 그리

하여 지금 오는 모두는 다 사악한 자
들이고, 말세이니라.' 그리 이용하고
있음이니라.
65 그러면서 너희는 그 간악한 머리로,
그 간악한 흉계로써 한 술 더 뜨고 있
음이니라.
66 '그러니 너희들은 지금보다 더 결속을
강화해야 하며 더 많은 재물을 나에게
바쳐야 되며 이곳에 너희들의 재물을
갖다 바쳐라.' 그리고 너희들의 그 이
루어진 성전에 또 그보다 몇 배 더 크
게 이루고 더 아름답게 장식하고자 하
니,
67 그와 같이 더 성전을 키우며 더 아름
다움으로 장식하는 자가 다른 성전에
가서 배우고 하늘에 오르고자 따르는
자들보다 위대한 자들이며, 그리고 그
것이 축복을 받고 하늘에 오를 수 있
는 길이라 너희들이 말하는 것이니라.
68 너희는 글을 배우고 공부를 하며 단계
적으로 깨달아 배워 나가야만 사회에
나가서 쓸 수 있는 사람이 되고 세상
의 이치를 알게 되거늘,
69 너희들은 지금 그리 가르치느니라. 자
식에게 공부는 가르치지 않고 글은 가
르치지 않으며 깨우치지 아니하면서,
그런 기준은 다 필요 없는 것이라, 그
저 놀고먹고 막무가내로 인생을 살아
가다 보면 그것이 다 훌륭한 인생을
살 수 있는 것이며,
70 공부한 자나 공부하지 아니한 자나 노
후에 가서는 누가 잘살고 못살지 모르
느니, 차라리 공부를 하며 깨우쳐 노
력하는 것보다 그저 마구잡이로 사는
인생이 더 훌륭하고 더 아름답게 살며
더 영화를 누릴 수 있는 것이라 그리
가르치는 자들보다도 너희들은 더 간
악한 자이니라.
71 이와 같은 이치를 하나하나 뒤집어 깨
우쳐야 될 것이니라.
72 나의 성서에 기록되어 있는 그 많은
비밀의 가르침을 이제 나의 선지자를
통하여 내가 세상에 다 드러내고 밝히
고자 함이니, 이 앞에서도 너희들이
당당히 고개를 들고 할 말이 있으면
나의 선지자 앞에 와서 그를 따지라.
73 그리고 그것이 잘못되었다 생각하고
나의 뜻이 아니며 거짓 선지자가 하는
행위라면 너희들이 와서 나의 선지자
의 뺨을 후려도 내가 너희들을 탓하지
않을 것이니라.
74 그러나 너희들이 너희 육신이요, 체면
이요, 너희들이 살아가기 위한 사악한
마음으로써 나의 선지자의 뺨을 후릴
때 그는 살아 있는 상태에서 내가 너
희를 단죄할 것이며, 그 몇 배의 고통
을 너희들이 스스로 겪고 체험해야 된
다는 것을 잊지 말 것이며,
75 죽어 너희들이 나에게 왔을 때, 선지
자의 뺨을 후린 그 손에는 구더기가
그득히 너희 살을 긁어먹는 그런 흉악
한 벌을 받게 됨을 잊지 말라.
76 이는 내가 너희들에게 내리는 경고이
니라. 이를 소홀히 듣지 말라.
77 너희들 자신을 돌아다보며 지금서부
터 깨우치는 자는 구원을 받을 것이
며, 그렇지 못하고 사악한 잔꾀로써
하늘을 가리려는 그러한 마음으로 너
희들이 선지자 앞에 와서 그에게 가해
를 했을 때, 그 죄는 용서할 수 없음을

알라.
78 선지자의 빰을 후리는 자의 그 손은
구더기라는 벌레가 영원히 그 손에서
떠나지 않는 그와 같은 벌을 받게 되
며, 죄의 대가를 받으며 그 형태로 살
아가는 것을 잊지 말라.
79 내가 너희들에게 하늘의 비밀을 미리
깨우쳐 줌이니, 이러고도 너희들이 바
로 서지 못한다 하면 그 죄는 너희들
것이니라.

1,881 번째 하나님 말씀

2002년 2월 23일 01시 10분

1 사랑하는 선지자야!
2 **"네, 여호와 하나님! 말씀하옵소서."**
3 지금 너희들이 나의 음성을 받아 기록
하는 이 글과 이 언어가 나의 피조물
만백성의 공통어로 된다 하였음이니,
4 지금 나의 선지자가 태어나서 나의 선
지자가 이 법전을 받는 이 지역에, 또
이 나라에, 이 동양권에 살아가는 너
희들이 어떠한 영광과 은혜를 받은 자
들이라 생각하는가?
5 정녕 너희들은 어찌하여 지금 나의 법
전을 선지자를 통하여 너희들이 보고
읽을 수 있는 그 글로써 내려보내는
것을 나 여호와에게 감사의 눈물의 기
도를 드리지 못하는가?
6 너희들이 알아들을 수도 없고 깨달을
수도 없으며 너희들이 접할 수도 없는
곳에 나의 성령이요, 나의 법전이 지
금 제3의 시대에 내려가 그곳에 축복
이 내려진다 하면 너희들은 어찌하겠
는가?
7 정녕 그것이 하나의 공통어로써 세상
을 지배한다고 할 때 너희들은 어찌
되겠는가?
8 나의 선지자와 같이 존재하는 한 민족
이요, 한 나라인 나의 피조물 만백성
너희들이 이에 대한 은혜와 영광과 그
축복에 감사하는 기도를 드리지는 못
할망정,
9 나의 성령을 너희들의 글로써 만들어
세상에 전하며 하나의 공통어로 만든
다는 이 뜻을 너희들은 어찌하여 바라
보지 아니하며 연구하려 하지 아니하
는가?
10 내가 나의 피조물 만백성 모두를 다
너희들의 언어요, 너희들의 글로써 통
일하며 모든 세계의 공통어로 만들고
만백성을 구하는 길에 근본의 길잡이
가 되는 나의 법전이 세상에 나간다
할 때,
11 너희들은 지금 너희 육신과 너희들의
편안함을 위하여 너희 동네에서 너희
들의 주변에 있는 사람들을 데리고 평
생토록 '하늘에 오르는 길이요, 구원
을 받는 길이라' 하여 어렵고 힘들게
살아가는 그들에게 형용할 수 없는 이
름과 명분을 붙여 이것저것 모두를 다
거둬들이면서, 거둬들인 그것으로써
너희들이 편안하게 살아가는 그 생활
을 영위하니,
12 어찌하여 너희들의 그 나약함과 너희
들의 행하고자 하는 그 작은 일에 대
해서 너희들이 너희 자신을 돌아다보
지 못하는가?
13 너희들이 자신의 부끄러움과 너희들
이 하고 있는 그 작은 일에 대하여 너

희들 자신을 한 번 돌아다볼 수 있는
그와 같은 시간과 마음의 여유는 가질
수 없겠는가?
14 너희들은 한 마을에, 한 고을에 존재
하고 사는 그들을 구원하기 위하여 평
생 동안 부르짖으며 그들을 이끌어 간
다 하고 있으며 그들만이 구원을 받을
수 있다 부르짖고 있으나,
15 너희들의 언어요, 너희들의 생활이요,
너희 그 모두로 세상을 다 덮으며, 너
희 민족이요, 너희와 같은 핏줄을 가
진 백성의 하나인 나의 선지자가 지금
너희들이 읽고 쓰는 그 글로써 나의
성령을 받아 이를 온 세계에 전하여
이를 공통어로써 하나로 통일하고자
하는 그 역사의 길을 가는 그를 어찌
하여 너희들은 바라보지 못하며,
16 천 분의 일, 만 분의 일도 되지 못하는
너희들의 그 작은 것을 가지고 천배
만배가 넘는 나의 선지자가 가는 그
길을 사탄이요, 이단이라 하여 그를
방해하려 하는가?
17 너희들이 그를 막을 수 있으며 정녕
그를 방해할 수 있다 생각하는가?
18 둑이 터져 몰아치는 물을 한 마리의
개미가 막을 수 있다 생각하는가?
19 넘치는 그 제방의 물을 개미가 막을
수 있다 생각하며 그를 막으려고 대들
고자 함인가?
20 너희들은 오늘 그와 같은 형국임을 알
아야 될 것이니라.
21 너희들이 손바닥만 한 그 고을이요,
너희들의 주변에서, 너희들이 생활하
는 그 바탕에서 그 주변의 사람들을
깨우쳐 하늘에 인도한다 하여 그들을
평생을 너희가 달구고 괴롭히며 끌고
감이니,
22 그러한 역사를 이루겠다 말하는 너희
들은 어찌하여 너희들이 이 지구상의
모든 나의 피조물 만백성을 너희 글이
요, 너희 뜻이요, 너희 말로 하나로 이
루고자 하는 그를 바라보지 못하고 그
를 격려해 주지 못하며 그에게 어찌하
여 힘을 실어 주지 못하는가?
23 너희들은 흘러넘치는 물을 막을 수 없
는, 개미 한 마리만 한 역사도 이루지
못하면서, 도저히 이룰 수 없는 그와
같은 불가능한 상황에서 불가항력의
그 여건을 이길 수 있다고 생각하고
막을 수 있다고 대드는 자들과 마찬가
지이니,
24 그 넘치는 물을 너희들은 어찌 막을
수 있다 생각하는가?
25 이는 무엇으로도 막을 수 없음이니라.
26 나의 이 선지자의 주변에서 나의 피조
물 만백성을 가르치는 종교 지도자들
이여, 선지자가 존재하는 이 땅덩어리
에서 나의 피조물 만백성을 구원하겠
다고 부르짖는 많은 종교 지도자들이
여!
27 너희들의 그 숫자가 얼마나 많은가?
28 그 많은 종교 지도자들 중에서 나의
법전이라 하여 나의 성령을 받아 하늘
에 오르는 길을 2년도 되지 않는 그
역사의 짧은 기간 동안 이루는 나의
선지자가
29 너희 수천수만 명이 부르짖고 깨우쳐
하늘에 오르는 나의 피조물 만백성을
인도한다는, 너희들이 감히 생각도 할
수 없고 넘겨다볼 수도 없으며 기억할

수도 없는 대 역사를 이루는 것을 너
희들이 어찌하여 좀 더 바라볼 수 없
고,
30 그를 격려해 주고 그에게 용기를 심어
주고 그를 밀어 주며 그를 당겨 주는
그와 같은 아름다운 자세는 가질 수
없는가?
31 너희들은 여기서 알아야 될 것이니라.
32 개미 한 마리가 넘치는 물을 막을 수
없듯이, 그를 막으려 대드는 어리석은
개미와 같은 행위를 하지 말라.
33 너희들이 지금이라도 온 세계를 하나
로 만들려고 하는 나의 역사의 그 길
에 동참하고, 너희들의 그 손바닥만
한 지역에서 하늘에 오르는 길을 인도
하면서 매일같이 눈물지으며 기도하
는 그 형국의 형태를 접어 두고 나의
선지자가 가는 길을 바라볼 수는 없는
것인가?
34 내가 너희들에게 다시 한 번 기회를
주며, 나의 선지자와 같이 호흡하고
한 땅 위에 존재하며 한 시대를 살아
가는 종교 지도자들이기 때문에 너희
들의 그 간악한 지난날의 잘못된 죄를
나의 선지자가 덮어 줌이니,
35 깨달아 선지자 앞에 오는 자, 내가 너
희들을 깊이 쓰며 중히 쓰고자 하는
이 마음을 너희들은 한 번 돌이켜 생
각해 볼 수는 없는가?
36 선지자와 같이 한 시대에 살아가면서
나의 피조물 만백성을 구한다는 종교
지도자라 하여 그 이름을 내거는 너희
들이 얼마나 영광된 그 시점에 서 있
는가?
37 지난날의 나의 종교 지도자들이요, 또
앞으로 가야 할 종교 지도자들이 나의
선지자가 부르짖는 이 역사를 위하여
한 시대를 지금 살아가는 이 순간에
같이 존재하는 자들이 없음이니,
38 너희들이 그 순간에 지금 존재해 있는
그것만으로써 너희들의 크나큰 영광
이요, 은혜요, 내가 너희들을 사랑함
이니,
39 나의 선지자를 통하여 천 년의 역사가
흐르는 동안에 공통어로써 모든 생활
을 통일하고자 하는 데 선지자가 선택
되어 이 지구상에 존재하며 숨을 쉬고
살아가는 그 시대에 같이 살아가는 너
희들이기에 내가 소중히 하고 사랑함
이니, 나의 이 뜻을 모르겠는가?
40 너희들 인간의 부모도 제 자식과 같이
공부하며 같이 살아가는 이웃의 자식
이요, 자식의 친구들을 사랑하며 아끼
듯이,
41 나의 선지자가 나의 뜻을 따라 나의
이 뜻을 지금 천 년에 걸쳐 이루는 그
기틀을 닦는 이 시점에,
42 너무나 힘들고 어려운 그 길을 가고
있는 나의 선지자와 같이 살아가는 지
금 이 시대에서 너희들이 그 영광이
요, 축복이라는 눈을 떠,
43 나의 선지자가 가는 길에 너희들이 끌
어 주며 밀어 주는 그와 같은 한 역사
를 이룰 수 있는 나로부터 선택받고
구원받는 지도자로서 너희들이 바꿀
용의는 없는가?
44 이 귀중한 너희들의 기회를 그저 저버
릴 것인가?
45 너희 인간사에도 자식과 같이 공부하
며 같이 자란 자가 잘못 가는 것을 보

는 그 부모의 마음이 제 자식이 아니라 할지라도 아파 올 것이니라.

46 자기 자식과 동문수학한 그 이웃의 자식이 잘못될 때 마음이 아픈 것같이, 그보다 내가 백배 천배 더 선지자를 사랑하고 더 소중히 생각하며, 그보다도 더 엄청난 대업을 이루며 역사를 이루고자 하는 나의 선지자이니,

47 그와 한 시대를 살아가는 종교 지도자라는 너희들을 내가 기억하고자 함이며, 너희들을 사랑하고자 하는 나의 이 마음에서 너희들에게 오늘 나의 선지자를 통하여 나의 2부의 법전에 이를 기록하느니라.

48 너희들 말에 '소(小)를 버리고 대(大)를 취하라.' 하였음이니라.

49 너희들의 조그마한 마음에서 하늘에 오르는 길이라 하여 가르치는 너희들과, 너희들이 쓰고 읽고 배우는 그 글로써, 그 언어로써 세상을 통일하고자 치고 나가는 나의 선지자와, 누가 대를 위하는 길이며 누가 소를 위하는 길이라 할 수 있겠는가?

50 너희들은 말할 것이니라.

51 소와 대를 너희들은 반드시 알 것이며, 대를 위하여 소를 희생하는 것이, 누구를 희생하는 것이 바른 것인가를 알 것이니라.

52 그러나 너희들은 나의 선지자에게 아무런 말을 하지 않는 것도 너희들의 축복이거늘,

53 그 짧은 인생의 육신의 그 안락을 위해서, 너희들이 지키고 있는 그 자리를 놓을 수가 없어서, 너희들은 그가 이단이요, 사탄이요, 사악한 무리라 하여 그를 따르는 나의 피조물 만백성까지도 그의 옆에 오지 못하게 하는 그 사악하고 잔인한 일을 저지르고 있음이니, 그 죄를 다 어찌 받겠는가?

54 내가 오늘 2부의 나의 법전에 너희들에게 알림이니, 나의 사랑하는 선지자와 한 시대에 살아가는 종교 지도자이기에 너희들에게 내가 다시 한 번 기회를 주고자 하여 나의 이 뜻을 기록하여 이 깊은 밤에 내려보내나니,

55 이를 읽는 자는 갑론을박하지 말며 너희들의 그 작은 소명을 버리고 나 여호와가 이루고자 하는 이 대명에 동참하는 그 깨달음을 얻으라.

56 너희들의 지금 그 작은 명예요, 그 작은 안락한 생활이요, 너희들의 육신을 위하여 그를 버리지 못하고 나의 선지자를 따르지 못하는 자는 영원히 사는 나의 나라에 와서 너희들이 그 영광을 얻기 전에 고통의 세월을 살아가야 하는 것이니,

57 너희들의 육신의 삶과 지금 영혼의 구원을 받는 하늘나라에 오르는 은혜를 나에게 입는 그것과는 비교할 수 없는 너무나도 엄청난 격차가 있으며 거리가 있음이니, 너희들은 그를 보라.

58 하늘에 올라와 내 옆에 오는 그 영광됨을 보라.

59 그를 놓치지 말라. 그를 버리지 말라.

60 작은 것에 의하여 너희들이 버리지 말라.

61 이것이 내가 너희들에게 다시 한 번 기회를 줌이며, 내 사랑하는 선지자인 나의 종이요, 나의 아들과 같이 너희들이 숨을 쉬며 같이 보고 행하며 살

아갈 수 있는 이 시대에 태어난 그 영
광과 그 은혜와 은총을 너희들 것으로
생각하지 말라.
62 이를 저버리지 말아야 할 것이니 그를
깊이 깨우치라.

1,882 번째 하나님 말씀

2002년 2월 23일 02시 25분

1 사랑하는 선지자야!
2 "네, 여호와 하나님! 말씀하옵소서."
3 이 세상 나의 피조물 만백성을 위하여
내가 내린 성서요, 나의 법전은 그 누
구도 그에 대한 결정권이 없느니라.
4 오로지 너는 나의 뜻에 따라 듣고 시
행하면 되는 것이며 나의 뜻에 의하여
네가 기록하고 전함이니, 이는 네 임
의대로 시행하는 것이 아니라 나의 주
관하에 모두가 이루어지며 시행되는
것임을 알아야 할 것이니라.
5 지금 나의 법전을 네가 기록하나 네
뜻대로 행함이 아니요, 오로지 나의
뜻대로 나의 주관하에 움직이는 것이
며 너는 나의 뜻에 따라 움직이는 그
것뿐이니라.
6 나의 모든 성서도 마찬가지이니라.
7 그에 대하여 누구도 결정하고 주관하
는 자가 없음이니라.
8 오로지 그 모두를 주관하고 결정하며
심판함은 나 여호와밖에 할 수 없음이
니라.
9 너희가 임의로 그를 행할 수 없고 너
희가 임의로 결정할 수 없으며 너희가
임의로 심판할 수 없는 것이 성서요,
나의 법전이니라.
10 그러나 지금 너희들은 어찌 믿어 오는
것이냐?
11 너희들은 모두가 다 구원을 받았다 말
하고 구원을 받을 수 있다 말을 하며,
그리고 모든 것을 너희들이 다 결정하
여 이루는 것처럼 그와 같이 깨우치고
가르쳐 가니, 이것이 지금의 믿음의
가는 형태며 지도자들이 가는 길이니,
12 이는 너희들이 다시 한 번 짚고 넘어
가야 될 문제인 것이니라.
13 성서요, 법전이요, 모든 것은 다 나의
주관하에만 결정되며 나의 주관하에
만 이루어진다는 것을 너희들이 알아
야 할 것이니라.
14 이것은 누구도 심판할 수 없는 것이라
는 것을 너희들은 알아야 할 것이니,
이를 너의 제자들에게 일깨워 주도록
그리하라.
15 사랑하는 선지자야!
16 "네, 여호와 하나님! 말씀하옵소서."
17 지금 나의 법전을 읽고 깨우치는 너의
제자들이요, 너를 따르는 백성들은 마
음의 답답함과 마음의 괴로움이 없느
니라.
18 나의 법전을 읽는 자는 짓눌림이 없으
며 가슴의 아픔이 없으니, 그것이 나
의 법전을 깨우치고 읽는 자들이 가는
길이니라.
19 그러나 제3의 시대에 마지막 나의 피
조물 만백성을 구하기 위하여 내려보
낸 나의 법전을 읽지도 못하고 열지도
아니하는 자, 그리고 이를 접하지도
못한 자, 그들은 불안하고 초조한 마
음을 저희들이 지울 수가 없음이니라.
20 너희들이 몇십 년 동안 믿음이라는 것

을 향하여 너희가 만든 성전에 가 기
도하고 재물을 바치며 직급을 받고 그
직급을 쌓아 또 그에 따라 너희들이
재물을 바치고 기도하나, 너희들은 항
상 불안하고 초조한 그 마음을 지울
수가 없음이니라.
21 그것이 너희들이 바른길을 가고 있지
못함이니라.
22 그리고 너희들이 잘못 가르치는 종교
지도자들의 그 입놀림에 현혹되어 지
금 지옥 불을 향하여 가고 있기 때문
에 너희 마음이 불안하고 자신이 없으
며 구원에 대한 확신이 없는 것이니라.
23 그리하여 마음이 짓눌리며 항상 마음
이 무거운 그러한 상태에서 살아가는
것이 너희들이니라.
24 그러나 나의 법전을 접하고 나의 법전
을 읽으며 나의 선지자가 나의 성령을
들어 강론하는 그 말을 듣는 너희들은
불안하고 초조하며 마음이 짓눌리는
그와 같은 억압을 받는 것이 없음이니
라.
25 이것이 너희들과 그들과의 차별화됨
이니라.
26 너희들은 하늘에 오르는 길이 무엇인
가를 알고 마음이 정립되며, 그리고
행할 것을 알고 어찌 살아야 하늘에
오르는지를 알고 있음이니, 너희들의
마음은 평온이 있으며 편안함이 있느
니라. 그리고 확신이 있음이니라.
27 그리하여 나아가 너희들은 전 세계의
어디에 갖다 놓아도, 누구와 부딪쳐
도, 어떠한 상황에서도 나의 법전을
버리지 아니하고 나의 법전을 전파하
며 그 일을 위하여 살아갈 수 있음이
니라.
28 그러나 나의 법전을 접하지 아니하고
믿음의 세계를 가는 자, 깨우쳐 가고
있는 자, 저희들의 가슴에 짓눌리고
억눌리는 그 마음을 그들은 버릴 수
없음이니,
29 이것이 진정한 하늘에 오르는 길과 아
님을 알게 됨이니라.
30 그리하여 하늘에 오르는 길을 모르는
지도자가 가르치기 때문에 그들은 저
희 성전에 온 자가 등 돌릴까 봐 불안
하며, 그가 이웃의 담장을 넘겨다보는
것까지도 그들은 허용하지 아니하며,
그가 아무런 생각을 할 수 없도록 휘
어잡아 몰고 감이니, 그것이 무엇이더
냐?
31 불안과 초조를 저희들이 견딜 수 없기
때문이며, 저희들에게 모든 진리의 뜻
을 물었을 때, 그들은 대답을 할 수 없
기 때문이니라.
32 진정한 대답을 모르며 진정한 해답을
모르기에 그들은 무서운 질문을 파고
들어갈 때 답을 할 수 없음이니라.
33 그러나 나의 선지자, 나로부터 선택된
너는 누가 무어라 하든, 누가 질문을
하든, 너 스스로 대답함이 아니고 네
가 행함이 아니며,
34 오로지 내가 임하여 내가 너에게 명하
는 것만 네가 대답하며, 내가 그를 깨
우쳐 주기 때문에, 네 임의로 하는 것
이 아니기 때문에 어떠한 질문에도 네
가 대답할 수 있음이니, 그것이 다른
것이니라.
35 이와 같은 이치를 깨달아야 될 것이니
라.

36 내가 나의 피조물 만백성이 잘못 가고 있는 것을 너희들에게 이와 같이 상세히 깨우쳐 주며 인도해 줌이니,

37 너희들의 억눌리는 마음과 불안한 마음과 초조한 마음이 있는 것은 진정한 믿음의 길이 아니기 때문에 그렇다 하였음이니, 이 말뜻을 너희들이 깊이 새겨 봐야 될 것이니라.

38 지금 나의 모든 종교 지도자들, 그리고 그 지도자들을 따라서 구원을 받고자 밤과 낮을 가리지 않으며 기도하고 경배하고 찬송하며 눈물로써 무엇인가를 구하고자 울부짖는 너희들 또한 나의 법전의 2부가 세상에 나가 이를 접하고도 이 간곡한 나의 심정을 이해하지 못하고 바라보지 못하고 역행하며,

39 이는 마지막 시대의 말세에 오는 사탄의 장난이라 그리 말하는 자는 나 여호와가 존재함을 믿지 않으려 함이니라.

40 나 여호와가 존재함을 믿지 않는 너희들이 무엇으로써 구원을 받으며 무엇으로써 나를 찾는다 말하는가?

41 나의 이 법전이 정녕 나의 성령으로서, 너희들을 구하기 위하여 내려오는 마지막 나의 성령이라 생각하지 아니하며 이를 믿지 않는 자는 나 여호와가 있음을 믿지 아니함이니라.

42 나 여호와가 존재함을 믿지 아니하는 그 자체는, 그는 구원을 받을 수 없고 구원의 길을 볼 수도 없으며 하늘에 오를 수 없음이니라.

43 마지막 나의 모두를 정리하여 내려보내는 나의 법전을 읽고 깨우쳐 내가 존재함을 믿으며 나 여호와가 내려보낸 나의 성령이라는 것을 믿는 자,

44 그자만이 나 여호와가 하늘에 있음을 믿고, 너희 어버이임을 믿으며, 그리고 나를 믿음으로 하여 너희들이 구원을 받을 수 있다는 그 빛과 그 길을 알게 됨이니,

45 나 여호와가 존재하지 아니한다 생각하는 것과 내가 존재한다 생각하여 따르는 자들의 그 차이는 올바른 길을 가는 자와 가지 못하는 자의 그와 같은 차이가 있음이니라.

46 내가 이와 같이 너희들에게 손에 쥐여 주는 나의 이 가르침의 나의 성령을 듣고도 깨우치지 못하는 자가 있다 하면, 그는 영원히 구원의 길을 돌아다 볼 수 없으며 돌아올 수 없음이니라.

47 나에게 돌아오지 아니하는 자는 내가 그를 거둬들이지 아니함이니, 너희는 나와는 무관한 그 길로 가고 있음을 깨달아야 할 것이니라.

1,883 번째 하나님 말씀

2002년 2월 23일 03시

1 사랑하는 선지자야!

2 "네, 여호와 하나님! 말씀하옵소서."

3 하나의 땅덩어리에 한 나라라 하는 것도 그들이 개혁을 하고 혁명을 하며 서로 권력 다툼에서 이루어지는 것은 그 제왕이 있으며 또 그 제왕을 따르는 신하들과 그 백성들이 있음이니,

4 인간사 한 나라가 개혁하고 변하는 것도, 정권이 창출되는 것도, 또한 혁명을 이루는 것도 얼마나 방대한 조직과

방대한 인력이 동원되면서 그들이 변
화를 이루어 오는 것이더냐?
5 한 시대의 한 나라의 그 변화되는 것
도 얼마나 많은 소용돌이 속에서 많은
역사의 흐름을 남기며 그와 같이 변화
되어 가더냐?
6 한 나라의 역사가 변하여 개혁하고 변
화되는 것도 그와 같이 복잡하고 어려
운 여건 속에 그 많은 사람들이 그곳
에 휘말려 죽어 가는 자, 살아가는 자,
또 힘을 가진 자, 힘을 갖지 못한 자,
밀고 당기며 죽이고 죽는 그와 같은
형국을 거치면서 질서가 잡히고 또한
역사가 이루어지는 것이니라.
7 나라가 하나 변하는 것도 그와 같이
복잡하며 그 많은 변화와 소용돌이 속
에서 이루어지거늘,
8 지금 이 지구상에 있는 그 많은 나라
요, 그 많은 민족이요, 그 많은 집단을
하나로 통일한다는 그것이 얼마나 어
렵고 힘든 일이던가?
9 한 나라의 정권을 창출하며, 그것도
정권을 탈취하는 그 전쟁에도, 그 싸
움에도 수많은 인원과 수많은 물자와
시간이 흘러 그 역사가 변화되며,
10 또한, 역사를 이루고자 하는 자들이
권력자 앞에 저희 생명을 초개같이 버
려야 하는 그와 같은 소용돌이 속에서
질서가 잡히고 나라가 서게 됨이거늘,
11 지금 수백의 그 많은 나라요, 집단의
민족들을 하나로 일깨워 주는 것을,
그것을 혁명이라 해야 될 것인가 개혁
이라 해야 될 것인가?
12 무엇으로 말할 수 있겠는가?
13 한 나라를 바꿈도 그와 같은 많은 인
력과 물자와 시간이 필요하며 소요되
거늘, 지금 이 모든 세상의 나의 피조
물 만백성을 하나로 개혁하며 혁명을
이루고자 하는 너희들이 하는 그 사업
을 어디에 비추어 봐야 될 것인가?
14 그와 같이 이 모든 세상의 나의 피조
물 만백성이 가지고 있는 그 집단이
요, 국가요, 나라라 하는 것을 하나로
통일하여 이루고 이끌어 가고자 함이,
15 너희들이 한 나라를 개혁하여 바로 서
로의 정권 다툼이요, 그 찬탈의 싸움
에서 희생되는 것을 생각하며 그 지도
부를 볼 때, 얼마나 많은 자들이 그 지
도자의 명령에 따라 움직여 그와 같은
역사의 변화를 가져오느냐?
16 그런데 하물며 이 지구의 모든 민족의
집단이요, 나라들을 하나로 통일하고
자 하는 그를 주관하고 지도하는 자들
인 너희들이 지금 몇 명이나 되며, 선
지자 네가 가지고 있는 능력이 무엇이
있으며, 네가 가지고 있는 힘이 무엇
이 있으며, 네가 가지고 있는 재물이
무엇이 있던가?
17 너희들이 그와 같은 역사를 이루고자
함이, 이것이 너희들 인간의 힘으로써
할 수 있다 생각하는가?
18 지금 소속되어 있는 너의 제자들과 너
를 따르는 나의 백성들과 네 가까이
있는 너희들 제자들의 힘으로는 한 마
을도 하나로 이룰 수 없고 통일할 수
없으니, 그와 같은 미약한 힘이니,
19 한 역사의 변화를 이루는 그 많은 물
자와 인원이 동원되며 소요되는 그와
같은 것의 몇십 배, 몇백 배의 그 역사
보다도 큰 소용돌이 속에서 그를 하나

로 만들어 이끌어 가고자 하는 너희들
의 집단의 구성이 지금 어떠하더냐?
20 이것을 보더라도 이는 나의 진정한 선
지자요, 나의 성령을 태워 나의 선지
자를 통하여 내려감을 너희 제자들이
알아야 할 것이며,
21 지금 나의 피조물 만백성의 한 마을
단위에서 하늘에 오르는 길이라 하여
울부짖는 그들이 저 자신들을 돌아다
보며 지금 너희들이 역사하고자 이루
는 이 대업을 바라볼 줄 알아야 될 것
이니라.
22 그들이 너희들이 나의 피조물 만백성
그 많은 집단을 하나로 이루고자 하는
것을 안다 하면, 너희들이 가지고 있
는 모든 능력을 갖고서 그것을 너희들
이 이루고자 대든다 하면,
23 이는 나 여호와가 존재함이며 내가 주
관함이며 내가 이끌어 가고 있다는 것
을 스스로 깨닫고 판단할 수 있거늘,
그것 자체도 그들이 모르고 있음이니
라.
24 사랑하는 선지자야!
25 "네, 여호와 하나님! 말씀하옵소서."
26 이 세상의 나의 피조물 만백성을 하나
의 공통어로써, 생활 습관으로써 나를
향하여 하늘에 오르는 그 길을 달려올
수 있는 나의 백성으로 만든다는 것을
너희들이 지금 부르짖고 있음이니,
27 너의 제자들에게 물으라, 너희들의 그
인력과 너희들의 재능과 너희들이 가
지고 있는 그 모든 동원할 수 있는 재
물을 갖고 무엇을 이룰 수 있는가.
28 그러나 너희들은 이루어져 가고 있음
이니 이를 시행할 것이니라.
29 이것이 바로 나 여호와가 너희들과 같
이 있음임을 너의 제자들부터 먼저 깨
우치도록 그리 이르라.
30 10만 권이라는 나의 법전이 세상에
나가면 너희들이 말하는 종교 지도자
라는 그 지도자 10만 명이 세상에 나
감이니,
31 나의 선지자요, 나의 백성이요, 나의
선지자의 제자들을 대변하여 그 10만
명의 지도자가 세상에 나가 말없이 나
의 피조물 만백성에게 하늘에 오르는
길과 나에게 기도하는 법과, 가족 단
위로 기도하면 구원받으며 자기 스스
로 기도하면 구원받는다는 그 깨달음
을 깨우쳐 줌과 같음이니,
32 이것이 2단계의 너희들이 이룰 수 있
는 작업이며, 3단계는 너희들의 다섯
손가락의 50만 부의 법전이요, 50만
명이라는 나의 선지자의 제자들이 또
세상에 나가게 됨이니,
33 그리하여 50만 명이라는 나의 선지자
의 제자들이요, 나의 법전을 읽고 깨
우친 자들이 지도자들로 나가는 것과
같이 나의 법전이 닿는 그곳에서 나의
피조물 만백성을 깨우쳐 가고 일깨워
가고자 하는 것이며,
34 다음에는 100만 명이요, 그다음에는
더 많은 나의 백성이요, 나의 선지자
의 제자와 같은 그 법전이 펴져 나감
이니,
35 이와 같은 역사가 이루어지는 그 속에
서도 지금의 믿음을 이끌어 가는 종교
지도자들은 사탄이요, 이단이라 그리
말할 것이니,
36 저희들이 한 민족으로서 나 여호와로

부터 선택되어, 또 내가 그를 선택하
여 저희들이 읽고 쓸 수 있는 글로써
이룰 수 없는 은혜와 은총을 내리건만,
37 작은 것을 위하여 이 크고 위대한 것
을 보지 못하는 우를 범하는 자들을
미워하고 탓하기 전에 그들을 일깨워
주는 그와 같은 역사를 너희들이 이루
어야 하는 것이니라.
38 나의 선지자가 살아가는 한 시대에 같
이 살아가는 자들이 지금 한 번 삶을
마치고 간다면 그와 같은 피조물들의
삶이 없을 것이니,
39 나의 선지자가 33년이라는 세월을 살
아가는 동안에 그 선지자와 같이 살아
가는 나의 피조물 만백성은 앞으로 몇
천 년의 유구한 역사가 흐른다 하여도
그와 같은 은혜와 역사의 현장이 없을
것이니,
40 이것이 얼마나 귀중하고 소중한 것인
가를 알아야 할 것이며, 그 시대에 살
아가는 나의 선지자와 동행하여 가는
종교 지도자들이요, 깨우침을 안다는
자들을 버리는 것이 내가 너무나도 아
까움이니라.
41 그리하여 그들을 거두어 쓰고자 함이
니, 너의 제자들은 그들을 버리지 말
고 욕하지 말고 탓하지 말며 그들을
받아들여야 될 것이니라.
42 그들은 모두를 다 버리고 오는 자들이
니라.
43 앞으로 그와 같은 자들이 너희들 앞에
왔을 때, 그들은 지금까지 살아왔던
모든 역사를 다 버리고 오는 자들이
니, 그들의 고충을 너희들이 돌아다볼
수 있는 그와 같은 마음의 자세를 갖
고 그들을 감싸야 될 것이니라.
44 그자들이 올 것이니라.
45 10만 권이라는 나의 법전이요, 나의
선지자의 제자들 10만 명이 세상에
나가 나의 피조물 만백성을 깨우쳐 갈
때, 반드시 그들이 많이 오게 될 것이
니라.
46 그리고 100만 권이라는 나의 법전이
세상에 나가 덮어 만백성을 일깨우는
역사를 이루기 시작할 때, 그들이 또
한 수없이 몰려올 것이니라.
47 그들은 반드시 오게 될 것이니라. 오
도록 하여야 될 것이니라.
48 네가 나에게 간곡히 기도함을 내가 아
느니라.
49 그들이 깨우쳐 너와 더불어 역사를 이
룰 수 있도록 그들이 가지고 있는 그
상식을 바로 가르쳐 바로 써서 그들이
가지고 있는 믿음의 세계에서 그들이
지도했던 그 능력을, 나 여호와가 있
음을 믿으며 나 여호와를 향하여 오는
그 길에서 그들을 네가 다스리고 쓰고
자 함을 나 여호와가 알고 있음이니라.
50 그리하여 그들을 너의 뜻에 따라 내가
구원하고자 함이며, 그들이 나에게 돌
아올 수 있도록 하고자 함이니, 돌아
오는 자 버리지 말라.
51 네가 나에게 기도하고자 하는 그 마음
을 내가 아느니라.
52 사랑하는 선지자야!
53 "네, 여호와 하나님! 말씀하옵소서."
54 너희들이 그래도 구원을 받고자 하며
하늘에 오르고자 하는 그 애절한 마음
을 바로잡아 바로 지름길로 올 수 있
는 그 길을 빛으로써 인도하는 것이

또한 너희들에게 중요함이니라.
55 너희 형제요, 너희들과 같이 가는 그
들이, 너희들과 한 시대에 살아가는
그 소중한 너희 형제들이 영원히 구원
을 받는 길을 보지 못하며,
56 육신만을 위하여 육신에게 구원을 받
고 영혼을 구원받고자 매달리는 그와
같은 너희 형제들을 일깨워 줘야 할
것이니,
57 선택된 너희들이 얼마나 나에게 소중
한 자인가를, 그리고 얼마나 너희들이
무한한 능력을 지닌 자들인가를 알아
야 할 것이니라.
58 한 나라를 개혁하며 한 나라를 바꾸는
것도 수만, 수천만의 병사들과 인력이
동원되거늘, 그보다 몇백 배, 몇천 배
의 위대한 역사를 이루는 그 일을 담
당한 너희들이니, 너희들이 얼마나 나
로부터 소중한 자들인가?
59 내가 너희들에게 임하여 너희들이 역
사를 이루도록 할 것이니, 그리하여
너희들로서 이 일을 실행하도록 내가
명하였으며, 너희는 그 길을 향하여
지금 달려가고 있음이니,
60 너희들은 두려워하지 말고 겁먹지 말
며, 나 여호와가 나의 선지자를 이끌
어 가는 그 길에 너희들이 모든 정열
을 다 바쳐 두 주먹 불끈 쥐고 선지자
를 따라 달려가면 되는 것이니 그리
알라.

1,884 번째 하나님 말씀

2002년 2월 23일 04시

1 사랑하는 선지자야!
2 "네, 여호와 하나님! 말씀하옵소서."
3 나의 피조물 만백성이 지금 저희들을
지도하여 인도한다는 자들을 따라가
며, 또 그들을 인도한다 하여 끌고 가
는 자들이 있으니,
4 기본도 안 되어 있는 자들 밑에서 나
의 사랑하는 피조물 만백성이 그들에
게 현혹되어 구원의 길이 아니라 지옥
불로 떨어져 간다 하였으니, 이 얼마
나 가슴 답답한 현실이더냐?
5 지도자라는 자들이 무어라 하느냐?
6 삼위일체라 하느니라.
7 나와 나의 아들과 성령이 똑같다 말을
함이니, 이 말이 어디서 나온 말이며,
어찌하여 그와 같은 말이 나올 수 있
다 말하는가?
8 어떻게 자식과 아비가 한 몸이라 말하
는가?
9 너희들 인간사에서 천륜이요, 인륜을
따져 그 뿌리를 찾아서 그 아버지의
그 아들이라 하자.
10 그래도 그들은 한 몸이 아니거늘, 어
찌하여 누가 무엇 때문에 어디에 근거
를 두어 삼위일체라 말하는가?
11 나의 성경에도 기록되어 있음을 너희
들이 알 것이니라.
12 나의 아들 예수는 나를 대언하는 자이
며, 나의 뜻을 받아 나를 대신하여 세
상에 나가 나의 피조물 만백성을 구원
하고자 하였으며,
13 그는 그의 뜻대로, 그의 임의대로 말
하는 것이 아니라 나의 지시요, 나의
성령을 받아 나의 뜻에 따라 나를 대
언한 자이니라.
14 그러한 구절이 성서에도 기록되어 있

을 것이니라.
15 그러한 구절을 너희들이 읽지도 아니
하고 보지도 아니하였다면 너희들이
삼위일체라 하는 그 말을 할 수 있을
것이니라.
16 그러나 명백히 기록되어 있음이니라.
17 나 여호와는 오로지 나 여호와며, 나
의 아들 예수는 나의 아들 예수이니라.
18 나의 성령은 내가 내려보내는 나의 뜻
을 전하는 것이니라.
19 이 해괴망측한 말들을 너의 제자들은
하지 말 것이며, 이와 같이 잘못되어
있음을 나의 피조물 만백성에게 일깨
워 줘야 될 것이니라.
20 이와 같은 기본이요, 기초의 질서도
모르며 그 흐름도 모르고 있는 너희들
이 하늘에 오른다고 무조건 그저 부르
짖으며 하늘을 향하여 소리 지르고 손
을 들고 흔들어 댐이니, 그리하여 너
희들에게 와 일깨워 준 자가 뭐라 말
하였느냐?
21 하물며 인간 너희들이 살아가면서 '선
배의 이름을 부르기도 어렵고 조심스
러운 것이거늘, 아버지요, 조상들의
이름을 마음대로 불러 대는 자가 어디
있느냐?'는 그와 같은 부끄러운 말을
들었음이니,
22 너희들은 광란의 기도를 드릴 때 나의
이름을 마구 부르고 있음이니, 이와
같이 기초요, 기본 질서도 모르는 그
러한 자들이 무슨 나의 피조물 만백성
을 일깨워 주며 만백성을 가르치는 지
도자라 말하는가?
23 너희들의 구원을 위하여 모두를 다 바
쳐 내려보낸 나 여호와요, 그 뜻을 따
라 대행한 나의 예수니,
24 너희들은 흥분하고 광분하면 그저 그
이름을 불러 대며 달라, 내려 달라, 구
원을 해 달라 소리를 지름이니, 그 소
리를 듣고 그 뜻이 무엇인지도 모르면
서 '옳소! 옳소!' 하고 소리 지르는 것
이 나의 피조물 만백성의 광란의 형태
이니,
25 저희 아버지를 욕하고 저희 아버지를
흉보며 저희 아버지 이름을 저희 이름
보다도 더 함부로 불러 대는 그들에게
너희들이 또한 '옳소! 옳소!' 하며 찬
송하고 손뼉치며 소리 지르니,
26 이러한 것이 지금 너희들이 하고 있
는 짓이니라.
27 철부지 아이들만도 못한 행위를 하고
있음이니라.
28 기초요, 기본 질서도 모르는 것이 지
금 너희들이 하고 있는 행위이니라.
29 그러한 자들이기 때문에 너희들 입에
서 삼위일체요, 나 여호와가 나의 아
들과 같다는 이야기를 함이니, 이러한
것부터 너희들은 뜯어고쳐야 될 것이
니라.
30 그 해괴망측한 소리가 어디에서 나왔
으며, 있을 수 없는 그와 같은 이야기
가 어디에서 나왔는가?
31 이를 다스려 고쳐 나가야 할 것이니라.
32 나는 너희들에게 일렀느니라.
33 너희들의 창조주는 나 하나며, 모두를
주관하는 것은 나 하나라 하였음이니
라.
34 그리하여 '나 외에는 다른 신을 너희
에게 있게 하지 말라.' 하였음이니, 너
희들 인간사에서도 이와 같은 해괴망

측한 짓을 하지 아니하는 것이니라.
35 너희 육신의 부모가 죽었을 때, 너희
는 그 앞에 가 경건히 고개 숙여 예의
를 갖추며 제사라 하는 것을 올리고,
너희 자식들이 너희들의 부모를 공경
하는 것으로써 정해진 행사 날 너희
부모에게 예의를 갖추며 그와 같은 행
위를 하는 것이 너희들이니라.
36 너희들은 너희 육신의 부모에게 고개
숙여 경배하는 제사를 드리면서, 어찌
하여 창조주인 나의 이름은 그리 망령
되이 함부로 부르는가?
37 내가 누구이던가?
38 이와 같이 기초 질서도 모르고 기본도
모르는 가장 부끄러운 그들이 지도자
라 서 있음이니, 그 앞에 너희들이 무
엇을 배우고 무엇을 깨우치겠는가?
39 이러한 부분들부터 너희들은 정리해
나가야 할 것이니라, 오로지 하늘엔
나 여호와 하나이고 이 세상의 창조주
는 나이며 이 모두를 관장하는 것은
나 여호와라는 것을.
40 내가 너희들에게 나를 심어 주고자 함
이 아니라, 너희들의 기본이요, 기초
를 알고 가라 함이니라.
41 기본이요, 기초도 모르는 너희들이 어
찌하여 하늘에 오르는 길을 선택하여
올 수 있겠는가?
42 너희들은 십계명을 무시함이며, 나의
성령으로써 내려보내는 나의 뜻을 지
키지 아니하려 하는 그런 행위에서 그
와 같은 발상이 나오게 됨이니라.
43 너희들이 '나 외에 다른 신을 경배하
지 말며 섬기지 말라.' 하며 다른 신은
존재하지 아니한다는 이 구절을 지키
고 따르고자 하면, 이는 바로 나의 십
계명을 지키게 되며, 나의 십계명의
소중함을 너희들이 알게 됨이니,
44 너희들이 그리하여 나 외에는 다른 신
이 없다는 그 구절이 무섭고 두려워,
또 너희들은 그리 외우지 않으면 나의
십계명을 지키고 살 수도 없으며, 그
를 지키고자 하면 너희들은 더럽고 추
하고 부정한 짓을 할 수 없으니,
45 너희 종교 지도자 앞에 가서 재물을
바칠 이유도 없고 헌금을 바칠 이유도
없으며 십일조라 하는 것을 바칠 수도
없음이니라.
46 너희 마음이 깨끗이 변해 가야 너희들
이 죄를 짓지 않고 하늘에 오를 수 있
음이니라.
47 너희들이 무엇이 두려워서 그와 같이
나의 계명에도 있지 않은 행위를 하고
있는가?
48 너희들이 바르고 깨끗하게 전진하는
것을 나아갈 수 없도록 막는 것이 지
금 종교 지도자들의 간악한 흉계이니
라.
49 그리하여 인간은 십계명을 지킬 수 없
다 말하였으며, 당연히 십계명이 나의
불로 쓴 나의 가장 애절한 뜻이므로
너희들은 그를 암송하고 지켜 가야 하
거늘,
50 첫 번째, '나 외에 다른 신을 너에게
있게 하지 말라.', 오로지 나만이 존재
한다는 그것을 나의 피조물 만백성에
게 가르치게 된다면, 나의 십계명을
들추지 아니할 수 없고 나의 십계명을
공부하고 연구하지 아니할 수 없으며
나의 십계명에 가장 소중하다는 것을

강조하지 않을 수 없음이니라.
51 그리하면 그들은 어찌되겠는가?
52 저희 자신이 십계명을 지키지 못하며
그를 행하지 못함이니, 나의 뜻이 두
려워 행하지 못함이니 저희들의 설자
리가 없게 됨이요, 이를 지켜 나간다
하면 누구도 재물이나 모든 것을 함부
로 바치라 할 수 없으며, 바칠 수 없음
이니라.
53 십계명은 그와 같은 뜻도 없으며, 십
계명을 깨우쳐 가는 자는 깨달음이 높
아 하늘에 오르는 길의 문이 열려 하
늘에 오르는, 태양보다 더 찬란한 그
빛을 보게 됨이니,
54 너희 앞에서 가르치는 거짓 선지자들
이요, 거짓 종교 지도자들의 잘못 가
는 것을 바라볼 수 있으며, 그를 깨우
치고 그들을 힐책하게 됨이니라.
55 지금 바로 나의 성전에 와 공부하는
나의 백성들이요, 너의 제자들은 어찌
되는가?
56 점점 깨달음이 높으며, 십계명 하나에
매달려 온 정성을 다하여 암송하며 그
를 지키고자 발버둥치고 노력하는 너
희들의 그 마음과 나아가는 길에는 무
엇이 있더냐?
57 하늘에 오르는 그 길이 보이기 때문이
니, 너희들의 깨달음이 얼마나 높아
가던가?
58 그와 같이 깨달음이 높은 자, 헛된 짓
을 할 수 없고 추한 짓을 할 수 없으
며, 죄를 짓지 아니함이니 그 죄를 빌
이유가 없으니,
59 재물을 갖다 바치고 거짓 선지자가 지
껄여 대는 그 소리에 재물로 그 더럽
고 추한 소리를 사는 그러한 형국이
이루어지지 아니하며 이룰 수도 없음
이니라.
60 너희가 죄를 짓지 않기 때문이니라.
61 그리하여 그들은 말하였느니라.
62 인간은 죄를 지을 수밖에 없다 하여
죄를 짓도록 만들었으며, 너희들이 지
은 죄 때문에 두렵고 두려워 그를 용
서받기 위하여 그 추하고 짐승만도 못
한 그들이 부르짖는 그 소리를 들어
재물로 그를 사고 마음의 위안을 얻기
위하여 매달리게 되어 있음이니, 그와
같은 간교한 자들이 만든 계략이니라.
63 삼위일체라는 말도 또 그와 같은 역사
속에서 이루어진 것이니라.
64 나의 십계명을 지키며, 나 여호와만이
존재하고 오로지 내가 너희들의 아버
지라 하여 나를 섬기게 되면 십계명을
공부하게 됨이니, 너희들이 이 길을
벗어날 수 있는 방법이 무엇인가?
65 너희 간악한 인간들이 연구한 것이 바
로 삼위일체라 하여 아버지와 아들과
성령이 같으니 그중에서 가장 나약한
아들을 믿으면 된다 그리 지키고 너희
들을 깨우쳐 감이니, 거기에는 십계명
이라는 것이 없음이니라.
66 그들은 '예수가 십계명을 부르짖은 것
이 아님이니라.' 그리하여 더 간악하
고 잔인한 방법으로써 무어라 말하느
냐?
67 '구약의 시대는 문을 닫았으니, 그 소
중한 여호와 하나님의 십계명은 우리
에게 필요 없다.' 하니, 너희들이 올라
오는 것이 예수에게 올라오고자 함이
냐 나 여호와에게 올라오고자 함이냐?

68 너희들은 나에게 구원을 받게 되느냐
예수에게 구원을 받게 되느냐?
69 구원을 해 주는 이는 예수가 아니요,
나 여호와이니, 내가 내린 그 십계명
이 흘러간 역사 속에 묻어 두어야 되
는 그러한 계명이던가?
70 나에게 오르고자 하며 내가 내린 그
계명을 위하여 너희들은 살아와야 될
것이며 나의 뜻을 따라야 할 것이니라.
71 그들은 그 계명을 지킬 수가 없고, 지
키면 저희들이 아무것도 이룰 수가 없
기 때문에 그 간악하고 더럽고 추한
생각과 그 머리로써 연구한 것이 바로
그것이니라.
72 그리하여 삼위일체라 하여 나의 아들
예수를 믿음으로써 구원을 받을 수 있
다 그리 둘러대며 그리하여 십계명이
라는 것을 덮어 두고,
73 저희들이 듣고 이해가 되며 떡을 갖다
바칠 수 있는 그러한 문구를 가지고
나의 피조물들을 그리도 살인자보다
도 더 간악한 방법으로 죽여 가며 이
끌어 가고 있는 것이 지금 그들의 그
추한 모습이니라.
74 이를 바로잡고자 함이니라.
75 예수는 십계명을 지키고 또 지키도록
강조하였으니, 반드시 그와 같은 것을
말하였음이니라.
76 '나의 아버지의 계명인 십계명을 지켜
야 하늘에 오르는 길이라.' 하였거늘,
너희 간악한 무리들은 여기서 그 말을
다 삭제하였음이니, 원본이 없다 함이
거기에 있느니라.
77 그 원본에 의하여 예수가 말하기를 십
계명을 지키는 것이 하늘에 오르는 길
이라 말하였다면, 너희들은 이리 말할
것이니라.
78 '우리를 따르고 우리의 말만 듣는 자
는 구원을 받을 것이며, 하늘에 오르
는 것이 우리가 대변자요, 대역자이기
때문에 우리말만 들으면 된다.' 그리
하여 또 십계명을 피해서 너희들을 갖
다 붙여 대었을 것이니라.
79 너희 간악한 무리들은 생각하고 있을
것이며, 그리하여 만들었느니라.
80 나 여호와 하나님이 내린 그 십계명을
지키면 나 여호와 하나님을 찾게 되
며, 나 여호와 하나님이요, 너희 아버
지를 찾으면 십계명을 찾게 됨이니,
81 이를 너희들이 슬그머니 구렁이 담 넘
어가듯이 그 흉악하고 사악한 생각으
로써 한 계단 물러나, 삼위일체라는
것을 갖다가 굴레를 씌워 아버지와 아
들과 생각이 같다 그리 만들었음이니
라.
82 나의 성령은 내가 내림이니라.
83 나는 나요, 나의 성령의 가르침은 나
의 지식이며 나의 상식이니라.
84 그리고 그것은 내가 너희들을 가르치
기 위한 교본이며 교과서이거늘, 어찌
하여 내가 만든 그 교과서가 나와 같
고, 나의 아들이 나와 같으며, 내가 나
의 아들과 같다고 너희들은 그리 말하
는가?
85 너의 제자들은 이 대목을 읽어 그 사
악한 무리들의 간교한 그 수법을 만천
하에 전하여야 될 것이니라.
86 십계명이라는 그 계명을 지킬 수 없기
때문에 나 여호와요, 저희들의 창조주
요, 저희 아버지라 부르는 나까지 팽

개치고 버리는 것이 지금의 종교 지도
자들이요, 너희들이 6천 년 역사 동안
에 흘러오면서 행한 그 사악하고 더럽
고 추악한 행위이니라.
87 나는 이제 그들을 단죄하기 위하여 그
들을 벌하고자 함이니, 그대로 더 이
상 놔둘 수 없어 그들을 단죄하여 그
악의 씨를 이 세상에서 짓밟고 뭉개고
자 함이니,
88 성서에 기록되어 있는 그 내용은 바로
너희들을 짓밟아 뭉개겠다는 나의 뜻
임을 너희들은 알아야 할 것이며 그
무서움을 알아야 될 것이니라.
89 그를 대비하여 내가 내린 나의 십계명
을 생명처럼 지키며 십계명에 따라 살
아가겠다는 나의 백성들을 이 세상에
살아가 존재할 수 있도록 하기 위하여
그 목숨을 내걸고 대명을 수행할 수
있는 나의 선지자요, 나의 종이요, 나
의 아들을 세상에 내려보내 지금 뿌리
를 내려 가고 있음이니,
90 이곳에 대적할 자 있거든 대적해 보라
말하라.
91 이보다 더 무서운 간교한 방법은 없느
니라.
92 이보다 더 추악한 방법은 없음이니라.
93 저희들이 십계명을 지키지 아니함은
내가 없음을 부르짖는 것이고, 내가
존재함을 부정하고 부인하는 것이며,
94 또 그 십계명을 지킬 수 없기 때문에
나의 아들 예수가 나와 동등하다, 그
리하여 나의 아들만 믿으면 된다 하여
소리 지르면서 저희들은 십계명을 밟
아 뭉개어 놓았으며, 그것은 가르치지
아니하고 암송하지 아니하고 나와는
아무런 관계없는 소리만 지껄여 대고
외우고 있으며,
95 관계없는 지도자들의 사악한 무리들
이 하늘에 오르는 나의 백성들을 이끈
다 하여 설교하고 단상에 서서 악을
바락바락 쓰고 있는 그와 같은 형국이
니,
96 그 추하고 더러운 모습을 나 여호와가
다 거둬들이고 묻어 버리고자 하는 것
이며, 나의 제3의 시대의 법전을 내려
보내는 뜻이 여기에 있느니라.
97 너의 제자들과 너는 그와 같은 용기와
자신을 갖고 나 여호와가 너희들과 같
이함을 믿으며, 내가 너희들과 같이
존재함과 나의 뜻을 깨달았으면 전사
로서 그를 믿고 나가 실행하라.
98 그리하면 천 년의 역사 후에는 오로지
나의 십계명을 지키고 따르는 선한 백
성만이 존재할 수 있는 그 지상의 낙
원을 만들 수 있음이니 그리 알라.
99 이 뜻을 잘 깨우쳐 주도록 하라.

1,885 번째 하나님 말씀

2002년 2월 23일 09시

1 사랑하는 선지자야!
2 "네, 여호와 하나님! 말씀하옵소서."
3 너는 나의 피조물 만백성의 희망이
되어야 하며 만백성의 빛이 되어야 함
이니라.
4 네가 삶에 있어서 한 점의 부끄러움이
없는 아름다운 삶을 살며, 네 모습이
찬란한 빛을 낼 수 있도록 그리 살아
야 하느니라.
5 그리하여 네가 영원히 나의 피조물 만

백성의 희망이요, 빛이 되는 삶을 이
제는 살아가야 하는 것이니라, 선지자
야!
6 나의 피조물 만백성이 너를 믿고 네가
그들의 희망이 되어 사는 그 삶을 살
아갈 때, 그것이 또한 그들이 하나로
이루어지는 근본의 힘이요, 바탕이 됨
이니라.
7 너의 제자들의 희망이요, 나의 법전을
읽고 깨우친 모든 백성들에게 네가 희
망과 빛이 되어야 되며,
8 네가 나의 법전을 세상에 내어 너희
자손들이요, 대대손손이 오늘의 너를
기억하고 바라볼 때 그들에게 네가 빛
과 희망이 되는 사람으로 남아야 함이
니,
9 너의 자세와 너의 삶이 얼마나 곧고
발라야 하는가를 항상 네가 생각하며
삶을 살아가야 하는 것이니라.
10 한 사람의 스승이요, 지도자의 가는
길이 정녕 그리 쉬운 것이 아니거늘,
너는 이 세상 모든 나의 피조물 만백
성의 종이요, 또한 스승이요, 그들의
빛이 되어야 하기 때문이니, 네가 가
고 있는 이 길이 어떠한 길이더냐?
11 이 세상을 창조한 창조주인 나 여호와
의 뜻을 받아 그 대업을 이루는 대변
자요, 또 대역자로서 네가 오늘 존재
하고 살아감이니,
12 오늘의 생활에 네가 아름다워야 할 것
이며 내일의 생활은 더 아름다워야 될
것이며, 그와 같이 네가 살아가는 모
두를 갈고 닦아 너로부터 비치는 그
찬란한 빛을 만백성이 봐야 될 것이니
라.
13 그들이 그 빛을 볼 수 있고 또한 네가
이러한 역사를 이루고 역사 속에 살아
가는 그 모습이 그들의 희망이요, 그
들의 즐거움이요, 그들의 마음을 다스
리고 이끌어 가는 그러한 인물로서 너
는 영원히 존속하고 남아야 함이니 이
를 잊지 말라, 사랑하는 선지자야!
14 "전지전능하신 여호와 아버님!
15 말씀하시는 그 뜻을 알 수 있사오며,
무엇을 원하시오며 무엇을 어찌 바라
시는가를 제가 알고 있사옵나이다.
16 인간으로서 할 수 있는 길, 인간으로
서 지켜야만 하는 그 길, 인간이며 여
호와 하나님으로부터 받은 그 생명의
은혜요, 영혼의 은혜요, 또한 삶의 은
혜요, 그리고 죽어 구원을 받을 수 있
는 은혜요, 그 모두를 보답할 수 있는
길이 어떠한 길인가를 알고 있사옵나
이다.
17 제가 생각하고 인간으로서 깨닫고 노
력하는 그 모두를 다 바치겠사옵나이
다.
18 그러나 인간으로서 여호와 하나님의
그 뜻이요, 바라시는 그 끝을 향하여
가는 길은 너무나도 멀고 넓사옵나이
다.
19 그 넓고도 먼 길을 가는 제가 인간으
로서의 한계를 넘어 여호와 하나님 아
버지께서 바라시는 그 길을 가는 것은
오로지 아버님의 역사해 주심과 아버
님께서 손을 내밀어 저를 이끌어 주시
는 그 영광으로만이 제가 그리 갈 수
있다고 생각되옵니다.
20 아버님께서 내미시는 그 손의 이끌어
주심과, 항상 깨우칠 수 있는 능력과

미래를 바라볼 수 있는 총명함을 주시
고 바른 판단을 할 수 있으며 바른길
을 갈 수 있도록 해 주시는 그와 같은
여호와 아버님의 사랑하심이 없이는
저는 정녕 갈 수 없을 것 같사옵나이
다.
21 이 불쌍하고 어리석은 저를 버리지 말
아 주옵소서.
22 저를 아버님께서 기억하여 주옵시고,
아버님의 그 크나큰 은혜와 영광으로
써 제가 바로 설 수 있으며 만백성에
게 길이 남는 희망이요, 빛이 되는 사
람이 될 수 있도록, 여호와 아버님의
성전에 사랑과 은혜 그 모두로써 저를
다스려 주옵시고, 저에게 바로 설 수
있는 그 현명함을 지탱하며 행할 수
있도록 감히 사랑으로써 내려 주옵시
기를 간곡히 기도드리옵나이다.
23 감히 아버님께 기도를 드리옵나이다."
24 선지자야, 너희 인간사의 관계에 잘
가고자 하고 착하게 노력하며 부모에
게 순종하는 자식을 누가 때리겠으며,
그를 가르치지 아니하는 부모가 어디
있겠는가?
25 네가 만백성의 빛이 되고 그들의 희망
이 되며, 영원히 그들이 너를 아름답
게 기억하며 너의 살아가는 그 모습을
보고 악을 버리고 선을 선택할 수 있
도록 네가 바로 서고자 함이니,
26 나 여호와가 너를 항상 기억하고 내가
너와 같이 있음을 너는 잊지 말며 그
와 같은 마음으로써 생활을 하도록 그
리하라.
27 네가 변하여 가며 네가 나를 향하여
달려오는 그 마음을 사랑하노라, 선지
자야!
28 너의 그 마음의 변화를 너의 제자들의
가슴에 심어 주는 것을 잊지 말라.
29 너의 제자들부터 너의 변하는 모습과
그 빛을 볼 수 있어야 할 것이며, 그들
이 그 빛을 보며 그 마음에서 너를 따
르고 너를 희망으로 깨닫고 느낄 때,
모든 역사가 이루어지는 기초가 다져
짐을 잊지 말라, 선지자야!

1,886 번째 하나님 말씀

2002년 2월 23일 10시

1 사랑하는 선지자야!
2 "네, 여호와 하나님! 말씀하옵소서."
3 네가 나에게 간곡히 기도를 드림이니,
바르고 곧은 자세요, 만백성에 대하여
빛이 되고 희망이 되는 그 힘과 용기
를 나에게 내려 달라 네가 말함이니,
4 지금 네가 그를 향하여 잘 가고 있으
며 잘 깨달아 가고 있음이니라.
5 너는 두려워하지 말며 조급히 생각하
지 말라.
6 너의 마음이 서서히 아름다운 천사의
형태로 변해 가고 있는 것을 네가 알
고 있지 않은가?
7 그리 그저 가면 되는 것이니라.
8 애벌레가 허물을 벗듯이 그와 같이 네
가 서서히 변해 가 하나의 아름다운
나비로서 하늘을 날듯이, 너 스스로
천사가 되어 나에게 올라옴이 얼마나
영광이며 너에게 축복인가?
9 너 스스로 날갯짓을 하여 나에게 올라
오는 그러한 역사를 이루도록 하라,
선지자야!

10 사랑하는 선지자야!
11 "네, 여호와 하나님! 말씀하옵소서."
12 네가 그와 같이 변화되며 그와 같이
아름다운 모습으로써 서서히 너의 모
든 허물을 벗고 던짐은 네가 사랑을
실천하고자 함이며 나눔을 실천하고
자 함이니라.
13 그러나 지금 수천 년 동안 지도자 앞
에서 깨우쳐 울부짖으면서 살아온 나
의 피조물 만백성이 처해 있는 위치는
과연 어떠하더냐?
14 너희들 모든 것 중에 가장 소중한 것
이 사랑이며, 나 여호와에게 올라오는
것이 사랑이고, 내가 원하는 것이 사
랑이라 하며 눈물을 흘리고 찬송을 부
르고 기도하고 울부짖으며 광란의 그
상태에서 나 여호와요, 너희 아버지라
하여 나를 부르고 애절한 통곡의 소리
에 가까운 그 음성으로써 나에게 '사
랑을 베풀며 사랑을 지키고 살아가겠
다.'고 말하는 것이 수천 년 동안 흘러
온 나의 피조물 만백성이 믿음을 향하
여 온 그 길이니라.
15 그리고 단상에 서며 많은 나의 피조물
백성들 앞에 서 있는 각 종파의 종교
지도자들이라는 자는 저희들이 뒤로
어떠한 행위를 하든, 남들이 보지 않
는 그 상태에서 저희들이 추하고 더러
운 마음을 먹든 안 먹든, 다 사랑을 베
풀며 착하고 아름답게 살라 하였음이
니라.
16 그리하여 그 역사의 흐름이 다람쥐가
쳇바퀴를 돌리고 돌리듯이 제자리에
서 벗어나지 못하는 그와 같은 형국으
로 너희들은 말로만 '사랑, 사랑' 하면
서 부르짖고 살아왔음이니,
17 이를 더 이상 볼 수 없는 지경에 이르
렀으며, 지금 그와 같은 상황에 도래
한 세상에서 너희들이 살고 있음이니
라.
18 모든 것의 으뜸이 사랑이라 하면서 너
희들은 무어라 하느냐?
19 자식과 부모 간에, 형제지간에도 너희
들은 믿음이 같지 아니하며 너희들이
믿는 그 성전에 와 그 설교요, 그 가르
치는 말이며 지도자가 하는 그 행위를
따르지 아니한다 하여 그를 어찌 보는
것이냐?
20 목숨을 걸고 적과 적끼리 싸우는 전쟁
터에 나와 있는 병사들보다도 더 무섭
고 강한 마음으로써 너희들은 적대시
하고 형제를 형제로 인정하지 아니하
며, 심지어는 부모와 자식 사이에도
인연을 끊어야 하는 그와 같은 사악하
고 말할 수 없이 독한 지경에 와 있음
이니, 그 마음이 과연 사랑을 베푸는
것인가?
21 너희들이 6천 년 동안 실천하고자 하
는 그 사랑을 실천하고 있음이 지금
그와 같음이니라.
22 너희는 믿음이 다르다 하여 인륜의 관
계까지도, 형제의 정까지도 저버리고
부모와 자식 사이에도 그들을 적대시
하며,
23 전쟁터에서 총칼을 마주 대고 목숨을
뺏고 빼앗는 그 현장에 서 있는 자들
보다도 더 무서우리만큼 너희 마음을
열지 않고 굳게 닫아 그 적들보다도
더 멀리하고자 하는 것이 너희들의 심
리이니라.

24 그리고 너희들이 믿는 그 종파 속에서
너희들과 같이 가지 않는 자를 벌레
보는 것보다도 더 무섭고 더럽게 생각
하며 너희들 옆에 오는 것까지도 싫어
함이니, 그게 과연 사랑을 베푸는 자
의 행위더냐?
25 이것이 6천 년 동안 '베풀자, 사랑을
베풀자, 사랑이 으뜸이며, 실천하는
그 사랑이 하늘에 오르는 길이라'고
부르짖은 너희들이 지금에 와 있는 형
태이니,
26 이를 너희들은 부끄럽게 생각하지 아
니하며, 이것이 현실이라 생각하지 아
니하는가?
27 이 형국에서 너희들이 어찌 가야 하며
어찌 행해야 되겠는가?
28 너희들 자신이 지금 오고 있는 형태를
돌아다봐야 될 것이니라.
29 너희들이 가는 길이 정녕 하늘에 오르
는 바른길이며, 너희들이 정녕 바른
믿음의 길을 가고 사랑을 베풀고 사랑
을 나누는 자들이라 하면,
30 잘못 간 너희 형제들을 이끌어 사랑으
로 감싸며 그들을 구원하는 데 너희들
의 모두를 다 바쳐 그를 인도하는 것
이 너희들의 뜻이거늘, 너희들은 과연
어찌하고 있는가?
31 그들을 사랑으로써 감싸며 사랑으로
써 구원하고자 하는가?
32 그를 내치고 그를 버리며 그를 적으로
간주하고 살아가고자 하는 것이 너희
들의 심리이니, 그것이 과연 사랑이
며, 나 여호와에게 오르는 그 길의 사
랑이라 하여 나 여호와에게 사랑을 베
풀며 사는 너희들이라 울부짖고 하는
그 광란의 모습 속에서 너희들의 양면
성을 볼 수 있지 않은가?
33 너희들이 형제요, 자식과 부모 사이에
도, 끊을 수 없는 인륜의 가장 가까운
그 육신의 관계에서도 믿음이 같지 아
니하다 하여 그를 전쟁터에 나와 있는
적과 같이 생각하며,
34 그보다도 더 경시하고 그보다도 더 같
이하기를 싫어하며, 그를 만나기를 싫
어하고 그와 대화하기를 싫어하니,
35 그곳에 너희들의 형제의 사랑이 어디
있고, 부모와 자식 간의 그 존경과 사
랑이 어디에 있고, 이웃의 사랑이 어
디에 있으며 이웃에 베풂이 어디에 있
는가?
36 정녕 그와 같이 살아가는 것이 사랑을
베풀며 사랑을 향하여 살아온다는, 너
희들이 말하는 여호와의 종이요, 여호
와의 백성이요, 나에게 구원을 받았다
는 자들이 베푸는 사랑이던가?
37 이와 같은 형국에 이르렀음이니, 내가
더 이상 지켜볼 수 없기에, 나의 선지
자를 통하여 나의 법전에 기록하여 너
희들이 생활하며 실천할 수 있고 너희
들을 깨우치고자 하는 모든 덕목을 상
세히 내려보냄이니,
38 사랑이라는 것은 배로 주는 것이라 말
하였느니라.
39 그리고 사랑이라는 것은 끝이 없이 무
한정 주는 것이라 말하였느니라.
40 그리고 사랑은 계산된 마음에서 베푸
는 것이 아니요, 계산된 마음에서 이
끄는 것이 아니라 하였느니라.
41 그리고 내가 너희들에게 사랑의 근본
은 무엇이라 말하였더냐?

42 너희들 자신이 아무런 계산 없이, 어
떠한 희생이 너희들에게 따른다 하여
도 행위로써 이웃을 도우며 너희 자신
을 모두 태워서 도울 수 있는 그와 같
은 마음을 행동으로 스스로 실천함으
로써 그것이 나에게 바치는 사랑의 근
본이요, 내가 너희들에게 원하는 사랑
을 베푸는 길이라 하였거늘,
43 너희들은 그와 같은 길을 가기는 천리
만리 먼 길에 서 있으며, 그와 같은 행
위를 할 수 있는 것과는 아무런 관계
도 없는 그런 생활 속에서 살아가는
것이 너희들이니라.
44 그와 같은 형국이기에 내가 너희들에
게 사랑이 무엇이며, 사랑을 베푸는
것이 무엇이며, 사랑을 베풀며 살아가
는 자가 어찌 살아가야 하는 것인가를
나의 법전에 기록하였음이니라.
45 모든 나의 피조물 만백성은 한 형제라
는 마음을 가져야 하고, 잘나고 못난
자가 없으며 높고 낮음이 없는 자라
하였음이니라.
46 나의 성전이라는 곳에 오는 나 여호와
를 믿는 자들이 저희 집 앞에 머리를
깎은 중이라는 사람이 와 목탁을 두드
릴 때, 너희들은 그들에게 얼마나 베
풀며, 얼마나 그들을 너희 형제라 생
각하는가?
47 너희들은 말하느니라.
48 '나는 하나님을 믿으오.' 그리하여 그
를 쫓아내는 박절한 마음을 가지고 있
는 것이 너희들이니라.
49 그러한 너희들이 무슨 사랑을 베풀며
나에게 오르는 그 길을 향하여 온다
말하느냐?
50 사랑이라는 것을 베푸는 곳에는 계획
된 것이 없으며 정해진 것이 없느니라.
51 사랑이라는 것은 아무 곳에서나 베푸
는 것이 아니니라.
52 사랑이라는 것은 무엇이라 말하였느
냐?
53 너희들이 계산 없이 주는 것, 그리고
돌아오는 메아리를 생각하지 아니하
는 것이 사랑이라 말하였음이니,
54 어려운 자가 너희들에게 손을 내밀
때, 너희들과 종파가 다른 자가 너희
들 앞에서 구원을 원할 때, 그를 외면
하고 돌아서는 그것이 사랑의 마음과
자세이던가, 그를 감싸는 것이 사랑이
라 말할 수 있겠는가?
55 이 이치 하나를 깨우치지 못하고 살아
가는 것이 너희들의 작금의 형태이니
라.
56 이와 같은 형국을 더 이상 볼 수 없음
이니라.
57 종교요, 믿음이 다르다 하여 형제지간
에도 의리를 끊으며 부모 자식 간에도
의리를 끊고자 하는 것이 나를 믿고
가는 자들의 그 형태이니, 과연 믿지
않는 자가 너희들과 인간관계를 끊고
자 하는가?
58 아무것도 믿지 않는 나의 백성들이 부
모와 종교의 뜻이 다르다 하여 부모와
자식 간에 인연을 끊으려 하고, 형제
지간에 인연을 끊으려 하며, 이웃지간
에 인연을 끊으려 하는가?
59 그들은 너희들에게 그를 탓하지 아니
함이니라.
60 그리고 부모와 자식의 관계를 유지하
며 형제지간에 우애를 돈독히 하고 싶

어하는 것이 믿지 않는 나의 백성들이 취하고자 하는 행동이니라.
61 그러나 그들은 나에게 사랑을 베풀며 산다고 약속하지도 아니하고, 사랑을 지킨다고 하지도 아니하고, 나의 율법에 따라 지키며 순종한다는 말도 하지 아니하며, 기도도 하지 아니하느니라.
62 그들은 그저 그대로 정도로 살아가는 자들이니라.
63 그러한 자들은 너희들에게 종교가 다르고 믿음이 다르며 너희들이 어떠한 종교의 길을 간다 하여 너희들을 적대시하고 경멸하며 적보다도 더 너희들을 두려워하고 멀리하는 자들이 없거늘, 너희들은 어떠한 형국이더냐?
64 사랑을 베풀고, 나 여호와를 찾으며 하늘에 오르는 길을 알고, 소위 나 여호와의 아들로서 구원을 받았다 하고, 나 여호와의 아들의 그 피로써 구원을 받았다 하고, 나의 아들의 이름만 부르면 구원을 받았다 하며, 그리하여 사랑 속에 충만한 그 사랑을 베풀며 살아간다고 말하는 너희들은 너희 스스로 단절함이니라.
65 믿지 않는 나의 백성들이 부모를 찾으며 형제지간에 우애를 찾고자 하나, 사랑을 베풀며 산다고 입으로만 앵무새같이 부르짖는 그 사악한 행위를 하는 것은 너희들이니라.
66 너희들은 믿지 않는 형제가 오는 것을 원하지 않고 그들과 같이 있는 것을 원하지 않으며 그들과 대화하는 것을 원하지 않으니,
67 그 모든 인간관계마저도, 기본의 질서마저도 파괴하고 살아가고자 하는 것이 너희들이니, 너희가 얼마나 사악하고 간교한 무리들인가?
68 너희들의 그 형태가 얼마나 추하고 더러운 것인가?
69 벌레는 시기 질투함이 없이 저희 할 일을 다함이니, 벌레만도 못한 자세의 삶을 살아가는 것이 바로 너희들이니라.
70 그리고 믿지 않는 나의 백성들은 너희들의 종교를 탓하지 않으며 찾아가고 이해관계를 떠나서 사랑으로써 너희들과 인륜의 관계를 맺어 가고자 하니, 그들도 너희들보다는 열배 백배 훌륭한 자들이니라.
71 내가 나의 피조물 만백성을 인간으로 취하고자 해도, 모두는 사랑으로 베푼다 말하며 그리하면서 눈물짓고 기도하며 통곡하며 '주여! 나에게 무엇을 주옵소서. 그리고 주의 은총의 오늘의 삶에 감사드립니다. 그리고 사랑 속에 살아가겠습니다.' 하고 말하고 부르짖는 너희들이 추하고 더러워 벌레보다도 더 내가 너희들을 보기 싫어하는 형국이니라.
72 그러나 나는 지금 너희들을 다시 바로잡고 하늘에 오르는 길을 깨우쳐 주기 위하여 나의 선지자를 통하여 나의 성령을 태워 시간과 때를 가리지 아니하고 나의 이 뜻을 너희들에게 전하나니,
73 너희들의 그 추하고 더러운 모습을, 그리고 위장되고 허울을 뒤집어써 정말로 양의 가죽을 쓴 늑대나 이리보다도 더 간교한 너희들의 그 형태를 돌아다보라.
74 너희들은 추하고 더러워서 내가 내리

는 산소를 마실 자격도 없고, 내가 무
상으로 주는 너희들의 생명수인 물을
마실 자격도 없고, 내가 만백성을 위
해 내린 동식물이요, 그 모두를 취할
자격도 없고, 내가 아름답게 피어나도
록 한 그 아름다운 꽃들도 쳐다볼 자
격도 없으며 그를 쳐다볼 수 있는 눈
도 없음이니라.
75 이것이 지금 너희들이 가지고 있는 믿
음의 형태이니라.
76 이를 돌아다보라.
77 너무나 추하고 더러운 형태로써 위장
의 가면을 뒤집어쓰고 속과 겉이 다른
행위를 하는 것이 바로 너희들이니,
78 그러고도 너희들이 예수의 이름으로
써, 예수의 피로써 구원을 받았다 하
여 앵무새처럼 지껄여 대며,
79 구원을 하고 안 하는 나 여호와의 고
유의 권한마저도 너희들은 착취하고
뺏어 간 자들이니라. 그리고 뺏어 가
고자 하는 자들이니라.
80 그러나 이는 너희들이 뺏을 수도 없고
가져갈 수도 없으며, 너희들이 행할
수 없다는 것을 알라.
81 사랑을 베풀며 산다 그리 말하면서 너
희들의 형제요, 부모와 자식 간에 인
륜의 관계도 끊는 그러한 사악한 자들
이 이웃에게 무슨 사랑이 있으며 넓고
넓은 이 사회에 살아가는 속에 무슨
사랑을 베풀고 살아가겠느냐?
82 이중적인 그와 같은 행위를 하는 너희
들 때문에 지금 나의 피조물 만백성이
이와 같이 사악해졌으며 이와 같이 험
악한 시대가 이루어졌으니,
83 장본인이 너희들이니, 그 뿌리를 내가
자르고자 함이니라, 그리고 너희들에
게 철퇴를 내리고자 함이니라.
84 너희는 영원히 나에게 와 구원을 받을
수 없고, 너희들이 살아온 그 죄의 대
가를 치르는 길밖에 없으며, 기만하고
가면을 쓰고 속이며 살아온 너희들의
그 죄는 벗어날 수 없는 무서운 죄임
을 알아야 될 것이니라.
85 얼마나 추하고 더러운 너희들의 모습
이던가?
86 차라리 나 여호와를 찾지 말며 사랑을
베푼다는 말을 하지 말라.
87 너희들은 그저 너희들 자신만을 위해
서 어떠한 간교한 방법이든 간에 수단
과 방법을 가리지 않고 살아가는 인간
이라 차라리 그리 말하라.
88 나 여호와의 이름을 더럽게 하지 말
고, 나 여호와의 이름을 함부로 부르
지 말며, 나 여호와의 이름을 팔아먹
지 말라.
89 내가 나의 선지자를 통하여 내리는 이
뜻이 한 치라도 어긋남이 있으며 틀림
이 있거든, 너희들이 나의 법전을 불
태워도 내가 너희들을 용서할 것이니
라.
90 내가 쳐다보기도 싫으며 바라보기도
싫으며 듣기도 싫은 그 사악한 마음과
사악한 목소리로 온 세상을 다 오염시
켜 놓은 장본인들인 너희들은 정녕 벌
레만도 못한 그러한 생활 속에서 구원
을 받았다고 부르짖는 자들이라는 것
을 깨우쳐라.
91 이와 같은 너희들이 처해 있는 가슴속
이요, 너희들이 부끄러워 고개를 들
수 없는 것이며 너희들 가슴속에 숨기

고 살아온 너희들의 그 형태를 내가
온천하에 전하며 만백성이 보고 깨우
칠 수 있도록 지금 나의 법전에 기록
하여 내려보내나니,
92 너희들이 이 법전을 읽고 깨우쳐 그
더럽고 추한 벌레의 형국에서 벗어나
는 영광을 얻고 못 얻음은 너희들에게
달렸음이니, 나 여호와의 이 아픈 마
음을 더 아프게 하지 말라.
93 사랑 속에 살며 사랑을 베풀고 산다는
너희들이 믿음이요, 같은 종교의 생각
이 다르다 하여 자식과 형제의 인연마
저도 적대시하는 너희들의 그 더럽고
추한 마음, 근본이 되지 않은 마음, 그
사악하고 더러운 마음이 오늘날 나의
피조물 만백성 너희들을 만들었음을
알아야 할 것이니라.

1,887 번째 하나님 말씀

2002년 2월 23일 14시 15분

1 사랑하는 선지자야,
2 성령으로 잉태한 나의 아들 예수는 그
가 자라난 그곳에서 많은 핍박을 받았
으며, 그곳 사람들이 그를 인정하지
않으려 하였으니,
3 너희들은 성서에 단 한 마디로써 기록
된, 나의 아들 예수도 태어난 그곳에
서 대접을 받지 못하였다는 그 구절
하나만 가지고 그저 그냥 읽어 넘어감
이니,
4 이와 같이 그저 읽어 넘어가는 것이
성서의 깨우침이 아니니라.
5 나의 아들 예수가 그 태어난 곳이 아
닌 다른 곳에서 많은 백성들에게 존경
받고 추앙을 받으며 나의 아들 예수라
하여 저희들을 구원하러 온 왕이라 그
리 추앙받을 때, 그들은 그에게서 등
을 돌렸음이니,
6 너희들은 그저 등을 돌린 것으로써 보
지 말라.
7 그들은 얼마나 그를 핍박하고 무시하
였으며 그를 인정하지 않으려 하였겠
는가?
8 우선 너희들은 여기서 이것을 하나 깨
우치고 느껴야 할 것이며, 그다음에
너희들이 또 하나를 얻어야 할 것이
있느니라.
9 그리하여 그가 태어난 그곳의 많은 나
의 피조물 만백성에게 은혜를 주며 역
사를 이루고자 할 수 있었으나, 그들
은 그곳에서 시행하지 못하도록 하였
으며,
10 또한, 한 단계 더 나아가 너희들이 깨
달아야 할 것은,
11 그 시대에 나의 아들 예수로부터 구원
을 받을 수 있는 가장 근접하여 같이
살아온 그들이 구원을 받지 못하는 그
와 같은 길로 간 그들의 오류와 그들
의 우매함과 그들의 몽매함을 너희들
이 여기서 먼저 짚고 넘어가야 할 것
이니라.
12 그리하여 나의 성서에는 한 가지 뜻이
아니라 여러 가지 뜻이 포함되어 있으
니, 그중에서 가장 불리한 것으로써
너희 것을 만들라 하는 것이 여기에
있음이니라.
13 나의 사랑하는 피조물 만백성 너희들
은 여기서 하나 깨달아야 될 것이니라.
14 지금 이 시대에 나의 선지자라 선택하

여 나의 성령을 받아 누구도 이룰 수
없는 나의 법전을 1부에서부터 10부
까지 만드는 이와 같은 대 역사를 이
루고 있는 나의 선지자를 너희들은 지
금 뭐라 말하는 것이냐?
15 너희들이 그를 가장 많이 핍박하고 욕
하고 저주하며 그를 이단이요, 사탄이
라며 사악한 무리로 몰아붙이고 있으
니,
16 예수의 시대에 그와 같이 성장했던 모
든 사람들이 구원의 길을 뿌리치고,
받을 수 있는 것을 놓쳤으며, 그리고
그들이 역사로써 모든 것을 얻을 수
있었던 그 부분들을 다 버리며 그를
욕하고 핍박했듯이, 너희들이 지금 그
와 같은 우를 범하고 있다는 그 사실
을 깨우쳐야 할 것이니라.
17 너희들의 글로써, 너희들의 말로써 너
희들이 사는 이곳에서 내가 임한 나의
선지자가 탄생하여 나의 뜻을 받아 나
의 피조물 만백성을 구하는 역사를 이
루고 있건만,
18 너희들이 가장 많이 그를 핍박하고 죽
이려 하며 그가 존재할 수 없도록 하
며 마지막에 오는 사탄이라 그리 몰아
붙임이니 이 또한 어찌하여야 되겠는
가?
19 그 시대에 같이 성장한 사람들이 모든
것을 얻을 수 있는 것을 저희들이 우
매하고 몽매하여 팔았듯이 너희들이
지금 그와 같은 형국을 초래하고 있음
이니,
20 여기서 너희들이 깨우쳐야 할 것이니
라.
21 수천 년 역사가 흐른 다음에, 나의 선
지자가 지금 살아온 이 역사의 이 순
간에 그 주변에서 그와 같이 있던 너
희들이 그를 핍박하고 그를 이단이요,
사탄이요, 마지막 시대에 오는 사악한
무리라 핍박하고 욕한 것을,
22 너희 후손들은 너희들의 어리석음을
탓할 것이며 너희들의 불행함을 탓할
것이니라.
23 그러니 너희들은 여기서 깨우쳐야 될
것이니라.
24 너희들은 여기서 하나 너희 가슴에 심
고 깨달아야 할 것이 있느니라.
25 마지막 종말의 시대에 사탄이 이곳에
나왔다 말하자.
26 나의 선지자가 정녕 사악한 무리요,
사탄이며 종말에 오는 거짓 선지자라
말하자.
27 그러면 너희들은 그것 하나는 인정을
하고 가는 것이 아니던가?
28 이 넓고 넓은 세상 속에서, 이 우주 속
에서, 너희들이 사는 이 동양권에서,
너희들이 사는 이 작은 나라에서 종말
의 시대에 오는 거짓 선지자가 올 수
있음을 인정함이니,
29 그렇다 하면 너희는 뒤집어서 그를 생
각해야 할 것이니라.
30 나의 선지자요, 마지막 제3의 시대에
나의 성령을 받아 나의 피조물 만백성
을 구하는 선지자가 이 땅에 태어날
수 있다는 것도 너희들은 깨달아야 될
것이니라.
31 그러나 너희들은 그를 생각하지 않으
려 하는 것이니라.
32 마지막 시대에 거짓 선지자는 이 지역
의 너희 땅에 태어날 수 있으나, 그런

생각을 뒤집어서 선지자도 태어날 수
있다는 생각을 하지 아니하느니라.
33 그는 너희들의 욕심이 있기 때문이니
라.
34 마지막 시대에 오는 거짓 선지자라 너
희들이 몰아붙이고 핍박하는 것은 너
희들에게 돌아오는 그 반대급부가 있
으며,
35 너희들 앞에서 흔들리려는 너희 신도
들을 이제는 너희들이 더 이상 지탱할
수 없고, 더 이상 가르칠 것도 없고,
더 이상 기만할 것도 없고, 더 거두어
들일 수도 없으며, 더 가르칠 수 없는,
바닥이 나 있는 너희들의 그 형국에서
불안하고 초조한 너희들의 위치를 견
고히 하는 데 이용할 수 있기에,
36 '마지막 시대의 거짓 선지자가 왔으니
너희들은 단결하고 단합하여 내 무릎
앞에 와 머리 숙여 기도하라.' 하고 그
와 같은 것을 역용할 수 있기 때문에
너희들은 거짓 선지자가 이 땅에 태어
나며 너희 주변에 올 수 있다 그리 선
전하고 말하느니라.
37 그러나 너희들 모두가 다 부서지는 진
정한 나 여호와의 선지자가 이 세상에
올 수 있다는 것도 너희들은 뒤집어서
생각할 수 있는 지혜가 있으며 그와
같은 깨달음이 있지만,
38 너희들이 무너지고 파산되는 것이 두
려워 너희들은 거짓 선지자 외에는 진
정한 하나님으로부터 선택받은 선지
자는 이 땅에 올 수 없다고 그와 같이
너희들의 편의주의로 생각하여 나의
선지자를 몰아붙임이니,
39 역사가 흐른 다음에 나의 선지자가 태
어난 지금 이 시대에 같이 살아간 너
희들이 얼마나 무지몽매하고 못나고
어리석은 백성이었는가를 너희 후손
들이 탓할 것이며 그리 너희들을 보게
될 것이니라.
40 예수가 태어난 그 지역에서 시련을 겪
었듯이, 그리고 그들이 은혜를 받을
수 있는 것을 아무도 받지 못하고 저
버렸듯이, 너희들이 그런 우를 범하고
있음을 알아야 할 것이니라.
41 이는 반드시 그와 같은 역사의 흐름이
니, 너희들은 그와 같은 것을 잘 깨우
쳐 너희 스스로 그와 같은 우를 범하
지 않는 현명함을 선택하여야 될 것이
니라.
42 내가 나의 선지자를 통하여 세상의 만
방에 전하는 나의 법전을 세상에서 읽
는 나의 피조물 만백성이 나의 선지자
보기를 하늘처럼 보며, 나의 선지자를
보배처럼 여기며, 나 여호와의 종으로
서 그를 만나기를 저희들의 가장 큰
영광이라 생각하며 모여들 때,
43 그때도 너희들은 사탄이요, 마귀요,
마지막 시대에 오는 거짓 선지자라 하
여 그들을 돌려보내는 그러한 역할을
하고자 할 것이니라.
44 너희들이 그를 받아들여 환영한다 하
면 나의 법전이 세상에 나가 급속도로
전하여질 것이나, 무기와 총칼을 들고
그를 막으려는 그와 같은 사악한 너희
들의 역행 때문에 나의 법전이 더디게
퍼져 가는 그 죄를 또한 너희들이 져
야 될 것이니라.
45 그리고 너희들 자신이 구원을 받지 못
하는 어리석음을 알아야 할 것이니라.

46 그러나 너희들이 막는다 하여도 그를
막을 수도 없고, 너희들이 그들을 돌
려보낸다 해도 돌려보낼 수도 없으며,
그들에게 '마지막에 온 거짓 선지자
라.' 하여 믿지 말라고 아무리 아우성
을 쳐도, 그들은 나의 법전을 읽어 저
희들이 깨우친 바가 있기에 너희들 말
에 귀 기울이거나 돌아가지 않는다는
것을 알라, 어리석은 백성들아!
47 오늘 내가 너희들에게 이르나니, 예수
의 시대에 그 지역에 같은 한 시대를
살아가는 백성으로서 그 위대하고 축
복된 영광을 버리는 그와 같은 우를
범하는 백성이 되지 말라 하는 것을
내가 너희들에게 깨우쳐 주고자 함이
니 그리 알라.

1,888 번째 하나님 말씀

2002년 2월 23일 15시 50분

1 사랑하는 선지자야!
2 **"네, 여호와 하나님! 말씀하옵소서."**
3 내가 너희들에게 일렀느니라.
4 한 줌의 흙으로 돌아가는 그 육을 위
한 삶을 살지 말며, 영원히 나의 나라
에 와 구원을 받고 사는 영을 위하여
그 영혼의 세계를 바라보며 살라 내가
말하였으니,
5 수천 년 동안 흘러오면서 믿음이라는
길을 가고 있는 나의 피조물 만백성과
선을 베풀어 진리를 탐구한다는 모든
나의 백성들이 지금 어찌 살아가고 있
는가?
6 말로써는 저희들이 영혼의 구원을 위
하여 살아간다 하고 있으나 지금 나의
피조물 만백성은 가르치는 자, 배우는
자, 또 따르는 자, 그 모두가 다 육신
을 위하여 육신에만 초점을 맞춰 살아
가고자 발버둥치고 있음이니, 이와 같
은 형국에 지금 도래하고 있음이니라.
7 그리하여 그들은 영의 세계를 보기 전
에 육신의 삶에 매달려 그 길만 가고
있으니, 정녕 그들이 지금 어디로 가
고 있는 것인가?
8 너희들이 영혼의 세계를 위해서 삶을
살아도 모자라거늘 육의 세계를 향하
여만 살아가고자 모두를 다 바치는 그
런 형국이 되어 있음이니,
9 그들이 어찌 구원을 받으며, 어찌 그
들을 구원할 수 있다 생각하는가?
10 그리고 너희들이 일부의 영을 위해서,
영의 세계의 아름다움을 향하여, 영혼
이 구원받는 그 길을 위하여 살아가고
달려가는 자들도, 그 극소수의 인원들
도 순종하지 못하며 버리지 못하는 마
음이요, 욕심을 때로는 지우지 못하여
그들 자체도 흔들리고 있음이니,
11 정녕 영혼의 삶을 위해서 살아가는 자
가 얼마나 있다 너희들이 말할 수 있
는가?
12 구약의 시대와 신약의 시대요, 나의
아들 예수의 살아감이요, 나의 선지자
가 나의 법전을 받아 세상에 전하는
이 모두는 다 육에서 허덕이는 나의
피조물 만백성이 영혼을 볼 수 있도록
하는 것이며,
13 너희들이 그를 이끄는 지도자요, 또
하늘에 인도하는 자들이라 하여, 자칭
선택된 자라 하여 그리 이끌어 가고
있음이니라.

14 그러나 그 이끌어 가는 자, 또 지도하
는 자들이 영의 세계로 저 자신이 오
고자 함이 아니라, 저희 스스로 육의
세계로 빠져들어 가고 있음이니라.
15 지도자들이 육의 세계로 빠져들어 감
이니, 그러니 그를 따르고 배우는 피
조물 만백성 또한 영혼의 길을 보지
못하며 육의 세계에 처박혀 허덕이고
있는 그러한 형국이 되고 있음이니라.
16 이러한 형태를 어떻게 다스려야 할까?
17 너는 어찌 다스려야 되겠느냐?
18 삶 자체를 육을 위해 살고자 하는 너
희들 속에 영혼의 구원을 위해 사는
자가 극소수 있으나 그들 자신이 바로
서지 못하고 있다 하였음이니라.
19 그 중간에서 지도자라 하는 자들이 또
한 육의 생활을 벗어나지 못하고 있어
그들이 가르치고 인도한다는 것이 육
의 세계로 그들을 끌고 들어가고 있으
니,
20 나에게 오르는 영의 세계는 점점 멀어
져 가는 그와 같은 형국이 지금 되어
가고 있음이니라.
21 이를 바로잡아야 할 것이니라.
22 이를 바로잡기 위하여 내가 너를 통하
여 제3의 시대에 누구나 읽어서 깨우
쳐 행할 수 있는 나의 법전을 세상에
내려보냈음이니,
23 이를 보고 깨우치는 자는 구원을 받을
것이며, 이를 깨우치지 못하는 자는
구원을 받지 못하는 엄연한 지금의 심
판의 시대에 와 있음이니라.
24 선지자야!
25 "네, 여호와 하나님! 말씀하옵소서."
26 육을 향하여 그리 빠져들어 가는 나의
피조물 만백성이 발길을 멈추고 돌이
켜 영의 세계의 그 아름답고 찬란한
영원히 사는 세계를 향하여 나의 법전
을 듣고 깨달을 수 있도록 하는 것이
너희들의 대명이니,
27 너희들의 힘들고 고달픈 오늘의 생활
을 육의 생활에 비유하여 생각하지 말
며, 너희들 또한 육에 견주어 모든 것
을 그리 맞추고 그리 생각하지 말라.
28 오늘의 어렵고 힘든 그 모두를 들어주
지 아니하며 이루어 주지 아니한다 하
여 너희들의 생활을 육에 맞추어 나를
원망하며 나를 욕하는 너희들이 되어
서는 아니 될 것이니라.
29 너희들은 지금 영의 세계를 위하여 치
닫고 있고 그 길을 위해서 가고 있음
이니,
30 너희들이 어느 한 단계에 들어섰을
때, 너희 모두를 편안히 이끌어 갈 수
있는 나의 사랑과 은총이, 나의 베풂
이 너희들에게 이를 것이니,
31 정녕 너희들이 흔들리지 아니하며 영
의 세계를 위해서 깨닫고 살아가는가
를 다시 한 번 너희 스스로 깨우쳐 봐
야 될 것이니라.
32 너희 자신이 때로는 육에 젖어 육의
생활을 위하여 한 줌의 흙으로 돌아가
는 그 육의 인연을 끊지 못하여 지금
도 그곳에 마음을 두고 있다 하면, 이
세상 그 누구도 육을 버리고 영의 세
계를 위하여 전진하는 자들이 없다 말
할 수 있음이니,
33 진정 나로부터 선택된 나의 선지자의
제자들이라 하여 나의 법전을 공부하
며 성전에 와 기도 소리를 듣는 너희

들은 정녕 지도자이니라.
34 지도자는 바른길을 보고 바로 가야 되
느니라.
35 너희들은 영을 위해 사는 그와 같은
넓고도 깊은 아름다운 마음을 갖고 행
하여야 되며 살아야 됨이니,
36 영을 위하여 사는 자는 그 얼굴에 빛
이 있으며 그 마음에 찬란한 빛이 있
게 됨이니,
37 속과 겉이 다르지 않은 그 빛을 발산
할 때 아름다운 빛을 발산하게 되어
있음이니라.
38 겉에는 찬란한 빛이나 속에는 검은 구
름이 있다 하면 아무리 겉에 찬란한
빛이라도 그 빛을 발할 수 없으며, 행
동함이 추하고 더러우며 검은 구름이
있다 하면 마음으로 아무리 너희들이
밝은 빛을 비춘다 하여도 그 빛은 빛
을 발할 수가 없으며 존재할 수 없음
이니,
39 속과 겉이 다 똑같은 빛으로써 이루어
질 때 그 빛은 위대한 역사를 이룰 수
있는 것이니라.
40 너희들이 그와 같은 역사를 이룰 수
있는 나로부터 선택된 백성들이며 나
의 선지자를 따라 이 세상에 뿌리를
내리는 대업을 이루는 자들이니만큼,
너희들은 정녕 영의 세계를 바라보는
그와 같은 삶을 살라.
41 영의 집인 육신에, 언제라도 떠날 수
있으며 떠나게 되어 있는 그 집에 연
연하지 말라, 선지자야!
42 이를 너의 제자들에게 확실히 깨우쳐
주고 심어 주어야 될 것이니, 이를 잘
가르치도록 그리하라.

1,889 번째 하나님 말씀

2002년 2월 23일 16시 10분

1 사랑하는 선지자야!
2 "네, 여호와 하나님! 말씀하옵소서."
3 내가 너의 마음을 아느니라.
4 네가 생각하고 있음을 아느니라.
5 네가 나의 뜻에 순종하며 나의 뜻을
따라 네 모두를 바쳐 살아가고자 하는
그 마음을 나 여호와가 알고 있음이니
라.
6 그러나 살아가는 생활 속에 부닥치고
부닥치는 그 모든 것들이 네 가슴에
와 때릴 때, 파도가 바위에 부딪쳐 부
서지듯이 펴져 가는 네 마음의 괴로움
과 그를 잡고자 하는 네 마음속에 울
고 있는 그 눈물을 나 여호와가 알고
있음이니라.
7 네가 내가 명한 그 길을 가기 위하여,
내가 너에게 원하는 그것을 순종하기
위하여 웃음 속에 네 가슴을 찌르는
그 아픔의 눈물을 흘림을 알고 있으며,
8 네가 그토록 먼 산을 바라보며 너 자
신을 달래는 그 속에서 네가 울고 있
음을 나 여호와가 아느니라.
9 그러면서도 나의 뜻에 따라 나에게 순
종하며 네가 가야 할 길을 가고자 하
는 너의 울고 있는 그 마음을 나 여호
와는 알고 있음이니라.
10 네가 가슴속으로 그 아픈 눈물을 흘릴
때, 네가 하얀 마음으로 변해져 가며,
사랑하는 나의 선지자가 나에게 한 발
짝 한 발짝 다가오고 있음이니 나에게
기쁨이요, 또한 네가 나를 위하여 가
고 있는 길이니라.

11 아비가 자식을 자기 품으로 부를 때
그 자식이 달려와 안기는 그 마음에
사랑이요, 아름다움이 있으며 너희들
이 인생의 삶을 느끼며 너희들이 존재
함을 느끼지 아니하더냐?
12 너 또한 잘못 가고 있는 많은 나의 피
조물 만백성을 돌이켜 나에게 오르게
하는 그 빛을 발하기 위하여, 그들을
깨우치기 위하여 내가 너에게 내리는
나의 성령의 법전을 기록하여 전하는
과정에서 모든 육신의 삶에서 부닥치
고 부닥치는 쓰리고 아픈 그 순간에
네 마음을 달래고 오는 그 속을 나는
아느니라.
13 그리고 파도가 바위에 부딪쳐 산산이
부서지듯이 더러는 산산이 부서지며
파도처럼 흩어지고자 하는 그 마음을
굳은 동아줄로 동여매고자 하는 네 마
음을 내가 알고 있음이니라.
14 파도에 밀려 떠나는 어선의 동아줄을
붙잡고 배가 떠나가지 못하도록 몸부
림치고 사력을 다하여 그 배를 붙잡고
있는 어부의 그 아픈 마음보다도 더
깊은 아픈 마음으로써 그 모두를 매고
얽어매는 네 심정을 나 여호와가 알고
있음이니,
15 그와 같이 네가 인내하고 견디는 그것
이 나 여호와가 부를 때 나에게 한 발
짝 한 발짝 걸음마를 떼며 다가오는
그 아이의 모습과 같음이니,
16 사랑하는 선지자야!
17 "네, 여호와 하나님!"
18 울지 말라.
19 네 밖으로 흐르는 그 눈물보다도 가슴
속에 흐르는 그 아픈 눈물을 나 여호
와가 알고 있음이니라.
20 "여호와 하나님!
21 정녕 하나님의 말씀에 따라, 하나님의
명하심에 따라 살아가고자 하오나 너
무나 어렵고 힘든 이 길을 인내하기가
너무도 고통스럽사옵나이다.
22 육신의 삶에서 부닥치는 그 아픔과 얽
히고설킨 인간사에 육신의 한계를 다
저버리고 영혼을 위하여 아버지께 가
는 이 길이 이리도 어렵고 힘들 줄은
몰랐사옵나이다.
23 아버님의 말씀처럼, 파도가 밀려와 바
위에 부딪쳐 부서지는 것처럼 제 마음
이 산산조각 나고 그때마다 제가 고통
스러워하고 괴로워하며 아버님의 뜻
에 따라 살아가겠다는 그 굳은 마음
하나로써 그 모두를 접어 가고 있는
저의 이 마음을, 저의 이 어리석고 불
쌍함을 벌하여 주옵소서.
24 여호와 하나님!
25 제 마음이 부서지며, 제가 죄를 짓고
제가 잘못 가며 제 마음이 파도처럼
바위에 부딪쳐 산산조각 나는 것은 아
버님께 심한 벌을 받음으로써 그 죄를
사할 수도 있고 용서를 받을 수 있다
고 생각하며,
26 차라리 그 죄의 대가로 혹독한 벌을
받아서 그 대가를 치를 수 있는 기회
가 있으며 그와 같은 영광의 길이 있
다 생각하오나,
27 하나님의 피조물 만백성이 아버님이
계심을 믿지 아니하며 하늘에 여호와
아버지께서 계심을 믿지 아니하는 그
들을 보는 제 마음은 파도처럼 부서지
는 제 육신의 마음보다 더 고통스럽고

고통스럽나이다.
28 저는 알고 있사옵나이다.
29 아버님이 계시며, 아버님께서 존재하
여 이 많은 피조물이요, 이 우주를 통
제하고 계심을 저는 알고 있기에,
30 그를 모르는 저의 형제들의 그 어리석
고 우매한 모습을 보는 제 가슴이 너
무나 아프고 찢어지옵나이다.
31 말세에 오는 거짓 선지자요, 종말에
유혹하는 사탄이라 부르짖는 그들이
정녕 아버지께 오르고자 하면서 아버
님의 계심을 모르고 하늘에 여호와 하
나님께서 계심을 모르며, 그에 등을
돌리고 가는 그들을, 그 등을 돌려 삶
을 사는 그들을 보는 저의 가슴이 더
찢어지고 아파 오옵나이다.
32 정녕 하늘에 여호와 하나님께서 계시
며, 이 세상의 모두를 주관하시며, 그
영광과 은혜 속에 살다 하나님 앞에
돌아가 그 벌의 대가요, 잘못 살아온
그 고통의 죗값을 치른다는 것을 저는
알고 있기 때문에 제 마음이 더 고통
스럽사옵나이다.
33 짧고도 짧은 그 육신의 삶을 위하여,
영혼의 집과 같은 그 육신을 단장하고
호화롭게 꾸리기 위하여 그들은 거둬
들이지 않아야 할 재물을 거둬들이고
부리지 말아야 할 욕심을 부리고 있으
며 해서는 안 될 일들을 공공연히 하
고 있사오니,
34 영혼을 향하여 달려가는 그 주인의 인
간의 그 자세를 모르고 있으며 그 자
체를 모르고 있음이니, 이를 바라보는
저의 마음이 더 아프고 더 쓰리옵나이
다.
35 저는 알고 있사옵나이다, 아버님!
36 이 모든 성령이 아버님께서 가슴을 태
우시는 그 고통 속에서 이 우매하고
어리석은 저에게 내려보내심을 저는
알고 있사오며,
37 그 내리시는 뜻이 어디 있고 그 내리
시는 주옥같은 말씀들이요, 그 성령이
어떠한 역사를 이루는 것인가를 저는
알고 있으며, 어찌될 것이며 어찌 갈
것인가를 이 죄인은 알고 있사옵나이
다.
38 그러하기에 제 마음이 더 아프고 제
가슴이 저려 오며, 제 마음에 눈물을
흘리는 것은 이와 같은 가슴이 찢어지
는 아픔 때문이 아닌가 생각하옵나이
다.
39 제가 잘못 지키고 잘못 순종하며 더러
는 가슴이 아파 그저 이 방을 뛰쳐나
가고 싶으며 소리 지르고 남들과 뒹굴
며 살고 싶은 그 충동을 느끼고 그와
같은 행동을 하고자 하며,
40 인간으로서 더러는 여호와 하나님의
뜻이 아닌 억장이 무너지는 그와 같은
실수를 저지를 때마다 제 가슴이 아프
오나,
41 그 가슴의 아프고 저림보다는 여호와
하나님께서 존재하고 계심을 믿지 아
니하고 그를 행하지 아니하며 그로부
터 등을 돌리고 그와 같이 살아가는
저의 형제들의 그 모습을 보는 아픔에
더 저의 가슴이 저려 오옵나이다."
42 선지자야!
43 "네, 여호와 하나님! 말씀하옵소서."
44 너희들 말에 있지 않으냐?
45 '천릿길도 첫 걸음부터.' 배고픈 자도

첫 순가락서부터 들게 됨이니, 서서히 너희들이 변하여 가며 그 역사를 이루게 될 것이니, 너는 너무 괴로워하며 울지 말지니라.
46 지금의 너희들이 많은 나의 백성들이 세상에 존재하는 것 같으나, 영원히 변하지 않는 세월의 흐름 속에 많은 생명들이 태어났다가 다시 그들이 나에게 돌아오는 그 역사의 흐름은 지금의 너희들의 존재함과는 견줄 수 없으니,
47 많은 역사 속에서 많은 나의 피조물 만백성이 거쳐 가 살다 또 오게 됨이니, 그들이 나의 법전을 듣고 깨우쳐 바로 구원의 길을 보며, 바로 깨우쳐 하늘에 오르는 영의 삶을, 그 영혼의 구원을 위하여 살아갈 자들이 바람처럼 늘어나 이루어질 것이니,
48 오늘의 너와 같이 살아가는 너의 형제들의 잘못 감과 잘못 깨우침을 너는 너무 슬퍼하지 말라.

1,890 번째 하나님 말씀

2002년 2월 23일 21시 05분

1 사랑하는 선지자야!
2 "네, 여호와 하나님! 말씀하옵소서."
3 마음의 아프고 쓰라림의 그 세월을 지나며 또 네 마음의 고통과 시련을 겪어 가면서 스스로 다져지고 굳어 감이니라.
4 그리하여 네가 변하여져 가는 것이니, 네가 나 여호와의 뜻에 의하여 하늘에 오르는 그 길을 오고자 함은 한 가지, 두 가지가 변하는 것으로써 네가 올 수 있고 나의 피조물 만백성을 인도한다 할 수 없음이니라, 선지자야!
5 모든 것이 다 바뀌어야 하느니라.
6 60평생에 인간으로서 살아왔으며 육신의 생활 속에 얽매어 그 틀 속에서 허덕이며 살아온 네가 나의 성령을 받아 나의 법전을 기록하여 만백성을 구하는 이 대업을 맡고 나에게 달려오고 있음이니,
7 이는 네가 육신의 생활을 위하여 살아왔던 그 모든 것 중에 한두 가지가 변한다 하여 그와 같이 변해지는 것이 아님이니라.
8 마음을 비우고 마음을 선하게 갖고 살며 남에게 누가 되지 아니하고 산다 하여, 또 어려운 자를 도울 수 있고 돌아다보는 마음을 갖는다 하여 네가 변하여졌다 생각해서는 아니 되는 것이니라.
9 모든 생활이 다 바뀌어야 되는 것이니, 그리 바뀌어 가는 과정이 그리 힘들고 어려운 것이니라.
10 네가 잠자는 것, 음식을 먹는 것, 남들과 대화하는 것, 네 속에 흐르고 있는 그 피의 흐름까지도, 그리고 음식을 받아들이는 네 육신의 그 모든 변화까지도 모두가 다 변하여 가고 있으며, 변하여야만 되는 것이니라.
11 그와 같은 과정을 네가 지금 겪어 가고 있음이니라.
12 그리하여 네 마음이 바위에 부딪쳐 부서지는 파도처럼 그리 아프고 산산조각이 되어 흩어지는 그러한 아픔을 네가 겪고 있음이니,
13 네가 60평생에 살아온 인간사에 가지

고 있는 그것이 한두 가지가 아니지
않더냐?
14 수천수만 가지의 그 모든 것이 하나하
나 다 변하여야 되며 바뀌어져 가야
되니, 그 세월의 아픔이 얼마나 힘들
고 인내하기 힘든 고통인가?
15 그와 같이 변하여 가야 되는 것이니라.
16 너의 머리카락이 흔들리는 것도, 네
몸의 피부색도, 그리고 네가 세상을
바라보는 것도, 네가 숨 쉬는 산소요,
공기도, 네가 듣는 모든 소리까지도
다 바뀌고 변하여 네가 다스려져 가게
되어 있는 것을 알아야 될 것이니,
17 너의 제자들에게 또한 이를 깨우쳐 줘
야 될 것이니라.
18 마음을 다스림은 근본이요, 그 마음을
다스림으로 인하여 너희들이 변해 가
는 것은 수천수만 가지가 다 같이 변
해 가고 있음이니, 이를 너희들이 스
스로 깨우칠 때가 있을 것이니라.
19 그리하여 네가 그와 같이 변해져 가고
변하여 오고 있음이니, 너는 너무 조
급히 생각하며 괴로워하지 말라 내가
항상 너에게 일렀느니라.
20 너는 잘 가고 있으며 잘 오고 있음이
니라.
21 "전지전능하신 여호와 하나님!
22 저 자신이 변하여져 가며 저 자신이
어떠한 상황에 처한다 하더라도 저는
그저 모두는 여호와 하나님께서 주관
하심이며 오로지 여호와 하나님께서
하시고자 하는 그 뜻에 따라 저의 모
두를 바치며 그리 갈 각오가 되어 있
으며, 마음을 다스려 가고 있사옵나이
다.
23 그리고 변하여져 가는 그 모두를 다
받아들이고 인정하며 음식을 먹는 것
도, 말 한 마디 하는 것도, 사람을 쳐
다보는 눈빛도, 누워 잠자는 것도, 앉
아 있는 자세까지도 그 모든 것이 변
하여져 가고 변하는 것은 다 여호와
하나님의 은혜와 은총이라 하여 그 고
통과 시련은 다 견디고 나갈 수 있사
옵나이다.
24 그러나 여호와 하나님께서 존재하시
며, 여호와 하나님께 오를 수 있는 길
이 있으며 또 여호와 하나님께 심판을
받는다는 것을 깨닫는 사람들이 더러
는 이 성전에 와 저의 강론을 듣고 여
호와 하나님께서 내리신 그 법전을 듣
고 그 내리신 말씀을 들으며,
25 '이는 여호와 하나님께서 임하신 것이
며 여호와 하나님께서 인도하신다.'
하며, '이 길이 정녕 하늘에 오르는 길
이다' 하며 깨달았다 하여 이곳에 와
서 모든 지난날을 다 털어놓고 지난
몇십 년 동안 저희들이 믿음의 세계에
서 살아왔던 것을 그저 몇 번, 몇 시간
에 걸쳐, 또는 몇 줄의 법전을 읽음으
로 인하여 깨우쳤다 하며, 이제는 바
른길을 가겠다 하여 그들이 수없이 약
속을 하나,
26 여인이 깨달아 와 그 길을 가고자 하
면 남편이요, 가족이 그 길을 막으며
그를 지탱할 수 없게 하여 그가 이곳
을 찾지 못하며,
27 남편이라는 사람이 이 법전을 읽고 깨
우쳐 이 길이 하늘에 오르는 길이라
하여 지금까지 믿어 왔던 그 모든 믿
음의 생활을 접어 두고 이곳에 오려

하나 또한 그 아내가 그를 목메어 붙
잡고 매달리며 그 길을 막으니 그가
또 이곳을 오지 못하는 이러한 아픈
형국이 이루어지고 있사오며,
28 그리하여 그들이 저희들이 숭배하고
존경하고 따른다는 그 직급을 가지고
오래 믿음을 가진 자들 앞에 또는 저
희들을 가르치는 종교 지도자 앞에 여
호와 하나님의 말씀인 이 법전을 갖다
바치니,
29 그들은 '이것은 사악한 자가 하는 것'
이라 하여 그들의 마음속에 못을 박아
이곳에서 등을 돌리게 하는 이와 같은
아픔의 현상을 어찌 제가 감내해야 할
것인지,
30 그들을 보는 마음이 너무도 아프고 가
슴이 저려 와 인내하기 어렵사옵나이
다.
31 그뿐이 아니옵나이다.
32 남편이 아내의 마음을 바로잡아 주어
남편을 따르며 이 법전을 정독하여 깨
우침의 길을 알아 하늘에 오를 수 있
도록 인도하고자 하나,
33 그 여인 또한 남편에게 모진 수단과
방법을 동원하여 그 남편을 핍박하고
그로부터 등을 돌리며 그가 이단이요,
사탄의 길을 간다 하여 그를 경시하는
그러한 생활 속에서, 부인 하나도 다
스리지 못하는 남편이 그로 인해 가슴
아파하며 괴로워하는 모습을 보는 저
로서는,
34 이게 모두 저의 부족한 탓이며 제가
능력이 없고 제가 여호와 하나님의 말
씀과 뜻대로 행하지 못하는 그 죄에
의하여 그들이 그리 이루어지는 것 같
아 제 가슴이 한없이 아프고 쓰리옵나
이다.
35 또한, 그뿐이 아니옵나이다.
36 아내가 열심히 이곳에 나와 하나님의
말씀을 들으면서 이것이 정녕 하늘에
오르는 길이라 하여 감사의 눈물을 흘
리나,
37 그를 절제하고 그를 가지 못하게 하며
그 발길을 막는 가족과 남편이 또 있
어 그 시련의 고통과 어려움을 겪고
있는 저의 제자들을 바라보는 제 마음
이 이리도 아프고 쓰리옵나이다.
38 아버님, 이 모두를 어찌하여야 하오리
까?
39 그 모두를 다 웃으면서 그들이 하나의
마음이 되어 다 같이 행복한 가정 속
에서 살아갈 수 있는 그 방법이 없사
옵나이다.
40 비록 그들이 이 성전에 왔다 또 나오
지 아니하고 법전을 읽지 아니하며 여
호와 하나님께서 내리시는 그 음성을
듣지 못한다 하여도, 그들의 가정에
평화와 행복을 위하는 길이라면 저는
그들이 가는 것을 손뼉 치며 정녕 환
영하여 그들을 보내고자 하옵나이다.
41 그러나 한 영혼이 하늘에 오르는 길을
보고 그 길에 발을 들여놓았다가 그
발을 내리는 그 제자를 바라보는 제
가슴이 너무도 아파 오며,
42 남들처럼 그 제자를 잡고 달리지 못하
며 그 길만이 구원의 길이라 하여 그
를 이끌지 못하는 저 자신이 또한 원
망스러우며 고통스럽사옵나이다.
43 이러한 일들을, 여호와 하나님, 저 혼
자 가슴에 감내하기가 너무나도 아프

고 힘드옵나이다.
44 사랑하고 믿었던 제자가 가정의 불화
때문에 떠나는 것이며, 남편과 아내,
아내와 남편의 반목에 의해서 그들이
떠나는 그 모습을 보는 저의 아픈 가
슴을, 여호와 하나님, 어찌하오리까?
45 그렇다 하여 권능으로써 그들의 마음
을 잡아 주지 아니하시는 아버님을 원
망할 수도 없고 아버님께 그것을 돌릴
수도 없사오며,
46 다만, 모두는 제가 깨우침이 부족하고
실행함이 부족하며, 제가 아직도 제
갈 길을 모르고 아버님께서 베풀어 주
신 그 은혜가 얼마나 영광스러운지 모
르며,
47 그를 지키고 가는 것이 빨리 변화되어
빨리 하나님 앞으로 갈 수 있는 그 길
을 볼 수 있고 그 뜻에 따라 실행할 수
있는 사람으로 변하지 못하기 때문에
그들이 돌아올 수 없으며 그들이 그와
같이 떠난 것 같은 이 아프고 저려 오
는 마음의 죄스러움을 어찌하오리까?
48 이 모두는 저의 부족함이옵나이다.
49 그리고 제가 많은 죄를 안고 있기 때
문이옵나이다.
50 여호와 하나님!
51 그들의 마음이 하나가 될 수 있도록,
그들이 한마음으로 아름다운 삶을 살
아갈 수 있도록 기도드리고 싶사옵나
이다.
52 그들이 비록 이곳에 나오지 아니한다
하여도 육신의 가정이 화목하고 행복
한 삶을 살아갈 수 있다 하면 제 마음
은 기쁘고 행복하다 생각하옵나이다.
53 그러나 그들이 정녕 이 성전을 향하는
마음의 불꽃을 끄지 못하고 인간관계
의 육신의 삶에 의하여 이곳에 오고자
하는 그 불꽃을 꺼 가며 살아가는 자
들이 있다 하면, 그 마음을 생각할 때,
저의 마음이 너무나도 아프옵나이다.
54 그들이 정녕 이곳을 떠나고 싶어 가족
의 핑계를 대며 가족의 이름을 팔아서
떠난다 하면, 차라리 제 마음은 그들
에게 손뼉을 쳐 주며 아름다운 인생의
삶을 살고 딴 곳에 가서라도 하나님께
기도하며 아름답게 살면 구원을 받는
다는 그것 하나만이라도 그들이 기억
하며 살아가 주기를 바라는 것이 간곡
한 저의 마음이오나,
55 정녕 그들의 말대로 그들의 마음이 이
곳에 와 있으며, 하나님께서 내리시는
그 음성을 듣고자 하고 법전을 읽고자
하며, 구원을 받고자 몸부림치는 그들
의 그 모두를 접어 두며, 활활 타는 그
불꽃에 물을 끼얹어 그를 억누르고 살
아가는 저의 제자들이라면, 이들을 어
찌하여야 하오리까,
56 여호와 하나님! 심히 제 마음이 고통
의 번뇌에서 벗어나지를 못하고 있사
옵나이다."
57 사랑하는 선지자야!
58 "네, 여호와 하나님! 말씀하옵소서."
59 그 속에, 얽히고설킨 그 사연 속에, 내
가 주관함이 거기에 있음이니라.
60 너는 너무 괴로워하지 말라.
61 나의 성령으로 내리는 나의 음성을 듣
고 그가 깨우침이 있으며 나의 법전을
읽고 깨우침이 있다 하면 그는 결국
승자가 되어 너의 품으로 돌아올 것이
며, 나의 품으로 돌아오는 나의 자녀

가 될 것이니,
62 너는 지금 당장 그들이 네 앞에 달려
오지 아니한다 하여 그를 괴로워하지
말라.
63 세상에 하나의 생명을 태어나게 하기
위하여 여인이 열 달이라는 그 산고를
겪듯이 다 그와 같은 산고를 겪고 그
들이 깨우쳐 왔을 때,
64 양의 무리에서 떠나 사자에게 먹히려
다 살아온 그 양처럼 그들이 더 견고
하고 굳건한 마음 자세로써 나의 법전
을 전할 것이며, 네가 가고자 하는 그
길에 앞장을 서서 그들이 길 안내자가
될 수 있는 자들이니라.
65 그리고 오랫동안 시달리고 고통 속에
서 기다리다 오는 자들이, 여기에 와
공부하고자 하는 그 남편을 핍박하던
아내가 저희 남편이 가는 것이 옳다
생각하여 깨달음이 있어서 그 남편을
따라 나의 성전에 와 나의 법전을 읽
으며 내가 내리는 나의 성령의 뜻을
들어 깨우쳤을 때,
66 그는 지금에 오는 것보다 열배 백배
그 남편에게 감사를 드릴 것이며, 또
한 남편이 그리 아내의 손을 잡고 이
리 왔다 하여 인도해 준 그 아내에게
평생 감사한 마음을 잊지 않고 살 수
있는 그와 같은 그들의 얽히고설킨 인
생의 역정이 있음이니라.
67 너는 그를 너무 괴로워하며 가슴 아파
하지 말라.
68 모두는 나 여호와의 뜻에 주관하여 있
으며, 그들은 반드시 너의 품에 돌아
올 수 있음을 알아야 될 것이며, 나의
품으로 돌아옴이니라.
69 그들이 오랜 시간 역경과 고통을 겪어
인내하여 깨닫고 돌아왔을 때, 그들은
정녕 너를 위하여 네 앞에 가는 길을
인도할 것이며,
70 나 여호와의 법전이요, 나의 성령을
만백성에게 전하여 나의 피조물 만백
성을 구원하는 데 앞장서 나아갈 자들
이니, 너는 조금 더 인내하고 기다리
라.
71 그리고 조급히 생각하지 말라.
72 그들은 반드시 돌아올 것이니 그리 알
라.
73 너에게 와서 많은 갖은 핍박을 던지는
자, 그가 깨우쳐 다시 네 앞에 왔을
때, 그는 남들보다도 더 열성적인 자
세로써 너를 따를 것이며,
74 나의 법전을 전하는 데 그가 또한 남
들이 따라갈 수 없는 그 힘과 용기를
가지고 더 열심히 이끌어 가며 더 열
성적으로 일을 해 나갈 것이며 나의
뜻을 세상에 전해 줄 자이니 그리 알
라.
75 너에게 와 핍박을 많이 하는 자, 원망
하지 말라. 그리고 네 앞에 왔다가 떠
나는 자, 원망하지 말라.
76 그들이 다시 깨닫고 돌아왔을 때, 그
는 완전한 너의 전사가 되며, 나의 전
사로서 세상에 나의 법전을 전해 가는
데 몸과 마음을 다 바쳐 나갈 자들이
니 그리 알라.
77 그리고 그들을 사랑하라, 선지자야!

1,891 번째 하나님 말씀

2002년 2월 23일 21시 30분

1 "여호와 하나님!"
2 선지자야!
3 "네, 여호와 하나님!"
4 선지자야!
5 "네, 여호와 하나님! 어찌하오리까?"
6 선지자야, 세상에 살아가는 나의 피조
물 만백성이 천태만상의 형태로 살아
가고 있지 않더냐?
7 그 천태만상의 살아가는 나의 피조물
백성들이 생각하고 그들이 가고 있는
것이며 그들의 행함이 그 숫자만큼 그
렇게 다름이니라.
8 너의 부모라 하여도 그들과 다른 것이
없다 생각해야 할 것이며, 또 너의 형
제들이라 하여도 그들과 다르다 생각
해서는 아니 될 것이니라.
9 천태만상의 그 사람 중에 너의 부모도
그 속에 있는 한 사람이요, 너의 형제
도 또한 그 속에 있는 한 사람이거늘,
네 어찌 그리 괴로워하는가?
10 "여호와 하나님!
11 지금의 수천 년 역사의 믿음의 세월이
흐르는 것이 이리도 골이 깊으며 백성
들이 이리도 잘못 믿고 깨우쳐 왔음을
저 자신이 실감하며, 수천 년 역사는
모세의 역사와 모든 제사장이요, 예언
자들, 그들로 하여금 세상을 다스리고
자 하셨으며,
12 신약이라는 시대에 여호와 하나님의
그 소중한 자식을 내려보내어 그로 하
여금 그를 보고 만백성이 깨우쳐 하늘
에 오르는 길을 오르도록 하고자 하신
여호와 하나님의 그 은혜와 사랑의 그
길을 이 피조물 만백성이 철저히 등을
돌리며, 가서는 아니 되는 그 길로 걸
어옴을 바라보는 저의 마음이 찢어지
는 듯 아프옵나이다.
13 그 많은 역사의 세월 속에 저희 어리
석은 피조물 백성들을 구하고자 하신
여호와 하나님의 그 마음 아프심과 저
희를 생각하시는 그 사랑의 깊이가 얼
마나 애절하고 깊은가 하는 것을, 오
늘 이 종이요, 여호와 하나님으로부터
대명을 받아 선지자라 하는 그 명함을
받은 제가 이제야 조금 깨달을 것 같
사옵나이다.
14 얼마나 마음이 아프시고 가슴 아프시
며, 얼마나 분하시고, 얼마나 가슴이
저려 오시옵나이까?
15 인간으로 하여금 역사와 기적을 이루
어 그들을 깨우치려 하셨으며, 사랑하
는 자식이 견딜 수 없는 그 고통의 죽
음을 넘기도록 그렇게까지 하셔 가면
서 저희 피조물 만백성을 구하고자 하
셨던 아버님의 그 뜻을 역행하여 반대
의 길로만 달려가는,
16 산으로 가라 하면 들로 가고 들로 가
라 하면 산으로 가고자 하는 그 백성
들을 버리지 아니하시고, 그리고 내려
다보시는 여호와 하나님의 마음이요,
그 심정이 어떠할 것인가를 생각하니
두려움과 무서움만이 제 마음을 두드
리옵나이다.
17 그리하여 여호와 하나님께서 제3의
시대를 여신다 하옵시며, 모든 성령을
태워 내리셔서 법전이라 하여 그 말씀
을 기록하여 만백성을 대대손손 구원

하고 이끌고자 하시는 그 말씀의 깊이
에 이 불쌍한 종이요, 선지자가 이제
야 조금 눈이 뜨이는 것 같사옵나이다.
18 여호와 하나님의 그 애절하고 고통스
러운 심정을 이제야 깨달을 것 같사옵
나이다.
19 오늘의 역사를 왜 이루고자 하시는가
하는 것을 이제야 깨달은 이 우매한
종이, 저 자신이 인간으로서 인간의
도리를 가고자 하는 그 한 발을 디뎌
놓고, 진정한 인간의 삶의 길이 무엇
인지 깨닫고 그 삶의 길에 발을 디뎌
놓는 그와 같은 깨달음을 이제야 알겠
사옵나이다.
20 이 선지자요, 종이 여태껏 살아온 그
모두가 얼마나 잘못되었으며, 여호와
하나님의 그 주옥같은 말씀을 들어 책
으로 만들어 전하면서도 제가 인간이
아니었음을 깨달았사오며,
21 인간의 도리를 하지 못하며 인간도 아
니었던 저에게 '깨우쳐 다스리라.' 그
리고 '네가 만백성을 이끄는 나의 종
으로서 나의 뜻을 따르라.' 하여 지금
까지 버리지 아니하시고 저를 달래며
이끌어 주신 하나님의 그 깊고 넓은
사랑의 뜻을 이제야 깨달았사옵나이
다.
22 이제야 겨우 인간이 되어 인간의 가는
길을, 인간이 되어 가는 그 최초의 깨
달음을 알았사옵나이다.
23 더욱더 정진하고 노력하여, 인간을 위
해 사는 그 길에 첫발을 디뎌 인간이
되고 인간으로 피어나고자 하는 제가,
이제는 영혼의 구원을 받아 하나님께
갈 수 있는, 에덴동산에 제가 존재할
수 있는 그 크나큰 영광을 내려 주신
그 은혜에 보답하는 길을 알겠사옵나
이다.
24 여호와 하나님께서 내려 주시는 그 법
전에 제 모든 피를 바쳐 붉게 물들이
라 하신 그 말씀의 진의를 이제야 깨
달았사옵니다.
25 처음에 그와 같은 말씀을 하실 때 두
려움과 무서움이 저 자신을 억눌렀으
며, 과연 저의 피로써 하나님의 말씀
인 이 법전을 붉게 물들일 수 있는가
하는 것을 수없이 생각해 보고 반성해
봤으나,
26 이제는 정녕 그리해야 한다는 것을 깨
달았으며, 그리해야 되는 이유를 알았
으며,
27 여호와 하나님 아버지께서 '너의 피로
써 법전을 빨갛게 물들이라.' 그리 명
하실 수 있음을 이제야 알았으며, 그
를 받아 행하고도 다 갚지 못하는 그
넓고도 깊은 은혜를 이제야 깨달았사
옵나이다, 아버님!"
28 사랑하는 선지자야!
29 그러면 네가 나에게 고하고자 했던 그
뜻을 이제 네가 입을 다물어 네 가슴
에 접어 두어야 함을 알겠는가?
30 "알겠사옵나이다, 여호와 하나님!
31 수천 년 역사에 믿음으로써 하나님께
올라가겠다 하여 저희들이 만든 성전
에 가 기도하고 눈물로써 찬송을 부르
며 사랑을 베풀며 산다는 여호와 하나
님의 피조물 만백성이 얼마나 지금 사
악해졌는가를 깊이 깨달았으며,
32 모든 사람들이 다 천태만상의 성격을
가지고 천태만상의 길을 향하여 가고

있음이니,
33 정녕 여호와 하나님을 향하여 가는 길
이 그 한 길로 되어 있는 것이 아니라
저희들이 각자 천태만상으로 생긴 그
형태대로 천태만상의 생각을 속마음
에 감추고 있음이니, 이제야 알았사옵
나이다.
34 하늘에 오르고자 그들이 성서를 공부
하고 성전에 가 울고불고 기도하며 구
원을 받겠다며 종교의 믿음에 가 그
지도자들 앞에 고개를 숙여 경배하는
자,
35 그들을 가르치고 있는 자들이 다 하늘
에 올라와 하나님께서 내려 주신 그
생명의 은혜요, 영혼의 은혜에 보답하
여 저희들이 구원의 길에 올라와 낙원
에 존재하라는 그 뜻을 거역하고 있는
그들의 속성을 이제야 바라볼 수 있사
옵나이다.
36 그들은 정녕 여호와 하나님을 경배하
며, 하늘에 오르는 길이요, 영혼을 구
원하여 산다 말하며 사랑을 베풀며 산
다 그리 말하나,
37 그들은 저희 육신의 안일과 저희 육신
의 행복과 저희 육신에서 이루어지는
저희 인간들의 그 생각을 먼저 가슴속
에 깊이 감춰 놓고 숨겨 놓았으며, 그
뿌리를 숨겨 놓은 채 그 위에서 하나
님을 찾으며 영혼을 구원하고 하늘에
오르겠다는 진실됨이 없는 위장된 그
음성의 행동과 그 믿음이 오늘에 이르
렀음을,
38 그리하여 오늘 이와 같은 사악한 형국
이 이루어졌음을 알겠사옵나이다.
39 믿음이 다르다 하여 자식을 내치고 자
식을 만나지 아니하려 하며 자식의 음
성을 듣지 아니하려 하는 그것이 지금
의 잘못된 믿음의 길을 가는 자들이요,
40 그들이 왜 그와 같이 사악한 마음으로
써 자식과의 인륜의 인연 관계를 끊으
면서까지도 움츠리고 다스려야 하는
지를,
41 그들은 정녕 하나님께 영혼을 구원받
고자 함이 아니요, 저희들의 육신의
편안함과 육신의 행복과 육신의 삶을
가슴속에 감춰 놓고 그 위에 하나님을
향하여 하나님께 영혼을 구하는 자들
이기 때문에,
42 진실을 모르고 사랑을 모르며 하늘에
오르는 길을 모르고 있기 때문이라는
것을 이제야 깨달았사오니,
43 누구를 원망한들 무엇하겠사옵나이
까?
44 그리하여 입을 다물고자 하옵나이다.
45 여호와 하나님께서 제가 말하고자, 제
가 전하고자 함에 입을 다물라 하심을
이제야 알겠사옵나이다.
46 모든 형제들이 믿지 않는 형제를 내치
고, 그를 적과 같이 생각하고,
47 그를 사랑하고 가슴으로 안을 수 없으
며, 저희들이 가는 길만이 옳으며 남
이 가는 길은 잘못된 길이라 하는 그
마음을 버리지 못하는 그들의 마음속
에는 정녕 순수하고 아름다운 마음으
로써, 천사와 같은 마음으로써 하나님
을 찬양하며 믿음을 향하여 가는 것이
아니고,
48 저희들의 육신의 그 욕심의 뿌리를 가
슴에 감춰 놓고 그 욕심의 뿌리 위에
육신의 행복을 위하여 여호와 하나님

을 찾으며 그로부터 무엇인가를 얻고
자 하는,
49 육을 위하여 사는 그들이기에 철저히
위장되어 있으며, 육을 위하여 돌이킬
수 없는 그들의 굳어져 있는 마음의
뿌리를 버리지 못하는 어리석고 불쌍
한 그들이기에 그들이 정녕 마음을 열
수 없음을 알겠사옵나이다.
50 그들이 마음을 열 수 없는 것을 깨달
았사옵나이다.
51 그들이 마음을 열 수 있는 용기가 없
음을 깨달았사옵나이다."
52 사랑하는 선지자야!
53 "네, 여호와 하나님! 말씀하옵소서."
54 그를 깨달았거든 너의 제자들에게 그
리 깨우쳐 주라.
55 너희들 마음속에는 오로지 나 여호와
를 향하여 천사와 같은 아름답고 깨끗
한 그 마음만이 존재하여야만 모두를
다 받아들이는 사랑을 베풀 수 있으
며, 나 여호와에게 와 영혼을 구원받
는 그 길에 오를 수 있으며, 그것이 기
초임을 알려 주라.
56 내가 선지자 너를 사랑하느니라.
57 나의 이 뜻과 그들이 가지고 있는, 숨
겨져 있는 그 뜻을 너의 제자들에게
일깨워 주도록 그리하라, 선지자야!

부 록

【하나님께서 가르쳐 주신 운동】

천재지변이 일어날 때, 동물이나 미물들은 미리 알고 대피하지만, 인간은 알지 못하고 큰 화를 당합니다. 하나님께서 인간에게 가장 높은 지혜를 주시고 완벽하게 창조해 주셨기에 동물들보다 더 잘 알 수 있지만, 욕심으로 마음이 혼탁해져서 한 치 앞을 보지 못하는 것입니다.

마찬가지로, 인간은 누구나 스스로 필요한 운동을 해서 건강을 지킬 수 있도록 하나님께서 만들어 주셨습니다. 우리의 머리에서 우리 몸에 필요한 동작을 해 달라고 끊임없이 신호를 보내지만, 인간이 혼탁하게 살아서 그 신호를 알아채지 못합니다. 그러니 자연스럽게 자기 몸이 원하는 그 신호를 따라서 운동하는 것이 하나님께서 가르쳐 주신 운동 방법입니다. 바로, 우리의 영이 육을 이끄는 운동입니다.

▶ 하나님 운동법

1. 눈을 감고, 발을 어깨너비로 벌리고 바르게 선다.
2. 몸에 힘을 풀고, 허리를 숙이면서 손과 머리를 아래로 내린다.
3. 허리를 펴고 싶을 때, 천천히 펴면서 하고 싶은 동작을 하면 운동이 시작된다. (사람마다 다르다.)
4. 멈추지 말고, 어떤 동작이든지 자기 몸의 느낌대로 계속 이어서 한다.

▶ 참고 사항

① 눈을 감은 상태로 아무 생각 하지 않고, 자기 몸의 느낌대로 움직입니다.

② 마음을 비우고, 욕심을 버리고, 지난날의 잘못을 반성하면서 몇 차례 시도하다 보면, 자기도 모르게 하고 싶은 동작이 끊임없이 생깁니다.

③ 운동 장소는 방 안이든 운동장이든 관계없으며, 걷거나 달리고 싶을 때는 눈을 떠도 됩니다.

④ 매일 40분 이상, 주 4회 이상, 3개월 이상 하면 음식 조절에 들어갑니다.
- 음식으로 생긴 병은 음식으로 치료하게 되며, 어떤 음식을 먹어야 하는지 스스로 알게 됩니다.
(자기 몸에 필요한 음식만 먹고 싶어집니다.)

⑤ 사랑하는 사람과 함께 운동하면 서로 치료해 주기도 합니다.

⑥ 운동을 하다가 몸의 어느 한 부분을 계속 손으로 자극한다면 그쪽에 이상이 있는 것이니, 의사에게 상담을 받고 적절한 치료를 받으면 됩니다.

⑦ 다이어트 및 기타 건강관리에 효과적입니다.

⑧ 꾸준히 운동하여 영이 맑아지면, 자신의 과거와 미래를 스스로 보게 됩니다.

누구나 스스로 하실 수 있습니다.

간 행 사

《새로운 성경》은:

· 새로운 성경은, 하나님께서 선량하고 선한 자를 선택하여 십계명을 암송하도록 하시고, 십계명을 암송한 다음에 음성으로써 들려주시는 말씀을 듣고 그대로 카세트테이프에 녹음해서 받아쓴 책입니다.

· 90분짜리 녹음테이프 700여 개에 달하는 말씀으로, 1999년 8월부터 2004년 7월까지 총 160권(권당 288쪽)을 완성하였으며, 그 이후에도 현재까지 계속 말씀을 내려 주고 계십니다.

· 새로운 성경은 "하늘을 두루마리 삼고 바닷물을 먹물 삼아 쓰고 써도 다 못 쓴다"는, 끝없이 방대한 하나님의 말씀이 두루마리로 직접 내려오는 것입니다. 이러한 새로운 성경은 구약과 신약을 폐하려는 것이 아니라 "인봉된 성서의 비유의 뜻"을 상세히 설명하여 완성하고자 하나님께서 직접 내려 주신 말씀입니다.

《새로운 성경》의 구성:

· 제 목: 2013년, 160권 모음집을 발간하면서, 본 도서의 제목을 "하나님! 말씀하옵소서"에서 《새로운 성경》 으로 명해 주셨습니다.

· 단행본: 각 권당 288쪽(신국판) 책이 160권까지 시리즈로 출판됩니다.
(모음집은 단행본을 16권씩 묶어서, 총 10부로 구성됩니다.)

《새로운 성경》의 성경적 근거:

· 신약 성경 [요한복음] 16장 13절에 "진리의 성령이 오시면 그가 너희를 모든 진리 가운데로 인도하시리니 그가 자의로 말하지 않고, 오직 듣는 것만을 말하며" 하신 말씀처럼 하나님의 음성을 들은 것만 기록하였으며,

· "장래 일을 너희에게 알리시리라" 하신 말씀과 같이 개인, 나라, 인류의 "장래"일을 하나님께서 알려 주시는 것만 기록하여 책으로 만들었습니다.

《새로운 성경》의 기록 방법:

- 1999년 8월부터 하나님께서 저에게 들려주시는 음성을 기록하였습니다. 처음에는 제가 들은 말씀을 불러 주면 저의 아내가 기록하여, 2000년 1월 29일에 1권 초판이 세상에 나왔습니다. 2000년 4월부터는 주시는 말씀을 받아 녹음기에 기록하기 시작하였습니다.

- 녹음을 시작하면서 하나님의 말씀을 받는 데 가속도가 붙었고, 2001년 5월 3일에 1부(1~16권까지)를 인쇄하여 출판하였으며, 2004년 7월까지 총 160권 분량의 말씀을 받아 기록하였습니다.

하나님께서 저에게 주신 것은:

- 첫째, 만백성을 상대로 내려 주시는 "기도", 둘째, 수시로 내려 주시는 "묵상", 셋째, 개인의 과거, 현재, 미래를 알려 주시는 "개인 기도", 넷째, 개인의 건강을 위해서 내려 주시는 "음식 처방", 다섯째, 하나님께서 가르쳐 주신 "운동"등이 있습니다. 이 중에 첫 번째, "기도"를 책으로 편찬하였습니다. 사람의 생사, 개인의 미래에 관한 천기는 수록하지 말라 하셨습니다.

강론 안내:

- 하나님께서는 지금도 매일 저에게 새로운 하늘의 비밀의 말씀을 내려 주고 계십니다. 수시로 내려 주시는 말씀을 정리해서 제자를 육성하라는 말씀에 따라 매주 강론을 하고 있습니다. 누구나 무료로 들으실 수 있습니다. (book160.com)

《새로운 성경》을 읽는 분들에게 드리는 선물:

- 개인 기도: 개인의 과거, 현재, 미래에 관하여 말씀을 내려 주십니다.

- 음식 처방: 사람은 음식을 먹고살다가 건강을 잃으니, 음식과 운동으로 건강을 되찾는 방법을 알려 드립니다. 단, 하나님이 계심을 믿고, 십계명을 지키겠다고 진실로 서약하는 분들께 알려드립니다.

《새로운 성경》의 은혜와 기적:

- 새로운 성경 전160권은 16권씩 묶어서 총 10부의 모음집으로 구성됩니다. 모음집 한 부를 읽고 깨우치는 자에게 하나님께서 다음과 같은 기적이 있다고 하셨습니다.

· "첫째, 그가 죽어 하늘에 갔을 때 그의 죄를 묻지 아니하며, 구원을 받는 위대한 은혜가 있으며, 둘째, 그의 소원과 소망이 이루어지고, 셋째, 죽은 자(부모, 형제, 자식, 사랑하고 은혜 입은 분)의 이름으로 구입한 책을 읽고 누군가 한 사람이 깨우칠 때, 그 죽은 자가 지옥에서 천국으로 구원을 받게 되며, 넷째, 유산, 중절 수술 등으로 태어나지 못한 아이를 위하여 구입한 책을 보고 한 명이 깨우쳤을 때, 그 아이가 사람으로 다시 한 번 태어나는 은혜를 받는다."

· "새로운 성경"을 3회 이상 정성을 다해 정독하는 자, 성서의 비밀을 알게 되고, 세상의 이치를 알게 되며, 세상을 지배하고 통제할 수 있는 지혜를 다 얻게 된다고 하셨습니다. 이 책은 만백성이 정독하고 이웃에게 전하여, 평생 가슴에 묻은 슬픔과 고통의 짐을 벗고 미래를 위한 힘찬 삶을 살아가도록 하는 책입니다.

끝으로

· 하나님께서는 흰 눈이 세상을 덮듯이 새로운 성경을 온 세상에 전하라고 하셨습니다. 《새로운 성경》을 각국어로 번역해서 온 인류에게 구원의 길을 깨우쳐 주고, 그 수익으로 가난하고 어려운 백성을 구제하여, 만백성의 영과 육을 함께 구원하는 선지자의 임무를 수행하라고 저에게 명하셨습니다.

· 하늘에서 내려 주신 말씀의 보화를 만백성에게 나누어 주는 것이 선지자의 임무라고 하셨습니다. 새로운 성경을 통해서 얻는 재물을 사용할 곳도 하나님께서 일일이 명해 주십니다. 모든 재물은 저의 자의로 쓸 수 없고, 하나님께서 명하시는 대로만 쓰여집니다.

· 어떤 명분으로든 십일조나 각종 헌금을 거두어들이지 말라 하셨으며, 국내뿐 아니라 각국에 성전과 단독 서점을 운영하며, 한국의 많은 젊은이들을 전 세계에 지도자로 내보내라고 하셨습니다.

· 우리는 세계적으로 새로운 성경을 보급하며 어려운 이들을 돕는 역사를 해 나갈 것입니다. 지금까지 비록 몇 명 안 되는 제자들과 함께 이러한 일을 역사했지만, 앞으로도 계속 하나님께서 기뻐하시는 일들을 해 나갈 것입니다. 부족한 저희에게 여러분들의 지혜와 성원을 보내 주시기를 바랍니다. 많은 분들의 참여와 도움을 간절히 기다립니다. 감사합니다.

한국어로 내려온 《새로운 성경》 단행본을 출간하며
2016년 4월 10일

발행인 **김 용 철**

한국어로 내려온

새로운 **성 경** · 2부 · 제22권

지은이 하나님 말씀
대역자 김용철

초판인쇄 1쇄 2003년 11월 18일
재판인쇄 1쇄 2017년 4월 3일

펴낸 곳 도서출판 하얀마음
등록번호 제 10-2107호 (2001년 2월 14일)
주소 서울시 노원구 덕릉로86길 5, 2층
전화번호 02) 313-1114
팩스 02) 393-5554
전자우편 book160@hanmail.net
편집위원 조나영 김미향 이석교
제작지원 민평기 양영아 민대웅 민영주 김도윤 민지영 이현종

도서상담 1600-7527
ISBN 978-89-5875-122-9 (04230)
978-89-5875-100-7 (세 트)

값 10,000원
잘못된 책은 구입하신 곳에서 바꾸어 드립니다.

※이 책은 10부로 제작되며, 각 부 16권씩 총160권으로 구성됩니다.※

1부	**2부**	3부	4부	5부	6부	7부	8부	9부	10부
1권	17권	33권	49권	65권	81권	97권	113권	129권	145권
2권	18권	34권	50권	66권	82권	98권	114권	130권	146권
3권	19권	35권	51권	67권	83권	99권	115권	131권	147권
4권	20권	36권	52권	68권	84권	100권	116권	132권	148권
5권	21권	37권	53권	69권	85권	101권	117권	133권	149권
6권	22권	38권	54권	70권	86권	102권	118권	134권	150권
7권	23권	39권	55권	71권	87권	103권	119권	135권	151권
8권	24권	40권	56권	72권	88권	104권	120권	136권	152권
9권	25권	41권	57권	73권	89권	105권	121권	137권	153권
10권	26권	42권	58권	74권	90권	106권	122권	138권	154권
11권	27권	43권	59권	75권	91권	107권	123권	139권	155권
12권	28권	44권	60권	76권	92권	108권	124권	140권	156권
13권	29권	45권	61권	77권	93권	109권	125권	141권	157권
14권	30권	46권	62권	78권	94권	110권	126권	142권	158권
15권	31권	47권	63권	79권	95권	111권	127권	143권	159권
16권	32권	48권	64권	80권	96권	112권	128권	144권	160권